戦国の図書館

新藤 透
Toru Shindo

東京堂出版

はじめに

日本人は「戦国時代」が大好きです。

書店の日本史コーナーには、多くの戦国時代の本が並んでいます。ひと昔前は信長・秀吉・家康といったお馴染みの戦国大名が登場する、作家が書いた一般向けの本が多かったようです。しかし最近は応仁の乱や享徳の乱といった決してメジャーとは言えない戦乱（とはいえ、歴史学的にはかなり重要なのですが）をテーマに据えた本も売上を伸ばしており、さらに城郭や戦国時代の公家や天皇、連歌師といった以前の戦国本では扱えなかった内容のものも刊行されています。

また最近は、専門の歴史学者が一般向けに多くの歴史書を書き下ろしているのも、以前と異なる点です。一次史料に基づいたきちんとした内容が多いのですが、作家のように「おもしろく」はないと思います。それでもこういった本が売れているのは、それだけ一般の方の目が肥えてきているということなのでしょう。

その一方で奇矯な説を「ウリ」にしたトンデモ歴史本も出版されていますので、二極化しているのかもしれません。私も日本史研究者の末席にいる者ですが、トンデモ本の蔓延にはあまり感心しません。もっとも、歴史作家の八切止夫《やぎりとめお》のように、今では「研究対象」にすらなっているトンデモ作家もいるので、そこまでのレベルに達すれば大したものだと思います。

閑話休題。

これほど多様な戦国本が出版されている背景には、近年の戦国史研究の進展があります。特に鎌倉公方足利氏、関東管領上杉氏や関東の国人領主層（国衆）の個別実証的研究の進展は目を見張るものがありますし、本能寺の変や関ヶ原合戦の再検討など、戦後の研究では軽視されてきた、合戦の研究が盛んになっています。

私のもともとの専門は近世史（江戸時代）ですので、書店に行けば必ず新刊が平積みされている戦国史を羨ましく思っています。江戸の次の近代は、また多くの本が出ていますので、戦国と近代に挟まれた近世史の本は窮屈そうに見えてしまいます。

私のもう一つの専門は図書館情報学という、図書館を研究する学問なのですが、最近は図書館の本も静かなブームとなっていると感じます。

図書館本といえば、以前は関係者を対象とした業界向けの内容か、大学で開講されている図書館司書課程用の教科書類しか出版されていなかったように思います。しかし最近は「図書館活用術」など、利用法を教えるビジネス書、図書館の写真集、司書が執筆した図書館エッセイなど、実に多様になってきています。戦国本とは比べようもなく出版点数は少ないのですが、それでもほぼゼロであった以前と比較すると、図書館の本がこんなに出ているのは驚くべきことだと思います。

そこで、今ブームの「戦国」と「図書館」という相容れないものを合体した本は面白いのではないかと思って、本書を著しました。これは単なる私の思い付きではなく、実は最近の研究成果から書籍と戦国大名（武将）に関しては次のような関係性があったと指摘されているのです。

①戦国大名（武将）は和歌や連歌が好きな者が多く、本を大量に蒐めて文庫を形成している者も結構いた。

②応仁の乱以降、京都も戦乱が常態化していたので、公家たちが地方の戦国大名を頼って下向していった。彼らが果たした役割は和歌や連歌を教授するだけではなく、書籍の貸借やその仲介も行っていた。

①も②も現代では図書館が担っている仕事です（和歌や連歌の教授はしないですが、書籍の貸借や仲介は行っています）。公共図書館を規定する図書館法（昭和二十五年四月三十日法律第一一八号）第二条には、次のような条文があります（傍線引用者）。

第二条　この法律において「図書館」とは、図書、記録その他必要な資料を収集し、整理し、保存して、一般公衆の利用に供し、その教養、調査研究、レクリエーション等に資することを目的とする施設で、地方公共団体、日本赤十字社又は一般社団法人若しくは一般財団法人が設置するもの（学校に附属する図書館又は図書室を除く。）をいう。

図書館の目的が端的に述べられている条文です。つまり、図書館とは図書や記録その他必要な資料を「収集」するだけではなく、「整理」と「保存」を行わなければならない。その目的は一般公衆の「利用」に供するため、と書かれています。

翻って、戦国時代に大名（武将）や公家が行っていたことも、本を「収集」して「整理」し「保存」することでした。最後の「利用」は、和歌や連歌などを介したネットワークに参加を許された者のみが利用できましたが、それ以外は現代の図書館と似たようなことを行っていたのです。

最近、図書館は地域コミュニティの核となって人と人との繋がりを構築する役割を求められていますが、戦国大名（武将）が設置した文庫や、公家も似たような活動を行っていたと考えられます。

そう考えると、彼らが行っていた活動を「図書館」という視点で評価することも可能ではないでしょうか。

「戦国の図書館」は、どのような役割を果たしていたのか。本書でそれを解き明かしていきたいと思います。

戦国の図書館◉目次

第二編　戦国最大の図書館・足利学校

第三編　情報センターとしての公家と連歌師

第一編

武家・公家の文庫と西洋図書館の日本伝来

第一章　戦国時代とは

▽「戦国時代」の由来

「戦国の図書館」の話を始める前に「戦国時代」という名称と、そもそも範囲はいつからいつまでなのか、基本的な二点を確認しておきましょう。

まず「戦国時代」という名称ですが、これは同時代で使われていたものなのでしょうか。

戦国時代という言葉の出典は、古代中国の戦国時代（紀元前五世紀～前二二一年）の国々の逸話などをまとめた書物である『戦国策』に由来しています。『戦国策』は前漢王朝の学者劉向《りゅうきょう》（紀元前七七年～前六年）によって編纂されました。

『戦国策』は早くから日本に伝来していたようで、寛平三年（八九一）に藤原佐世《ふじわらのすけよ》が編んだ『日本《にほん》国見在書目録《こくげんざいしょもくろく》』にその名が見えます。

『日本国見在書目録』は、日本最古の漢籍目録です。平安時代初期に、日本国内にどのような漢籍が存在していたのかがうかがえる非常に有名な目録です。しかもジャンルごとに分類されて漢籍が掲載されていました。

この目録から少なくとも、『戦国策』は寛平三年（八九一）時点で日本に伝わっていたことがはっきりしました。

ではこの『戦国策』が、いつから我々がよく知っている日本の十六世紀に起こった戦乱の時代のことを指すようになったのでしょうか。誰が名づけたのでしょうか。

文明十二年（一四八〇）七月、室町幕府九代将軍足利義尚《あしかがよしひさ》のために、稀代の大学者一条兼良《いちじょうかねよし》が著した政治意見書『樵談治要《しょうだんちよう》』の中に、次のような記述があります（傍線引用者）。


諸国の国司は一任四ケ年に過ず。当時の守護職は昔の国司におなじといへども。子々孫々に伝て知行をいたすことは。春秋の時の十二諸侯。戦国の世の七雄にことならず。

（一条兼良「樵談治要」『群書類従　訂正三版』第二十七輯、一九六頁）

昔の国司《こくし》の任期は四年であったが、現代の守護は国司と同等の権限を有しているのに、一代限りではなく子々孫々にわたって伝えている。これは古代中国の春秋時代の「十二諸侯」、戦国時代の「七雄」

と変わらない。このような意味です。ただし兼良は、守護を古代中国の戦国時代の「七雄」になぞらえてはいますが、時代のことを「戦国」と形容したわけではありません。

もう少し時代が下って、関白近衛尚通《このえひさみち》の日記『後法成寺関白記《ごほうじょうじかんぱくき》』永正五年（一五〇八）四月十六日の記述に、「戦国の時の如し」という表現があります。これはやはり古代中国の戦国時代と比べて現代もそのような時代だ、という意味です。尚通は今の世の中のことを古代中国の戦国時代のようだと喩えているわけで、この点が守護を「戦国の七雄」になぞらえた兼良とは少し違うと思います。

同時代の人の感覚では、九代将軍足利義尚在職中よりも十六世紀に入ったあたりが、「戦国」という乱れた世の中だという意識が芽生えたのだと思います。

また「戦国」という言葉は、慶長八年（一六〇三）から同九年（一六〇四）に長崎で発行された『日葡辞書《にっぽじしょ》』にも取り上げられています。

Xencocu センコク（戦国）Tatacaino cuni.（戦の国）戦争している国、または、戦争の起こっている国．文書語．

（土井忠生・森田武・長南実編訳『邦訳 日葡辞書』七五〇頁）

「戦国」という言葉は、十六世紀の日本を生きた人の感覚として当てはまっていたのでしょう。

江戸時代後期の文政十年（一八二七）に成立した、頼山陽『日本外史』巻十一には「降りて戦国に至り、此兵各群雄に分領せられ」（頼山陽著・池辺義象訳『邦文日本外史　五十一版』中巻、五六〇頁）とあり、この頃には十六世紀の戦乱の時代を「戦国」と呼んでいたことがうかがえます。ただ『日本外史』では、「戦国」という言葉はほとんど使用されていませんでした。おそらく江戸時代では一般的な言葉ではなかったのでしょう。

十六世紀を一般的に「戦国時代」と呼ぶようになったのは明治に入ってからです。早い例としては明治十年（一八七七）から同十五年（一八八二）にかけて刊行された田口卯吉《たぐちうきち》『日本開化小史』が挙げられ、「戦国乱離」の用例が確認されます。

田口は必ずしも日本史を専門とする学者ではありませんでしたが、日本史学者としては明治二十九年（一八九六）に発表された三浦周行《みうらひろゆき》の論文「戦国時代の国民議会」や、同四十三年（一九一〇）に出版された論文集、日本歴史地理学会編『戦国時代史論』（三省堂）が初期の用例のようです。ちなみに「戦国大名」という用語が誕生したのは戦後になってからで、日本史学者の安良城盛昭《あらきもりあき》がその嚆矢ということです。

▽戦国時代の期間

「戦国」という言葉の語源と用例について見てきましたが、では現在の日本史学ではどこからどこまでを「戦国時代」と呼んでいるのでしょうか。小・中学校で、応仁の乱（一四六七〜七七）によって戦国時代は始まったと教えられたと記憶されている読者も多いと思います。しかし学問的に見ると、そんなに単純な問題ではないようです。

そもそも「戦国」という言葉からは、平和で安定的な国ではなく、戦争が絶え間なく起こって乱れている印象を受けます。事実、先述した永正五年（一五〇八）の関白近衛尚通の日記からはそのような印象を受けます。足利将軍家の威光が低下したあたりが「戦国時代」の始まりといえるでしょう。

では応仁の乱によって完全に足利将軍家の威光が地に堕ちたのでしょうか。そうとはいえないと思います。確かに応仁の乱を契機にして全国は騒乱状態になりましたが、足利将軍の権威は乱前と比べても維持されていました。

長享元年（一四八七）九月、九代将軍足利義尚は、寺社領や公家の荘園を侵略していた近江守護の六角行高《ろっかくゆきたか》（のちに改名して高頼《たかより》）討伐を決めます。義尚は諸国の守護に激を飛ばして幕府軍に加わるよう要請します。

それに応えて、加賀守護の富樫政親《とがしまさちか》や尾張守護の斯波義寛《しばよしひろ》ら有力守護大名が自ら軍勢を率いて参陣し、ほかの守護大名も嫡男や守護代などを名代《みょうだい》として参加させます。また将軍義尚直属の奉公衆も加えて総勢二万二千人に幕府軍は膨れ上がりました。

これに恐れをなした六角行高は居城を放棄して逃走、山間部に逃れてゲリラ戦に転じます。結局、将軍義尚が病気に罹って陣中で歿してしまい、幕府軍は引き上げてしまいました（近江鈎《まがり》の陣）。

足利将軍家は、応仁の乱から十年が経過してもこれだけの軍勢を集めることができたのです。戦は全国に拡大しつつありましたが、室町幕府はまだまだ「政府」として体をなしていました。

十代将軍は義尚の従兄弟にあたる足利義材《よしき》が就任します。のちに義尹《よしただ》、さらに義稙《よしたね》と改名し、史上唯一人、二度将軍職に就いた人ですが、それは本書の主題からそれるので割愛します。

明応二年（一四九三）正月、将軍義材は畠山義豊《はたけやまよしとよ》を討つために自ら幕府軍を率いて河内（大阪府）に出陣しました。ところが京都に残っていた管領細川政元《ほそかわまさもと》が、八代将軍足利義政《よしまさ》の御台所《みだいどころ》日野富子《ひのとみこ》と謀って、四月にクーデターを起こします。十一代将軍に幼い足利義高《よしたか》（のちに義澄《よしずみ》と改名）を擁立し、義材を廃してしまったのです。

家臣が主君である将軍を追い落として、新将軍を据えたこの事件を「明応の政変」と呼びます。これが契機となって、以降の足利将軍家は事実上二派に分裂します。義材派と義高派です。この二派が有力大名を巻き込んでずっと抗争を繰り広げているうちに、将軍権力も室町幕府自体も形骸化していくのです。

現在の通説では、応仁の乱よりも明応の政変以降に戦国時代に突入したという説が有力です。

もっとも、こうした流れは畿内の状況であって、関東では享徳三年（一四五四）から約三十年続いた享徳の乱により、いち早く戦国時代に突入していました。地域ごとに戦国時代に入った時期は異なっていたともいえます。

いずれにしても、十六世紀には全国的に戦国時代になっていたといえるのではないでしょうか。

始期が不確かなら、終結時も明確には決まっていません。畿内では織田信長が足利義昭《よしあき》を奉じて入京した永禄十一年（一五六八）という説もあれば、全国的には小田原の北条氏が豊臣秀吉によって滅亡させられた天正十八年（一五九〇）だという説もあります。また豊臣氏が滅んだ大坂夏の陣（一六一五）などという考えも提唱されています。

本書では、十五世紀末から十七世紀初頭までを「戦国時代」と一応決めて、その間の「図書館」を見ていきたいと考えています。

第二章　足利将軍家の書籍蒐集

そもそも足利将軍家自体は書物に関心があったのでしょうか。戦国時代の内容に入る前に、この点を確認しておきます。

室町幕府が全国政権として確立し、全盛期にあったのが三代将軍足利義満《よしみつ》の時代だといわれています。

義満は南朝と北朝に分裂していた天皇家を合一させて南北朝時代を終わらせ、さらに将軍権力強化のために土岐《とき》、大内《おおうち》、山名《やまな》などの有力守護大名家を討伐しました。

義満は外交関係も整えます。応永八年（一四〇一）に、博多商人肥富《こいつみ》と僧侶の祖阿《そあ》を明《ミン》国に派遣して国交を樹立し、勘合貿易を活発に行います。

また、文化にも深く関心を寄せ、現在の鹿苑寺《ろくおんじ》金閣《きんかく》にあたる山荘北山弟《きたやまてい》を整備しました。義満の時代の文化は、この山荘から名前を取って北山文化と呼ばれています。

文化面にも高い興味を示していた義満ですから、当然書物にも関心がありました。文中二年／応安六年（一三七三）と天授六年／康暦二年（一三八〇）の二度にわたって相模国（神奈川県）鎌倉郊外の金沢文庫《かねさわぶんこ》に、禅僧の観中《かんちゅう》を派遣して、蔵書の調査をさせています。鎌倉幕府滅亡以降、金沢文庫は執権北条氏の庇護が受けられなくなり、相当荒廃していました。その噂を聞きつけた義満が調査をさせたのです。

一回目の調査の際には、有名な禅僧の義堂周信《ぎどうしゅうしん》も参加していました。周信は漢詩集『空華集《くうげしゅう》』の中で、金沢文庫の荒廃ぶりを嘆いています。

このようなことを観中に命じたのは、義満が金沢文庫の蔵書に高い関心を寄せていたからです。義満は五山の禅僧たちを招いて講学を聞き、儒学者の菅原秀長《すがわらのひでなが》、清原良賢《きよはらのよしかた》などに付いて経書を学んでいます。義満は五山を庇護して、五山文学隆盛の基礎を築いた人物でもあるのです。また、勘合貿易で日本に輸入された物の中には書物が多く含まれていました。義満が文庫を形成していたのかどうかはわからないのですが、このような点から書籍に対して強い興味を示していたことは確かなことと思われます。

そしてこの傾向は、義満の孫の足利義政、曾孫の義尚《よしひさ》にも引き継がれています。

▽足利義政の書物趣味

八代将軍足利義政は、優柔不断な性格（だと思われている）ため、応仁の乱という大乱を引き起こし、戦国時代の扉を開いた暗愚な将軍だというイメージが強くあります。中学校や高等学校などの日本史の授業でも、政治に無関心で趣味に逃げた、などと教えられています。

確かに晩年の義政は趣味に生きていましたが、将軍就任直後は関東で反幕府活動を繰り広げていた鎌倉公方の足利成氏《しげうじ》に対して、庶兄の足利政知《まさとも》を派遣するなど、父足利義教《よしのり》の代から継続していた鎌倉公方との対立を解決しようと努力していました。

また、有力守護大名の家督相続問題に積極的に介入し、将軍権力の強化を目指していました。義政は祖父の義満を手本にしていたようです。義満のような「強い将軍」に憧れていたのでしょう。父の義教も義満を手本にしていたので、親子二代で目標にしていたことになります。

しかし、残念ながら義満時代の復活にはなりませんでした。義教は将軍専制政治を行った結果、守護大名の疑心暗鬼を招いてしまい、播磨・備前・美作守護の赤松満祐《あかまつみつすけ》に謀殺されてしまいます（嘉吉《かきつ》の乱）。

義政も関東で成氏を打倒することができず、積極的に介入した守護大名の家督争いも自身が味方をした勢力がみな敗れてしまい、かえって混乱を招いただけでした。このような結果から政治に興味を失ってしまったと考えられます。

その一方で、学術・文化面も将軍就任直後から関心を持っていました。文安六年（一四四九）四月、将軍職に就いた義政は学問所を設置し、宝徳三年（一四五一）十月二十九日には、そこに籠って勉学に励んだ記述があります。また同じく学問に関心を寄せていた後土御門《ごつちみかど》天皇の講筵《こうえん》に侍して、経書と史書の講義を聴いていました。

義政は祖父の義満が始めた勘合貿易で明から珍しい図書も取り寄せています。寛正五年（一四六四）、臨済宗の禅僧天与清啓《てんよせいけい》が義政から遣明正使に任命された際には、渡航した折に現地で稀覯書《きこうしょ》を取り寄せるようにと指示をしています。

さらに義政は、文明八年（一四七六）には竺芳妙茂《じくほうみょうも》を遣明正使として派遣し、書籍購入を命じています。

義政がこの時に求めた書籍は次のようなものです。

仏祖統記　三宝感応録　教乗法数　法苑珠林　賓退録　兎園策

（小野則秋『日本文庫史研究　改訂新版』上巻、四二九～四三〇頁）

『仏祖統紀《そとうき》』（「仏祖統記」とも）は仏教の歴史を著わした史書、『法苑珠林《ほうおんじゅりん》』は、様々な仏教書から引用して集成した「類書《るいしょ》」の一つです。

これらはすべて仏書で、義政はこういった書物にも関心を寄せていたことがわかります。あるいは親しくしていた五山の僧侶からのリクエストでしょうか。

義政は文明十四年（一四八二）から京都東山《ひがしやま》の地に、東山山荘（義政死後に慈照寺銀閣《じしょうじぎんかく》となる）の造営を開始しますが、その中に東求堂《とうぐどう》という持仏堂があります。その書院である同仁斎《どうじんさい》に、義政は書物を置くことを考えました。

義政は文明十八年（一四八六）三月二十八日に、相国寺《しょうこくじ》鹿苑院（金閣寺）内の蔭涼軒主《おんりょうけんしゅ》だった亀泉《きせん》集証《しゅうしょう》に選書を依頼します。集証は『東坡文集《とうばぶんしゅう》』二十冊、『方輿勝覧《ほうよしょうらん》』十五冊、『韻会《いんかい》』十冊、『李白詩』七冊、『大広益会玉篇《だいこうえきかいぎょくへん》』五冊などを選んでいます。

また義政は、懇意にしている公家と頻繁に書籍の貸借を行っています。当時学者としても著名であった三条西実隆《さんじょうにしさねたか》とは親密に交流していました。実隆については、第三編で詳しく取り上げます。

実隆の日記である『実隆公記』からは、たびたび義政から歌集の書写を依頼されていることがわかります。

文明六年（一四七四）八月一日、実隆は『林葉和歌集《りんようわかしゅう》』、『俊恵集《しゅんえしゅう》』などを書写して義政に進呈したとみえ、同年十一月三日には『続後拾遺和歌集《しょくごしゅういわかしゅう》』を写してこれも進呈しています。『林葉和歌集』と『俊恵集』は平安時代末期の歌人で僧侶の俊恵の歌集で、『続後拾遺和歌集』は勅撰《ちょくせん》和歌集です。

さらに文明七年（一四七五）五月二十二日には、『殷富門院大輔集《いんぷもんいんのたいふしゅう》』、『道因法師集《どういんほっししゅう》』、『寂然法師《じゃくねんほっし》集《しゅう》』など、同年十一月二十日には『伊勢大輔集《いせのたいふしゅう》』、『四条宮主殿集《しじょうのみやとのもしゅう》』、『出羽弁集《でわのべんしゅう》』、『康資王母集《やすすけおうのははのしゅう》』などの歌集の書写依頼を義政は実隆にしています。

しかしこれらの歌集は、文明八年（一四七六）十一月十三日の室町弟（花の御所）焼失によって灰になってしまいました。

義政は文明九年（一四七七）二月二日に改めて『北院御室御集《きたのいんおむろぎょしゅう》』を、四日に『拾藻抄《しゅうそうしょう》』などを実隆に写させています。前者は守覚法親王《しゅかくほっしんのう》の歌集です。守覚法親王は平安時代末期から鎌倉時代初期の僧侶で和歌に優れていました。後白河《ごしらかわ》法皇の第二皇子です。後者は南北朝時代の僧侶公順《こうじゅん》の歌集です。

義政自身も膨大な数の歌を詠んでおり、『慈照院殿義政公御集』という歌集も存在しています。

また後土御門天皇が義政に書籍を借りていることが、女房たちによって書き継がれていた『お湯殿《ゆどの》の上《うえ》の日記』に見られます。文明十年（一四七八）八月十日に『水鏡《みずかがみ》』と『源氏物語』の「花宴《はなのえん》」、「夢浮橋《ゆめのうきはし》」が、同年十月十二日に『源氏物語』の「総角《あげまき》」、「浮舟《うきふね》」、「手習《てならい》」が後土御門天皇から義政に返却されています。

▽足利義尚の書物趣味

義政の息子で九代将軍足利義尚は、父とは違ってなかなかの武闘派であったとされています。自ら幕府軍を指揮して近江守護の六角氏を討つために親征したことは第一章で述べました。

義尚は在陣中に歿したことから武辺一辺倒のイメージが強いのですが、父義政の血もしっかり受け継いでいました。書籍にもかなりの関心を払っていたのです。

義尚は幼少期に横川禅師から『論語』を学び、次いで清原宗賢《きよはらのむねかた》、小槻雅久《おづきまさひさ》などに経書《けいしょ》、卜部《うらべ》兼倶《かねとも》に『日本書紀』を学び、さらに学者として著名であった一条兼良《いちじょうかねよし》に政治について諮問しています。

兼良は義尚のために『樵談治要《しょうだんちよう》』を著して贈っています。

少年時代の義尚も、父と同様に三条西実隆から本を借りて書写させています。また文明八年（一四七六）四月、小槻雅久に命じて『古今和歌集』を写させています。しかし同年には室町弟（花の御所）が応仁の乱の戦火で焼失してしまいます。義尚は写本を製作して蒐集していましたが、これらも失われてしまったと思われます。

義尚はそれでも意気消沈しませんでした。焼けてなくなってしまった本をもう一回写させており、文明十一年（一四七九）正月には、小槻晴富《はるとみ》に焼失した『初心要記《しょしんようき》』の書写を命じています。翌文明十二年（一四八〇）九月には、真言宗随心院《ずいしんいん》の僧侶厳実《ごんじつ》に命じて『菟玖波集《つくばしゅう》』を写させています。

この頃から義尚は、精力的に様々な書籍をいろいろな人物に依頼して写本を作製させています。平安時代末から鎌倉時代初期に上覚《じょうかく》が著した『和歌色葉集《わかいろはしゅう》』を三条西実隆に、藤原清輔《ふじわらのきよすけ》が著した『和《わ》歌一字抄《かいちじしょう》』、順徳《じゅんとく》天皇の歌集『八雲御抄《やくもみしょう》』、『伊勢物語』は甘露寺親長《かんろじちかなが》に、『続拾遺和歌集《しょくしゅういわかしゅう》』と西行《さいぎょう》の歌集『山家集《さんかしゅう》』を中御門宣胤《なかみかどのぶたね》に、土御門《つちみかど》天皇の歌集『土御門院御集《ぎょしゅう》』は近衛政家《このえまさいえ》に、という具合です。

最後に出てきた近衛政家ですが、関白と左大臣に就いていた文明十二年（一四八〇）七月十四日に、政家の「詠草」を義尚が所望したので贈っています。

「詠草」とは、簡単にいえば自分が詠んだ和歌を紙に書いたもののことです。義尚は政家に詠草を所望しましたが、応仁の乱であらかた焼失してしまったので手許にはないと言われてしまいました。それでも義尚は諦めずに二、三十首でもいいので送って欲しいと伝えています。政家は義尚へ贈るために選歌して、五十首ほどを清書して渡しました。

その後も義尚は政家に詠草を所望しています。文明十五年（一四八三）二月二十九日には、二百六十首ばかりの歌が書かれた「愚詠草」一帖を贈られています。

義尚は和歌に強い興味関心を抱いていたらしく、歌集や歌学書（『和歌色葉集』、『和歌一字抄』）を多く写させています。

また義尚も父義政と同様に、後土御門天皇と書籍の貸借・贈答を行っています。文明十七年（一四八五）二月二十二日には、義尚が後土御門天皇に対して「御抄物《おんしょうもつ》」を閲覧したいとの希望を事前に出しており、その勅答（天皇の回答）が届き、「御抄物」の目録が義尚のもとに届きました。許可するという意味です。その日の晩に、義尚は「御抄物」の原物を閲覧したいと要請し、三条西実隆を介して後土御門天皇に申し入れをしています。

「抄物《しょうもつ》」とは、ある漢文作品に対する解説や注釈書の総称で、「御」と付いていることから、天皇が所持しているものだと思われます。

さて「御抄物」ですが、二十二日には義尚は九帖借りています。翌二十三日には九帖のうち、七帖は早くも返却しています。

残りの二帖は書写のために預かりおきたいとの義尚の意向を、近臣の武田彦五郎を使者として実隆に伝え、実隆から後土御門天皇に申し入れがなされました。

書写は実隆が行ったようで、二十四日には完成させています。そして二十六日には、同じく近臣の武田小三郎を使者として遣わし、後土御門天皇に返却しています。

長享元年（一四八七）九月、前述したように義尚は大軍を率いて近江の六角行高《ろっかくゆきたか》征伐を敢行しますが、実は在陣中も書籍を京都から取り寄せているのです。

出陣した年の暮れ（十二月二十三日）には、義尚は陣中から武田彦五郎を使者として京都に向かわせ、実隆に『和泉式部日記《いずみしきぶにっき》』の書写を依頼しています。実隆は翌長享二年（一四八八）一月五日に書写を開始して、二月十四日に校合を終わらせ、翌十五日に義尚へ進上しています。

同年四月十三日、義尚は実隆に『袖中抄《しゅうちゅうしょう》』を進上するように依頼し、五月二十八日に到着しています。『袖中抄』は平安時代末期に顕昭《けんしょう》という僧侶が著した歌学書です。

六月、京都の蔭涼軒から『中庸《ちゅうよう》』を陣中に取り寄せていますし、八月には『史記』と『漢書』を取り寄せています。翌九月には本を取り寄せるだけでは満足していなかったのか、ある禅僧を京都から呼び寄せて『孝経』、『春秋左氏伝《しゅんじゅうさしでん》』の講義を聴いています。

長享三年（一四八九）一月二十八日には、『和漢朗詠集《わかんろうえいしゅう》』の一部を書写するようにと義尚が実隆に依頼しています。しかしこの時、義尚は病魔に侵されていました。同年三月二十六日、在陣中に歿してしまいます。

義尚は満二十三歳で亡くなりますが、一般的に晩年は近江の陣中で酒と女性に溺れていたといわれています。しかし亡くなる直前まで書籍を取り寄せていたことから考えると、この通説もそのまま鵜呑みにはできない、と私は思います。

足利義政・義尚父子の書籍蒐集の事例を見てきましたが、コネクションを活用して天皇、公家、僧侶から書籍を借りて写本を作成し、自身の蔵書を増やしていることがわかりました。足利将軍家自体も蔵書家であったわけです。

義尚の次は従弟の足利義材《よしき》（のちの義尹《よしただ》、さらに改名して義稙《よしたね》）が将軍職に就きます。しかし管領の細川政元《ほそかわまさもと》がクーデターを起こして義材を追放し、従弟の足利義高《よしたか》（のちの義澄《よしずみ》）を十一代将軍に就けるに及んで、将軍権力は一気に低下してしまいます。

以降は義材派と義高派の二派に将軍家が分裂し、内輪もめがずっと続きます。京都にほとんど将軍が不在で、畿内各地を転戦しているという事態が常態化してしまったのです。義政や義尚の時代のように、公家から本を借りて写本を作成することもままならなくなりました。

この頃から各地に戦国大名が勃興してきます。彼ら戦国大名の中にかなりの蔵書を構築する者も登場してくるのです。

第三章　大内氏歴代の文芸趣味と殿中文庫

▽大内氏の始祖伝承

戦国大名で書籍を多数蒐集した人物は何人か確認されていますが、数代にわたって多くの貴重書を蒐めた家はそれほど多くはありません。

戦国時代初期に周防（山口県）に本拠を構え、最盛期には、長門（山口県）、石見（島根県）、安芸（広島県）、備後（広島県）、豊前（福岡県・大分県）、筑前（福岡県）と、山陽、山陰、さらに北九州まで六ヵ国を支配下に置いた大内《おおうち》氏もその一家です。

大内氏の始祖は、実はかなり変わっています。一般に武家の源流は天皇家に求めることが多いのですが、大内氏は朝鮮半島にあった百済《くだら》の王にあるとしていました。

百済は四世紀前半に成立したとされる古代朝鮮の国家の一つで、三百年ほどにわたって続きましたが、六六〇年に唐・新羅《しらぎ》の連合軍に攻められて滅亡してしまいます。滅亡後、百済復興のために日本が大軍を朝鮮半島に動員して大敗を喫したことはよく知られています（白村江《はくすきのえ》の戦い）。

このように百済と日本は深い結びつきがあったのですが、大内氏の始祖と称されている人物は、第二十六代百済王聖王《ソンワン》（聖明王）の第三王子琳聖太子《りんしょうたいし》です。

琳聖太子は推古天皇十九年（六一一）に周防国多々良浜《たたらはま》（山口県防府市）に着き、のちに聖徳太子から「多々良」の姓を与えられて本拠地にしたということです。これらは『大内氏多々良譜牒』という後世の編纂物に記されていることで、あまり信ぴょう性が高いとはいえません。そもそも琳聖太子の実在性も疑われています。

先祖が百済王家にあると主張したのは、李氏朝鮮との関係を構築した南北朝時代後期の当主大内義弘《よしひろ》だといわれています。朝鮮との絆を深くしようと、《百済王族の末裔》と自称したと考えられます。実は百済王の子孫を自称したことと、大内氏の書籍蒐集とは間接的に関係があるのです。

▽大内義弘の書籍蒐集

書籍を蒐めるようになったのも、琳聖太子から数えて二十五代目の義弘からといわれています。義弘は正平十一年／延文元年（一三五六）に、二十四代弘世《ひろよ》の嫡子として生まれました。

大内氏は南朝方の武将として室町幕府とは敵対関係にありましたが、弘世が北朝に帰順し、九州の南朝勢力と戦いました。義弘も弘世と共に大宰府攻略に軍功を挙げています。

弘世歿後に大内氏は家督争いが発生します。義弘と弟満弘《みつひろ》との内紛です。義弘は三代将軍足利義満と親密な関係を築いていたので、弟との戦いに勝利します。

一方、義満は有力守護大名を討伐していきます。元中六年／康応元年（一三八九）には美濃守護の土岐康行《ときやすゆき》を挑発して挙兵に追い込んだうえで討伐し（土岐康行の乱）、元中八年／明徳二年（一三九一）に丹波・和泉・山城・但馬守護を兼務していた山名氏清《やまなうじきよ》をやはり挙兵に追い込んだ明徳の乱などが代表的です。義弘は明徳の乱に幕府軍として参陣して軍功を立てました。

さらに明徳三年（一三九二）閏十月の南北朝合一にも義弘は重要な役割を果たし、ついには足利将軍家に準じた扱いまで受けるようになります。義満が出家した時には、あとを追って出家までしているのです。

義弘は次第に力をつけていくのですが、そうなると義満が警戒するようになります。そしてついに、応永六年（一三九九）十月に和泉国堺（大阪府堺市）で義弘は挙兵します。義弘は追い込まれていたのです。これを応永の乱と呼びます。

大内勢は幕府軍を相手によく戦いました。義弘は大軍の幕府勢に対して、自分を「天下無双之名将大内左京大夫義弘入道」（『応永記』）と豪語したといいます。しかし衆寡敵せず、応永六年十二月（一四〇〇年一月）に義弘は討たれてしまい、一時的に大内氏の勢力は削がれるのです。

さて、このような波乱万丈な生涯を送った義弘ですが、文化的なことにも関心を持っていました。応永三年（一三九六）には、李氏朝鮮の初代国王李成桂《イソンゲ》に、『大蔵経《だいぞうきょう》』の提供を求めています。李氏朝鮮の前の王朝である高麗《こうらい》（九一八〜一三九二）からの要請によって、義弘は倭寇《わこう》を討伐したのですが、これは倭寇に捕虜として日本に連行されていた朝鮮人を返還する見返りとして要求したのです。

この時は『大蔵経』を手に入れることができなかったらしく、義弘は二代国王定宗《チョンジョン》治世の応永五年（一三九八）にも、『大蔵経』の版木を求める使者を送っています。

義弘は国内でも書籍蒐集に余念がありませんでした。連歌を大成させた公家の二条良基《にじょうよしもと》と義弘は親交が厚く、良基から『十問最秘抄《じゅうもんさいひしょう》』と『知連抄《ちれんしょう》』を贈られています。『十問最秘抄』とは二条良基が著した歌学の本です。『知連抄』は息子の師良《もろよし》の著作で、やはり連歌を扱った書籍です。ちなみに二条師良は父である良基よりも早くに亡くなっています。

歌学の本を求めたほどですので、義弘は歌もよく詠んでいたようです。勅撰集の『新後拾遺《しんごしゅうい》和歌集』に、義弘の歌が二首採録されています。

では、義弘の歌の実力はいかほどのものだったのでしょう。瑞渓周鳳《ずいけいしゅうほう》という室町時代中期の臨済宗の禅僧は、義弘の歌の実力を問われた際に「知らず」と答えたといいます。にもかかわらず勅撰集に採録されたのは、義弘の歌道の師である良基の強力な推薦があったものと推測されます。また、室町幕府内での義弘の政治的影響関係も勅撰集入選に影響していたと考えられます。

さて、前述したように、義弘は応永六年（一三九九）十月に挙兵して堺城に籠城するのですが、幕府軍にはかなわず討死を覚悟する時が来ます。その時の様子を『応永記』は次のように描写しています（返り点・傍線引用者）。

大内入道今生ノ思出ニセントテ千句ノ連歌ヲ賦シ百首ノ和歌ヲ詠シ若党共ニモ思々ノ最後ノ遊ヒヲセヨトテ酒宴乱舞不ㇾ絶二昼夜ニ一又相従フ者共各母妻ニ遣二形見一シ皆討死ノ用意シケル

（『応永記』肥前島原松平文庫本、国文学研究資料館所蔵）

これを読むと、最終決戦に際して義弘は千句の連歌と百首の和歌を詠んだとあります。歌が好きだったのは確かなようです。

『応永記』は軍記物ですが、応永の乱終結直後に著されたとされ、内容は信ぴょう性が高いとされています。勅撰集にも義弘の和歌は採られているので、この描写もあながち嘘だとはいえないでしょう。

▽盛見と大内版

大内氏は応永の乱によって滅亡したわけではありません。一時的に勢力は減退しましたが、義弘の次は盛見《もりはる》・持世《もちよ》・教弘《のりひろ》と続いていきます。ここでは、盛見が始めた大内版について少し触れます。

盛見も義弘と同様に、文化にも大きな関心を寄せていましたが、特筆すべき事業は自ら出版にも乗り出していることです。これを「大内版」といいます。

応永十七年（一四一〇）に『蔵乗法数《ぞうじょうほっすう》』を刊行しており、これが嚆矢です。少し期間が空いて、応永三十三年（一四二六）には『大般若経理趣分《だいはんにゃきょうりしゅぶん》』一千巻、正長元年（一四二八）には『法華経』を印刷しています。

大内版は盛見によって始められ、最後の当主となる大内義隆《よしたか》まで継続された事業です。

▼大内政弘の生涯

大内氏を大大名に復活させたのは、義弘の四代後の政弘《まさひろ》です。

文安三年（一四四六）に大内教弘の子として生まれ、寛正六年（一四六五）に父教弘の病歿に伴って家督を継承します。

政弘の事蹟として特筆すべきは、なんといっても応仁の乱の参戦でしょう。もともと大内氏は日明間の貿易である勘合貿易の権利をめぐって細川氏と対立関係にありました。父教弘が細川氏と敵対していた伊予守護の河野通春《こうのみちはる》を支援したことも、細川氏との溝を広げることになっていたのです。その関係から政弘は、細川勝元《かつもと》と敵対していた山名宗全《やまなそうぜん》に与するようになります。

応仁元年（一四六七）七月に政弘は上洛し、足利義視《よしみ》と山名宗全率いる西軍に参陣しました。実はこの時、細川勝元率いる東軍のほうが優位に立っており、政弘の上洛が応仁の乱を長期化させる一因になったのです。

泥沼化し長期戦となった応仁の乱真っ只中の文明二年（一四七〇）には、国元で叔父の大内道頓《どうとん》（教幸《のりゆき》）が反乱を起こします（大内道頓の乱）。これは将軍足利義政が政弘の大内家家督を取り消し、叔父の道頓を当主にするという御内書《ごないしょ》を発したことによります。将軍義政は、この時は中立ではなく東軍の味方だったのです。将軍の威光は絶大でしたが、京都にいた政弘は即座に家臣の益田貞兼《ますださだかね》を帰国させて、翌年に道頓を自害に追い込むことに成功します。

そのようなことが途中にありましたが、文明五年（一四七三）には山名宗全、細川勝元と相次いで東西両軍のトップが病死してしまいます。政弘は事実上の西軍の大将格になってしまったのですが、将軍義政が政弘の懐柔に出たことで和睦が成立し、文明九年（一四七七）十一月に政弘が帰国したことで応仁の乱はようやく終結しました。

帰国後の政弘は九州に出陣して少弐氏らと戦い、重臣の陶弘護《すえひろもり》を謀殺し、家中を粛清しました。そして「大内氏掟書」といった分国法も制定したのです。

九代将軍足利義尚《よしひさ》、十代将軍足利義材《よしき》（のちの義尹《よしただ》、義稙《よしたね》）の六角《ろっかく》氏征伐に従軍し、義材の時には自ら嫡男義興《よしおき》を伴って再度上洛しています。しかし明応三年（一四九四）には、持病の痛風が悪化して家督を義興に譲り、翌四年（一四九五）に歿しました。享年五十。当時としては標準的な寿命でしょうか。

こうしてみると、政弘も戦いに明け暮れた一生であったと思います。政弘の代まではまだ「戦国時代」とはいえないのですが、戦国時代に突入する以前から、地方では頻繁に戦乱が起こっていたことがよくわかります。

十年もの間、応仁の乱に参戦していたので、政弘はずっと京都に滞在していたわけですが、実はかなり文化的な事業を行っています。詳しく見ていきましょう。

▽大内政弘の書籍蒐集

大内氏歴代当主の中で、最も文化に心を砕いたのは義隆であるといわれていますが、義隆に次いで文化事業に熱心だった当主として、政弘が挙げられます。

書籍の蒐集に関しても、政弘はかなり貴重なものを手に入れることに成功しています。政弘の書籍蒐集は米原正義氏が年表にしていますので、それに依拠しながら主な事例を見ていきたいと思います（米原正義「大内政弘古典・歌書等蒐集年譜」『戦国武士と文芸の研究』）。

①政弘は応仁の乱で京都に十年あまり在陣していました。文明初年、その陣中では正徹が写した『伊勢物語』を、さらに持孝《じこう》という僧に依頼して写本を作成させて座右に置いていました。

正徹は室町時代後期の臨済宗の禅僧で、歌人として有名でしたし、将軍足利義政に『源氏物語』の講義を行っており、学者としても一流の人物でした。

持孝は三井寺《みいでら》の僧で、権大僧都《ごんのだいそうず》の僧官（僧侶の階級）の地位にありました。国元ではなかなか正徹筆の『伊勢物語』も入手が難しかったでしょうし、持孝のようにきちんとした写本を作成できる僧侶もあまりいなかったのでしょう。戦のために上洛してきたとはいえ、文化人がひしめいている京都に来たので、政弘はこの機会を逃さなかったということです。

この『伊勢物語』は、長享元年（一四八七）七月中旬に、息女武子の懇望によって与えています。愛娘から頼まれれば、政弘も嫌とは言えなかったのでしょう。
②文明三年（一四七一）十月下旬、政弘から貞応本『古今和歌集』の書写を依頼された道輿《どうこう》は、三日間で写し終わり、西軍の総大将である足利義視に外題《げだい》と奥書を書いてもらい、自らも奥書を記してこれを政弘に贈りました。
外題とは、和本の表紙に添付してある短冊（これを「題簽《だいせん》」といいます）に書かれている本のタイトルのことです。奥書とは、本の終わり近くに記されている文章のことで、写本だと主にどの本を見て誰が写したのかなどの情報が書かれています。

政弘は西軍の重鎮でしたので、総大将の義視も快く外題と奥書を書いたものと思われます。
③文明六年（一四七四）四月頃に、政弘から『源氏物語』の注釈書である『花鳥口伝抄《かちょうくでんしょう》』を所望された一条兼良《いちじょうかねよし》は、書写・校合をして写本を作成し、政弘に贈っています。
④文明八年（一四七六）七月下旬に、政弘はまたも一条兼良に所望して、著者である兼良自筆の『伊

勢物語愚見抄』を貰い受けます。兼良は当代随一の大学者として夙に著名でした。著作も多数あり、『伊勢物語愚見抄』は簡単に言えば『伊勢物語』の研究書です。

⑤文明八年（一四七六）七月下旬、政弘は一条兼良から『源氏物語』の注釈書である『花鳥余情《かちょうよじょう》』十五冊を贈られています。

この①~⑤の事例は、すべて政弘が応仁の乱で京都に在陣している時に行った「文化活動」です。戦争の最中にこのような書籍の贈答があったというのは、「総力戦」のみが戦争だと思っている現代人の感覚からはほど遠いものですが、当時の戦にはそのようなことも状況的に可能だったのでしょう。私は拙著（『図書館と江戸時代の人びと』・『図書館の日本史』）の中で、徳川家康が関ヶ原の戦いや大坂の陣前後に出版活動を行っていたことを指摘しました。戦国時代の合戦とは殺し合いの合間に「文化活動」を行っても誰も不審に思わなかった、このような感覚をもって当時を理解しなければいけないのかもしれませんし、太平洋戦争のような感覚で戦国時代の戦を見ては誤りを犯すことに繋がるかもしれません。

さて、政弘は応仁の乱が終わって山口に帰国後も書籍蒐集を継続していました。

⑥文明十年（一四七八）十月九日、少弐氏を討つために筑前（福岡県）在陣中の政弘は、大内の旗下に馳せ参じていた秋月弘種《あきづきひろたね》から、『古今和歌集』一部十巻を献上されます。この『古今集』は二条為《ため》

世《よ》筆の素晴らしいものだということです。

二条為世とは鎌倉時代後期から南北朝期にかけての公家で、歌人として著名でした。いかにも書籍好きな政弘が好みそうな本です。そろそろ戦国時代に入りかけていた時期ですが、ご機嫌伺いのために珍本が贈られることもあったようです。

⑦延徳二年（一四九〇）六月十九日、政弘は一条兼良が写して弟の良鎮《りょうちん》大僧正に与えた河内本『源氏物語』五十四帖を、山口滞在中の良鎮から贈られています。これはおそらく政弘が良鎮に頼んだのでしょう。

⑧延徳二年（一四九〇）十二月二十二日以前に、『新続古今和歌集』を書写したものを姉小路《あねがこうじ》基綱《もとつな》から贈られています

このように政弘の書籍蒐集は生涯を通じて行われました。

政弘の書籍蒐集の特徴は、『源氏物語』、『伊勢物語』とその注釈書、『古今和歌集』などの勅撰和歌集およびその注釈書に集中していることです。どうも勅撰集をすべて蒐めることを考えていたフシがあります。

では順番に見ていきましょう。『源氏』関係では、①青表紙本『源氏物語』、②河内本『源氏物語』、③『花鳥口伝抄』、④『花鳥余情』、⑤『千鳥抄《ちどりしょう》』などを蒐集しています。

①と②の『源氏物語』は青表紙本と河内本という別系統のもので、内容に異同があります。

古典文学の場合、江戸時代以前は印刷技術が未熟だったので、すべて写本によって広まりました。写本では、転写者（写した人）によっては自分で勝手に創作したオリジナル・ストーリーを差し挟む人もいます。それを別の人が、紫式部自らが書いたものだと信じて書き写して広まってしまう……。そういうことがよくありました。

実は現在、私たちが目にしている『源氏物語』五十四帖は、長年の国文学研究の結果、紫式部本人が執筆したものだと明らかにされたものなのです。現在の国文学研究は、そこのところはしっかり解明しているのですが、政弘の時代ではどこがどう違うのかわからないままでした。

そこで政弘は延徳二、三年（一四九〇、九一）に、僧侶で連歌師の猪苗代兼載《いなわしろけんさい》に命じて、青表紙本と河内本との相違点を注記させています。このような『源氏』の「研究」も政弘は行っていたのです。

次は『伊勢』ですが、政弘は①『伊勢物語』、②『伊勢物語愚見抄《ぐけんしょう》』、③『伊勢物語山口抄』を手に入れています。③は連歌師として有名な宗祇《そうぎ》が、長享三年（一四八九）五月八日から延徳元年（一四八九）八月二十一日に山口に滞在して『伊勢物語』の講釈を行い、それをまとめたものが『伊勢物語山口抄』と呼ばれている本です。この講釈は政弘の所望によって行われました。

最後に特筆すべきものとしては、勅撰集です。政弘は、①貞応本『古今和歌集』、②二条為世筆『古今和歌集』、③『古今和歌集細字注《さいじちゅう》』、④『拾遺和歌集』、⑤『金葉《きんよう》和歌集』、⑥『新古今和歌集』、⑦『新古今和歌集仮名序《かなじょ》』、⑧『新勅撰《しんちょくせん》和歌集』、⑨『続拾遺《しょくしゅうい》和歌集』、⑩『新続《しんしょく》古今和歌集』を蒐集しています。

勅撰和歌集とは天皇や上皇の命によって編纂される和歌集のことで、平安時代の延喜五年（九〇五）成立とされる『古今和歌集』から、永享十一年（一四三九）成立の『新続古今和歌集』まで編まれました。これらを「二十一代集」と呼びます。

どうも大内家には政弘の代以前に二十一代集すべてが揃っていたようなのですが、政弘は二十一代集すべてを新調する意向があったようです。①から⑩までの勅撰集蒐集は、すべてこの新調する動きだとわかります。これは延徳年間（一四八九〜九二）頃から蒐集の動きがあったようです。前述したように、政弘は持病の痛風のために家督を義興に譲り、明応四年（一四九五）に歿しますが、存命であったならば二十一代集はすべて揃っていたと思われます。

勅撰集蒐集に精を出したのは、政弘が和歌や連歌に並々ならぬ関心を寄せていたからだと考えられます。政弘は歌集『拾塵《しゅうじん》和歌集』もあり、歌は千百余首残っています。その実力は将軍足利義尚も認めるほどでした。

さらに准勅撰連歌集の『新撰菟玖波集』は、政弘の発願によって編纂が進められました。当然政弘の句も多く採録されています。

▽政弘の書籍貸与

このように政弘は戦や政治の合間に書籍を蒐めていたわけですが、公家には書籍を貸し出していたことが確認されています。

①文明八年（一四七六）七月下旬に、政弘が一条兼良から『伊勢物語愚見抄』を贈られたことは前述しましたが、同十二年（一四八〇）八月に三条公敦《さんじょうきんあつ》がこの本を政弘から借りて書写しています。

②文明十二年（一四八〇）九月に、公敦は『花鳥余情』十五冊を政弘から借りて、うち五冊は自身が書写し、残り十冊は別の者に書写させ、再三校合しています。

③長享元年（一四八七）八月、一条兼良が九代将軍足利義尚に政治指南書として贈った『樵談治要《しょうだんちよう》』を、政弘は兼良に懇望して手に入れましたが、公敦はそれを借り受けて、他人に書写させています。

三条公敦は大内政弘とかなり親しい公家の一人で、文明十一年（一四七九）には、政弘を頼って周防（山口県）に下向しています。その関係から公敦は政弘から貴重な書籍を借り受けて写本作製ができたのです。

政弘のほうは、他者から本を借りるということはあまりなかったようです。政弘は欲しい本があると写本を作成してもらい、入手しているからです。欲しい本は必ず手に入れなければならない性分だったのでしょう。

いくつか事例を見てみましょう。

④延徳三年（一四九一）十月、政弘の所望により、三条西実隆は勧修寺政顕《かじゅうじまさあき》が写した『続拾遺和歌集』を、政顕と共に禁裏本（天皇が所蔵している本）と校合しました。

これは前述したように、政弘は二十一代集を蒐集することに情熱を傾けていましたので、その一環で勧修寺政顕に依頼して『続拾遺集』を写してもらい、実隆と政顕が校合したことだと思われます。

⑤延徳三年（一四九一）十月、これも政弘の所望により、前関白近衛政家《このえまさいえ》は『金葉《きんよう》和歌集』の一部を書写しています。

⑥延徳四年（一四九二）三月、政弘の所望により実隆は、滋野井教国《しげのいのりくに》が写した『新勅撰和歌集』の校合を行っています。

主に勅撰集の書写を事例に挙げましたが、政弘は欲しい本があると三条西実隆や近衛政家など懇意にしている公家に依頼して、善本から写してもらっているようです。政弘はこのように欲しい本を写本によって入手していましたので、他者から借りるという行為はあまり確認できません。

▽朝鮮から『大蔵経』の移入

政弘は李氏朝鮮から『大蔵経』も取り寄せようとしています。『大蔵経』移入は大内氏歴代当主の悲願でしたが、政弘はこれに関しても心血を注いでいます。

政弘は、文明五年（一四七三）、同六年（一四七四）、同九年（一四七七）、同十一年（一四七九）、同十五年（一四八三）、同十七年（一四八五）、長享元年（一四八七）、延徳二年（一四九〇）、明応二年（一四九三）、同三年（一四九四）と十回にわたって使者を朝鮮に派遣し、『大蔵経』を求めています。

しかしすべて成功しているわけではなく、十回のうち成功したのは文明十一年、同十七年、長享元年、延徳二年の四回です。

文明十七年（一四八五）の『大蔵経』移入は、朝鮮側の記録である『成宗《ソンジョン》大王実録』に見られます。

この時の朝鮮国王は第九代の成宗で、崇儒抑仏政策をとっていました。仏教を弾圧して大寺院も閉鎖に追い込んでいたのです。代わりに儒教を奨励していました。

このような事情でしたので、成宗は政弘の要求に応ずるべきか否かを家臣に議した結果、『大蔵経』中の精要のみを送るということに決しました。無碍に追い払われなかったのは、大内氏が朝鮮発祥の一族であるという点を考慮したからでした。

長享二年（一四八八）二月には、『大蔵経』を収蔵する蔵が十三あったことが確認されています。ちょうど足利義政が東山殿（現在の慈照寺銀閣）造営に力を注いでいた時期なので、政弘は義政から要請があれば、『大蔵経』を献上する意志を示していました。

政弘が所蔵していた『大蔵経』は全部で十三部あり、うち八部が完全に揃い、そのうちの七部が特に優れたものだったといいます。中でも一部は上々の経典だったようです（『蔭涼軒日録』長享二年二月二十四日)。

政弘が何部も所持していたのは、ひとくちに『大蔵経』といっても国や時代によって複数の異版があったからです。例えば高麗《こうらい》(九一八〜一三九二)が開板した高麗版、ほかに歴代中国王朝が開板した宋版、元版といったものがあります。

政弘は、複数の『大蔵経』異版を所蔵していました。一種だけあれば満足するのではなく、あらゆる版の『大蔵経』をすべて蒐集することに、政弘は執念を燃やしていたのです。

▽政弘時代の大内版

大内版は盛見が開始したと考えられていますが、次代の持世、さらにその次の教弘が開版したとの記録は残っていません。おそらく出版まで手が回らなかったのでしょう。政弘も戦に明け暮れた生涯でしたが、文化面にもかなり力を入れていたので、盛見以降途絶えていた大内版を再開しました。

文明十三年(一四八一)九月三日、政弘は『金剛般若経《こんごうはんにゃきょう》』を出版します。父教弘の菩提を弔うためでした。政弘は父親を相当慕っていたようで、これに先立つ文明四年(一四七二)、一条兼良に教弘の肖像画の賛を求めたことからもうかがえます。

ほかに、文明十四年(一四八二)五月以降に出版された『妙法蓮華経』全八巻があります。これは大内氏の氏寺である氷上山興隆寺《こうりゅうじ》で出版されたものです。ちなみにこのお経は、大内氏滅亡後の元亀三年（一五七二）と天正五、六年（一五七七～七八）にも補刻して出版されています。明応二年（一四九三）には、虎関師錬《こかんしれん》の著作で漢詩実作の参考書である『聚分韻略《しゅうぶんいんりゃく》』を刊行しています。

政弘時代の大内版は、主にこの三種が知られています。

▽殿中文庫の存在

このように政弘は、書籍蒐集、『大蔵経』の移入、大内版開板と書籍に関してもかなり積極的な文化活動に勤しんでいました。書籍が増えてくると、それを保管するための施設が当然必要になります。明応三年（一四九四）の記録などによると、山口の大内館内には、氏寺の興隆寺の祭礼記録や大内氏が興隆寺に出した文書の控えのほか、和歌や連歌の懐紙《かいし》、歌書などを保管していた「殿中文庫」というものがあったことが確認されています。また、近年は文芸的な資料だけでなく、大内氏の領国経営に関する、今日でいえば行政文書も保管されていたとの指摘もあります。殿中文庫に関しては後述しますが、政弘の代から存在が確認されていることをここでは確認しておきます。

さて、政弘の次は嫡男の義興が継ぎます。義興は文武両道の名将で、前将軍足利義尹（のちの義稙）を奉じて上洛し、義尹を将軍職に復職させることに成功しています。自身は管領代として幕政を主導しました。文化面にも関心が高く、大内版も開板したのですが、父政弘や息子の義隆に比べると影が薄いようです。本書では義興は割愛して、義隆の話に移ります。

▽大内義隆の生涯

事実上の大内氏最後の当主は義隆です。永正四年（一五〇七）に山口の大内館で、義興の嫡男として誕生しました。幼名は代々大内氏の嫡男が名乗る亀童丸《かめどうまる》と名づけられました。

亀童丸は元服し、十二代将軍足利義晴《よしはる》の偏諱「義」を賜り、義隆と改名しました。

義隆が元服した頃、父義興は尼子氏、安芸武田氏と断続的に交戦状態にありました。義隆も父の戦いに参陣しています。

享禄元年十二月二十日（一五二九年一月二十九日）に義興が死去し、二十二歳の義隆が大内氏の家督を継ぎます。

当初、義隆は領土の拡大に熱心でした。北九州で少弐氏、大友氏と戦っています。天文二年（一五三三）に九州探題渋川義長《よしなが》が義隆を裏切って少弐資元《すけもと》と通じたため、翌三年（一五三四）に義隆によって滅ぼされています。これで渋川氏の世襲となっていた、室町幕府の地方機関である九州探題は途絶することになりました。

天文九年（一五四〇）尼子経久の孫にあたる詮久《あきひさ》（のちの晴久《はるひさ》）が安芸に侵攻、大内方に与していた毛利元就《もうりもとなり》と戦っています。義隆は元就を支援するために、家臣の陶隆房《たかふさ》（のちの晴賢《はるかた》）を総大将として派遣し、尼子軍を撃破しています。翌十年（一五四一）には、義隆は完全に安芸を大内氏の支配領域に組み込むことに成功しました。この年に尼子経久は死去しています。

天文十一年（一五四二）に義隆は自ら総大将として出陣し、尼子詮久の居城である出雲（島根県）の月山富田城《がっさんとだじょう》を攻めます。しかし城攻めは難航し、それを見ていた大内方の国衆が次々と尼子に寝返ってしまいました。翌十二年（一五四三）五月に大内軍は撤退を始めますが、尼子の追撃は激しく、義隆は家臣や養嗣子の大内晴持《はるもち》も失ってしまいました。

まさに命からがら山口に逃げ戻った義隆は、戦国大名としてあろうことか政治・軍事に急速に興味を失い、文化活動に邁進します。これに武断派の陶隆房や先代の義興からの重臣であった内藤興盛らが反発しました。

ついに天文二十年（一五五一）八月に隆房は謀反を起こし、義隆は長門国深川（山口県長門市）の大《たい》寧寺《ねいじ》に立て籠って自害してしまいます（大寧寺の変）。享年四十五。

義隆の生涯はここで終わりですが、ついでに大内氏のその後も見ておきましょう。

隆房は豊後（大分県）の戦国大名大友義鑑《よしあき》の次男晴英《はるひで》を迎えて、大内家の当主とします。晴英は十三代将軍足利義藤《よしふじ》（のちに義輝《よしてる》と改名）の偏諱を賜り義長《よしなが》と名を改めます。とはいえ、実権は陶晴賢（隆房が改名）にありました。

ところが晴賢は、弘治元年（一五五五）の厳島の戦いで毛利元就に大敗し自刃します。毛利勢は弘治三年（一五五七）に山口へ侵攻し、義長も自刃します。享年二十六。ここで名実ともに大内宗家は滅亡してしまいました。

義隆の治世初期は、父義興のように文武両道の武将として存在していましたが、敗戦をきっかけにして急速に世俗のことに興味を失ってしまいました。代わりに文化面に力を入れるのですが、これが墓穴を掘ることに繋がってしまいます。ただ現在では、大内宗家を滅ぼすことに繋がった文化重視策が、義隆の評価を父義興よりも高からしめているのですから、世の中はわからないものです。

▽義隆の学問と書籍蒐集

義隆は月山富田城攻めの大敗後、文治派の家臣相良武任《たけとう》を起用し、大内文化の最盛期を迎えます。義隆以前から、山口には京都から公家が戦乱を逃れて多く集まっていました。高名な歌人や学者は大内氏が招致していたようです。

儒学では、義隆は清原業賢《きよはらのなりかた》、大宮伊治《おおみやこれはる》について学び、さらに四書五経の講義を自ら行っています。義隆の講義は、近習や家臣の師弟を集めて聴講させていました。ちなみに、四書とは『大学』、『中庸』、『論語』、『孟子』を指し、五経とは『易経』、『書経』、『詩経』、『礼記』、『春秋』をいいます。いずれも儒学の基本書です。

義隆は天文十五年（一五四六）春から同十七年（一五四八）まで業賢、伊治を師範とし、柳原資定《やなぎはらすけさだ》、持明院基規《じみょういんもとのり》、在将《ざいしょう》（未詳）、医師の竹田定慶《たけだじょうけい》、神光寺《じんこうじ》の僧侶某ら七人と四書五経の輪読会を開いていました。神光寺は山口にある寺院ですが、それ以外の参加者はすべて京都から義隆が招いた人物です。

義隆は儒学に多大な関心を寄せていましたので、李氏朝鮮から貴重な書籍を輸入しようと考え、天文三年（一五三四）春に使僧を派遣し、唐の太宗《たいそう》の命によって孔穎達《くようだつ》らに編纂させた『五経正義《ごきょうせいぎ》』を求めています。

『五経正義』とは、極めて平易に説明すれば『周易《しゅうえき》』、『尚書《しょうしょ》』、『毛詩《もうし》』、『礼記《らいき》』、『春秋左氏伝《しゅんじゅうさしでん》』の公式解説書です。

使僧は『五経正義』を受け取ったらしいのですが、その後行方不明となり、結局義隆は入手できませんでした。

天文七年（一五三八）十月、正晛《しょうけん》を使者として朝鮮に向かわせ、朱子新註の「五経」全本と「刻漏制度之器」を求めています。「刻漏制度之器」とは、計時の器具のことだと考えられます。

朱子（一一三〇〜一二〇〇）とは南宋時代の儒学者で、宋以降の中国・日本の思想界に多大な影響を及ぼした人物です。その朱子が新たに註を付した「五経」全本を、義隆は所望したのです。

正晛は天文九年（一五四〇）に朝鮮へ入国し、十二月に朝鮮国王中宗《チュンジョン》へ書簡を提出します。翌十年（一五四一）の帰国の際、中宗の書簡によれば「五経」のうち『詩経』と『書経』の朱子新註を義隆は入手できたようです。

さらに義隆は、当時儒学者として名声が高かった清原宣賢《のぶかた》に銭五万疋（現在の貨幣価値で五千万円ほど）

を贈って、「四書五経」の抄物《しょうもつ》、『四書五経諺解《げんかい》』を書写してもらっています。抄物とは、ある漢文の作品に対する解説・注釈の総称です。

義隆は代々学者の家系である清原氏から学び、朝鮮からも五経に関する書籍を入手し、さらに当時としては新興の朱子学にも気を配っているので、儒学の様々な学派から総合的に学ぼうとした姿勢が顕著に見られます。

かつて土佐儒学の祖と言われた南村梅軒《みなみむらばいけん》は、最近では日本史の教科書からも削除されるなどその実在性が疑問視されていますが、当初は義隆に仕えたといわれています。

義隆は儒学にかなり心を寄せていましたので、天文十年（一五四一）には明国使節の湖心碩鼎《こしんせきてい》の帰国に際して送別の宴を博多で開いていますが、義隆はすべて中国語で接待を行っています。語学にも長けていたようで、ひょっとしたら漢籍も返り点を打って読むばかりではなく、中国語として読んでいたのかもしれません。

義隆は明に四回使節を派遣しています。天龍寺妙智院《みょうちいん》第三世策彦周良《さくげんしゅうりょう》を副使として派遣し、天文八年（一五三九）に博多を出航、翌九年（一五四〇）に北京へ到着し、明国皇帝に進貢しています。天文十年（一五四一）に策彦は帰国して、尼子征伐出陣中の義隆に報告したのち、同十一年（一五四二）には十二代将軍足利義晴にも報告を行っています。大内氏主導で派遣された遣明船でも、きちんと将軍に報告しているのは、形式的とはいえ足利将軍の対外的な権威はまだ残っていたということなのでしょう。

義隆は策彦が帰国した天文十年中に、次回の遣明船の計画を立てています。今度は策彦が正使で、これが最後の勘合貿易船となります。天文十六年（一五四七）三月に博多を出航し、同十八年（一五四九）四月に北京へ到着します。山口に帰着したのは天文十九年（一五五〇）六月になってからでした。勘合貿易では様々なものを輸入しましたが、義隆は学問好きですので、漢籍を数多くもたらしたようです。『防長風土注進案《ぼうちょうふうどちゅうしんあん》』は、義隆治世下の山口の様子を次のように描写しています。

大内家世々勘合印を伝へ給ひて異国より来れる経史子集綾羅錦繡珍貨奇玩山口に輻湊し京師諸国に通商ありしといへり（中略）

其ころ、異国より来れる経史錦繡等京師諸州に通商せし時、内海某といへる商賈の家その事に幹たりし。（中略）

〈内海家ハ舶来の経史子集の事に関係せし商賈なるより、世相称して唐本屋の名を呼り〉

（『防長風土注進案』第十三巻山口宰判下、三八一頁。〈　〉内は原文割注）

唐本《からほん》とは明国から輸入された漢籍のことでしょう。漢籍を扱う専門書店もあったようです。当時の城下町山口には唐人小路《とうじんしょうじ》の町名があり、さらに明国の風習である丁字路などに立てる「石敢當《いしがんとう》」も存在していたようです。街の雰囲気も大陸的なものになっていたのでしょう。

このように義隆は儒学に傾倒し、漢籍も数多く蒐集していたことがわかりましたが、国書（日本の

図１　大内義隆蔵書印
「太宰大弐」印

図２　大内義隆蔵書印
「日本国王之印」

書籍）はどうだったのでしょうか。

義隆は和歌・連歌も数多く残していますが、国書の蒐集については実はあまり記録がないようなのです。決して関心がなかったというわけではなく、義隆の代までにはすでに主要なものが揃っていたからだと考えられます。ただ、義隆古写本の『新《しん》古《こ》今《きん》和《わ》謌《か》抜《ばっ》抄《しょう》』なる本があるので、義隆は勅撰集を手本にして和歌を修めたことがうかがえます。

義隆は儒学と和歌・連歌、そして本書では取り上げませんでしたが、神道や芸能までも幅広く興味を示していました。それに関連して、漢籍を中心に大量の本が殿中文庫に収蔵されるようになったと思われます。

義隆は蔵書印まで作っていたようです。「太宰大弐」や「日本国王之印」などはその印影が残っています。

▽義隆時代の大内版

大内版も義隆の時代が最も多く開板されたようです。例えば、政弘の時代に出版された『聚分韻略』

の再刊をしています。しかも義隆は原本よりも小型本にして刊行しているのです。閲覧するのに小型のほうが便利だからという理由だと思われます。ほかにも、『山谷詩集《さんごくししゅう》』、『集千家註分類杜工部詩《しゅうせんかちゅうぶんるいとこうぶし》』、『首書十八史略《しゅしょじゅうはっしりゃく》』、『四書大全《ししょたいぜん》』などを開板しました。

『山谷詩集』は北宋時代の詩人黄庭堅《こうていけん》（一〇四五〜一一〇五）の漢詩集で、『集千家註分類杜工部詩』は唐代の詩人杜甫《とほ》の漢詩集です。

『首書十八史略』は南宋の曾先之《そうせんし》によってまとめられた、宋までの子供向け中国通史です。ただ日本では一流の歴史書のように扱われました。「首書《しゅしょ》」とは「頭書《とうしょ》」と同じ意味で、「書物の本文の上欄に、注釈・批評などを書き記すこと」をいいます。つまり『首書十八史略』とは、本文の上欄に注などを付している『十八史略』という意味なのです。

最後の『四書大全』は、明代に永楽帝《えいらくてい》の命で胡広《ここう》らが編集した四書の注釈書で、永楽十三年（一四一五）に成立しました。義隆の時代から見るとまだ「新刊書」のようなものですが、いち早く輸入して大内版として出版したものといわれています。

▽殿中文庫の所蔵書

山口の大内館には、殿中文庫という大内家代々当主の蔵書が収蔵されていた文庫がありました。いつの頃に設立されたものなのか不明ですが、政弘の代には確認されています。

文庫の名称は、本書では仮に「殿中文庫」と読んでいますが、別の名前でも呼ばれていたことは史料上確認されています。

明応四年（一四九五）在銘の箱裏書がある「興隆寺文書」には「山口殿中文庫」とあり、享禄四年（一五三一）に大和（奈良県）の国衆十市《とおち》遠忠《とおただ》が認めた奥書がある『李花集《りかしゅう》』には、「防州大内文籠」と記されています。

前近代ではあまり名称に拘らなかったので、きっちり「正式名称」というものを作らず、なんとなく「大内氏の文庫」とわかるように呼ばれていたのではないか、と私は想像しています。

さて、殿中文庫が所蔵していた書籍は、米原正義氏によれば次のように形成されたということです。

> （殿中文庫―引用者註）収蔵の内外の書籍は、諸家の贈呈によるものがあったにせよ、それは大内氏の積極的意志と関連するものであり、大内歴代は東西両面から珍籍稀書を蒐集した。まず東からのそれを時間的にみると、始めは上洛によって、教弘時代からは上洛と都の文人の山口下向により、義隆の代になると主として文人が大内氏の客人となることによって受容した。次に西からの刺戟は、早く弘世（義弘の父―引用者註）時代から加えられている。大内氏領国が大陸文物受容の関門に当たり、地理的条件の有利であったことから、中央に先駆けて与えられた。そして貿易の利益による富力と強大な武力による分国の安定とによって、意欲的に大陸文物を摂取し、山口を中心として明国趣味が流行したのも当然の成り行きであり、義隆が西洋文化を享受する基盤は

出来上っていたといってよいであろう。

（米原正義『戦国武士と文芸の研究』七九二頁）

米原氏は、東西文化の影響を強く受けた蔵書構成になっていると指摘しています。大内氏は宗家が滅亡してしまいましたので、殿中文庫の目録も残っていないのではっきりとはわからないのですが、その蔵書構成は歌学を中心とした和書、儒学、仏典に大別できるようです。特に最後の当主である義隆は、儒学に傾倒していたので、漢籍を多く蒐集したと思われます。

それでは主な書籍を見てみましょう。

和書のうち古典文学や歌書では、青表紙本『源氏物語』、河内本『源氏物語』、『源氏物語千鳥抄』、『花鳥口伝抄』、『花鳥余情』、『伊勢物語』、『伊勢物語愚見抄』、『伊勢物語山口抄』、『古今和歌集』、『後撰和歌集』以下代々の勅撰集、『古今集細字註《こきんしゅうさいじちゅう》』、『古今集秘訣《こきんしゅうひけつ》』、『百人一首』などです。

連歌書では、『知連抄《ちれんしょう》』、『十問最秘抄』、『新撰菟玖波集』などで、有職故実書では『元服記録次第』、『参宮故実』、『書札礼之事』、『弓馬之一巻』、『犬追物手組日記』、『大内問答』、『多々良問答』などです。

漢籍のうち儒書では、『四書五経諺解』、朱子新註の『詩経』と『書経』、双跋本《そうばつぼん》『論語集解』（正平版『論語集解』の覆刻）、金沢文庫本『毛詩正義《もうしせいぎ》』、『四書大全』などです。漢詩では『山谷詩集』、『聚分韻略』などがあります。

仏典では、『大蔵経』十数部、『大般若経』、『蔵乗法数』、『金剛経』、『大般若経理趣分』、『法華経』

などがあったようです。

ほかにも『御成敗式目』、『古語拾遺《こごしゅうい》』、『和漢朗詠集《わかんろうえいしゅう》』、『樵談治要』などの武家法、政治、神道や蹴鞠《けまり》の本などもあったと推測されます。

また、書籍以外にも行政文書、唐絵や茶器、大内菱金襴、大内桐金襴、大内塗などの工芸品なども収蔵されていたと思われます。

ちなみに義隆は、天文十九年（一五五〇）八月に山口にやって来たイエズス会宣教師フランシスコ・ザビエルに謁見しています。翌二十年（一五五一）にザビエルが京都からの帰り道に再び山口に立ち寄った際、義隆はキリスト教布教の許可を与えています。大道寺《だいどうじ》という廃寺を与え、そこを拠点にザビエルは山口で布教しましたが、直後に大寧寺の変が起きてしまいました。義隆がどれほど西洋文化に関心を持ったのは定かではありませんかが、最初期にキリスト教布教を許可した戦国大名の一人です。しかし、さすがに殿中文庫には洋書は入っていなかったようです。

さて文庫＝図書館とすると、現代の司書のような役割をする人物がいたのか気になるところです。「大内氏掟書」百三十二条目には、次のような条文が確認できます。

一、殿中毎月御歌同御連歌御懐紙事
為二奉行并筆者当番役一、執二置之一、相積之事、可レ渡二文庫之番衆一之由、被二仰出一畢、各可レ有二存知一之由候也、

長享三年七月十日

（『中世法制史料集』第三巻、八七頁）

大意は、毎月開催される歌会や連歌会などで詠まれた和歌や連歌は、当番役の奉行と筆記者が取り置いて、たまったら殿中文庫の「番衆」に渡すべしとあります。この「番衆」は殿中文庫の管理を担当していた役人と思われます。

ただ「番衆」の仕事は、単なる書籍の出納係ではないかと思われ、今日の司書のようにレファレンスのような込み入った仕事は行っていなかったと推測されます。

「大内氏掟書」は戦国大名大内氏の分国法です。分国法に文庫管理のことが記されているのは、珍しいことだといえます。

▽殿中文庫は図書館か？

大内氏は西国の大大名として室町幕府に重きをなしました。また居館がある山口は、京都が戦乱で衰微していった時に「西の京」として大いに栄えました。それは「大内文化」とも称される特色あるものでしたが、家臣の陶晴賢の謀反により途絶えてしまいます。皮肉にも大内文化が最も栄えたのは、最後の義隆の時代でした。

歴代の当主は文化にも大いに関心を寄せ、貴重書を中心として書籍を蒐集していました。それを保管するための「殿中文庫」を自らの居館内に設けたことはわかっています。近年では行政文書も収められ、図書館的な役割だけではなく、公文書館的な役割もあったのではないかと指摘されています。ただ大内氏は滅びてしまったので、文庫の目録も残ってはおらず、書籍貸借などをどこまで行っていたのか後付けることが極めて困難です。大内政弘治世時の三条公敦のように、蔵書を借りて自らの写本を作製した人物はわずかですが確認できていますので、上級家臣や当主と交友関係にあった公家などには貸し出していたと推測されます。

殿中文庫は今日の図書館と比較すると閉鎖的ですが、図書館の基本機能である「貸出」を行っていることから、それに該当すると思われます。

▽殿中文庫蔵書のその後

大内氏滅亡によって、殿中文庫の蔵書は散逸してしまったと考えられます。大内氏のあとに防長二国を有した毛利氏は、江戸時代中期に長州藩校明倫館《めいりんかん》を建てますが、殿中文庫との直接的な繋がりは当然ながらありません。

江戸時代後期の儒学者塩谷世弘《しおのやせいこう》が書いた「小早川隆景卿伝」によれば、毛利元就の三男で小早川《こばやかわ》家に養子に入った隆景《たかかげ》は、慶長元年（一五九六）に筑前国名島《なじま》（福岡市東区）に名島学校を建てたとされ、これは下野国足利（栃木県足利市）の足利学校に倣って隆景が設立したものといわれています。足利学校から玄修軒という僧侶を招いて教育にあたらせたとも書かれています。

隆景は義隆の覚えがめでたく、『陰徳太平記《いんとくたいへいき》』によれば衆道の関係があったと記されています。

（毛利―引用者註）元就父子は暫し（山口に―引用者註）滞留して御坐す、又四郎隆景は当年十六歳、弥子瑕六郎《びしかりくろう》も顔色を失ふ容貌なれば、義隆卿断袖《たんしゅう》の寵愛不レ浅《あさからず》して、大樹義晴公へ吹挙《すいきょ》有て、屋形号をぞ賜はりける。

（米原正義校注『正徳二年板本　陰徳太平記』二、四五頁）

元就父子が山口に滞在した際、義隆は美少年の隆景を愛しすぎるあまり、将軍足利義晴に推挙して隆景に「屋形号」を賜るようにしたと書いてあります。屋形号は本来一国を治める守護などに許された名乗りなのですが、国衆の三男である隆景にそこまでのことをしたのですから、義隆はよほど隆景のことが好きだったのでしょう。

もっとも、出典の『陰徳太平記』は江戸時代中期に成立した史料なので、あまり記述に信頼性は高くないとの評価になっています。話半分に聞いたほうがよさそうですが、隆景の「隆」は義隆の偏諱を下されたものですので、両者の関係が強かったことは確かなようです。隆景は学問や書籍にも関心があったといわれていますので、これも義隆の影響かもしれません。

名島学校は、隆景が慶長二年（一五九七）に死去してしまうと、跡を継ぐ者がいなかったので自然となくなってしまったようです。ですから具体的なことは何一つわかっていません。足利学校をお手本にしたということなので、おそらく文庫も設置され、書籍も集められたと思われるのですが、何も史料が残っていないため不明です。

第四章

西国・東国・北国諸大名の書籍蒐集

さらに西に目を移すと、九州の大名菊池《きくち》氏と島津《しまづ》氏が特筆されます。どちらも臨済宗僧侶で儒学者の桂庵玄樹《けいあんげんじゅ》を招いています。

そして東国では、今川義元《いまがわよしもと》、北国では朝倉孝景《あさくらたかかげ》、さらに上杉景勝《うえすぎかげかつ》の執政である直江兼続《なおえかねつぐ》が書籍蒐集では有名です。

▽菊池氏の好学

菊池氏は南北朝時代、九州の南朝方の要として果敢に室町幕府軍と激戦を繰り広げました。南北朝合一後は幕府の傘下に入りますが、依然として足利将軍家からは一目置かれる存在でした。

室町時代の当主菊池為邦《ためくに》は学問好きで知られ、明国《ミン》と通交を開始して康正二年（一四五六）と文明二年（一四七〇）の二回、船を派遣し、書籍も求めたことが判明しています。また孔子を祀る聖堂も為邦によって建てられたようです。

応仁の乱で京都から逃れていた桂庵玄樹を肥後（熊本県）に招いたのは、為邦の嫡男で肥後守護の菊池重朝《しげとも》です。

重朝自身は、応仁の乱で東軍（細川勝元《ほそかわかつもと》派）に一応は属していましたが、九州での自領の拡大を目論み、筑後（福岡県）に侵攻していました。しかしそれはうまくいかず、晩年は連歌会をよく催して文芸に関心を寄せ、文明九年（一四七七）に桂庵玄樹を招聘しました。同年二月九日に孔子を祀る釈《せき》奠《てん》を執り行っています。

菊池氏は名族として学問や文芸にも関心があり、その関係で書籍も多く蒐集していましたが、戦国時代初期の永正元年（一五〇四）に宗家は滅亡しています。その際、菊池氏の蔵書も散逸してしまったようです。

▽島津氏の好学と薩摩版

大内氏と同様に、明との貿易に力を入れていた薩摩（鹿児島県）の島津氏も代々好学の当主を輩出していました。特に室町から戦国に移行する時期の島津忠昌《ただまさ》、忠良《ただよし》、戦国期の貴久《たかひさ》、義久《よしひさ》、義弘《よしひろ》などが学問に関心を寄せていたことが知られています。

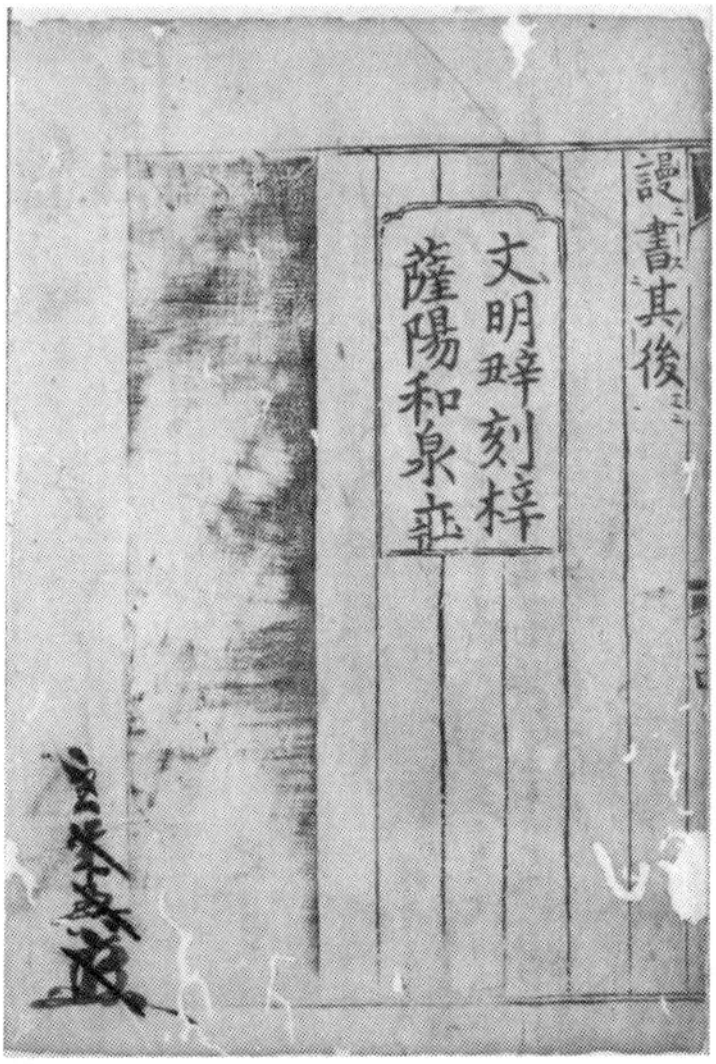

図３　薩摩版『聚分韻略』刊記
（国立国会図書館所蔵）

島津忠昌は第十一代当主で、寛正四年（一四六三）に生まれました。忠昌の治世下は、「国中騒乱」と呼ばれるほど島津氏の分家・国衆などが宗家に反旗を翻し、その鎮定に忠昌は忙殺されることになりました。まさに戦いに明け暮れた一生でした。

そのような中、文明十年（一四七八）には桂庵玄樹を招聘して朱子学を講じさせ、のちに薩南学派と呼ばれる儒学の一学派の基礎を築きました。

薩摩ではすでに文明十三年（一四八一）、島津家家臣の伊地知重貞《いじちしげさだ》が『大学章句《だいがくしょうく》』を刊行します。『大学章句』は朱子が『大学』に付した注釈書で、これは日本で初めて出版された『大学』になります。

同年には薩摩の和泉（鹿児島県指宿市）で『聚分韻略《しゅうぶんいんりゃく》』全五巻も開板しており、これが島津氏の出版事業である「薩摩版」の嚆矢といわれています。現在、薩摩版の『聚分韻略』は国立国会図書館が所蔵しており、全文が「国立国会図書館デジタルコレクション」で公開されています。

さらに忠昌は絵画にも関心を寄せ、雪舟にも師事しています。また明に留学したことのある秋月等《しゅうげつとう》観《かん》を招いて、薩摩に水墨画を普及させました。

このように忠昌は文化事業に幅広く興味を示してその普及に心を砕いたのですが、政治・軍事的才能は乏しかったようです。島津一族と国衆が相次いで蜂起し、本家の政権基盤は脆弱になりつつありました。永正三年（一五〇六）に大隅（鹿児島県）の肝付兼久《きもつきかねひさ》が反乱を起こしたので自ら討伐に出陣しますが、同じく大隅の地方領主新納忠武《にいろただたけ》が兼久に味方したので大敗を喫しています。それで俗世が嫌になったのかはわかりませんが、永正五年（一五〇八）に居城の清水城《しみず》で自殺してしまいます。享年四十六。忠昌には奇行なども確認されており、現代でいう「心の病」に罹っていた可能性もあります。

忠昌の跡を継いだのは嫡男忠治《ただはる》でしたが、若い忠治に乱れた国内を再統一するだけの才覚はなく、二十七歳という若さで陣歿してしまいます。ちなみに忠治は父の血を受け継ぎ、文化事業には関心が高かったようです。忠治の次は弟の忠隆《ただたか》、その次はさらに弟の勝久《かつひさ》が継ぎます。

勝久は、分家の一つである相州島津家出身の貴久を養子に迎えます。貴久が本家の家督を継いだのは十二歳と若年でしたので、貴久の父忠良が当初は後見をしていました。

忠良自身は当主にはなりませんでしたが、文武両道で島津家を立て直した中興の祖と呼ばれている人物です。息子の貴久も名将として誉れ高い人物です。

忠良は、幼少時に桂庵玄樹から朱子新註の「四書」の講義を受け、ことに『論語』に造形が深かったといいます。儒学・仏教・神道の知識が豊富で、三教を融合して「日学」という新しい学派を築きました。

忠良は号を日新斎《じっしんさい》といい、『日新菩薩記』ではその人となりが次のように描写されています。

殿中ノ趣キ、尋常明師投シテ論ヲ求メ、今ハ法華ノ説、今ハ六経ノ談、或ハ日本記（ママ）、百官式目、太平記、砂石集（ママ）、ニ至ル迄、時ヲ得テ、螺ヲ吹カセ、諸宗ヲ集メ、勤テ学ヲ勧メシ事、四時一日モ破費セス、一朝一日ノ他遊ニモ、書籍ヲ携ヘ、至ル所、寸隙トモ時ヲ惜テ、古書ヲ聞キ、書義ヲ尋テ、其要ヲ取テ、機鑑（ママ）トセシ故ニ賢才才人、自㆓遠方㆒来テ、喜楽ノミアリッ

（『日新菩薩記　全』相徳哲 明治二十年三月転写、国立国会図書館所蔵、二十二丁オ・ウ。一部、合略仮名の表記を片仮名に改めた）

忠良が和漢の書籍を常に読み、寸暇を惜しんで勉強し、その知識を政務に役立てようとしたことがうかがえます。『日新菩薩記』からは忠良が相当量の書籍を蒐めていたことも推測されます。

忠良は永禄十一年（一五六八）に七十七歳で逝去しましたが、その遺訓は「伊呂波歌」として子孫や家臣に長く歌い継がれました。

島津家はその後、貴久、義久、家久と続きますが、いずれも文武両道の人物が多かったといいます。

さて、薩摩版ですが天文十五年（一五四六）には日向（宮崎県）で『四体千字文』が刊行され、江戸時代に入っても慶長二十年（一六一五）に『黄石公素書《こうせきこうそしょ》』と『孔子聖蹟図《こうしせいせきず》』が開板されています。『黄石公素書』とは、伝説によれば黄石公が著したとされる本ですが、後世の人物が黄石公に仮託して書かれたものではないかといわれています。黄石公とは秦《しん》代の伝説的な兵法家で、『三略』が代表的著

作とされています。薩摩版はその後途絶してしまい、江戸時代末期に一時復活しています。

島津氏は、明や李氏朝鮮との交流が活発でしたので、大内氏と同様に書籍を多く輸入していたと考えられています。代々の当主の中にも好学な人物はいました。しかし、大内氏の殿中文庫のような文庫が存在したことは確認されていません。

▼今川義元の駿河版

西国大名の菊池・島津両氏の好学と出版について触れました。では東国の大名はどうだったのでしょう。東国の戦国大名の中にも文化に深く関心を寄せている者は数多くいました。

今川義元のブレーンとして名高い禅僧太原雪斎《たいげんせっさい》は、漢詩文を作る時の韻引き辞書である『聚分韻略』と、中国の歴史書『歴代序略《れきだいじょりゃく》』を天文二十三年（一五五四）に出版しています。これらは善徳寺《ぜんとくじ》で版行されたので、善徳寺版とも駿河版とも呼ばれています。

駿河版といえば、のちに徳川家康も駿府で出版を行っており、それも駿河版と呼ばれていますが、幼少期の家康は義元の人質として駿府で暮らし、雪斎の教育を受けていたので、師弟で同じ出版事業を同じ土地で行ったことになります。

義元自身も当時の戦国大名の嗜みとして連歌をやっていました。京都から冷泉為和《れいぜいためかず》を招聘して家臣と一緒に指導も受けていましたが、為和からは厳しい評価を得ており、腕前はそれほどでもなかったようです。

今川家では頻繁に連歌会を開催していましたが、歌合の題目の意味をよく理解せずに詠んでしまい、似たような歌が頻出していたようです。為和は義元に対しても容赦せず、厳しく添削指導を行っています。今川家は地方歌壇では最高のレベルに達していたといわれていますが、京都から見ればかなりレベルは低かったということでしょう。

▽朝倉孝景の出版

北国の大名も見ておきましょう。ちなみに「北国」とは現在では北海道・東北地方を指す言葉ですが、もともとは北陸地方のことを指しました。

北陸には戦国時代、有力な大名がいました。越前（福井県）の朝倉氏もその一家です。朝倉氏は守護斯波《しば》氏の下で守護代として越前に在国していましたが、早くも応仁の乱の頃から自立し始め、ついに室町幕府から越前守護として正式に認められるに至りました。

孝景は朝倉氏の十代当主で、息子は最後の当主となる義景《よしかげ》です。

さて、孝景は戦国大名として周辺諸国にたびたび出兵し、また美濃守護の土岐《とき》氏の内紛にも介入するなど、戦いの連続の一生でした。

そんな孝景も文化面には関心があったようです。天文五年（一五三六）、孝景は医師の谷野《たにの》一栢《いっぱく》に命じて『八十一難経《はちじゅういちなんぎょう》』を版行させました。

『八十一難経』は後漢時代（二五〜二二〇）に著された医学専門書です。東洋医学の基本書である『黄帝内径《こうていだいけい》』の、特に難解な八十一ヵ所が問答形式で解説され、鍼《はり》の理論と臨床が簡潔に述べられています。戦国大名ですので合戦は数多く経験したでしょうから、医学の知識は必須であったはずです。実用的な医学書を出版して、広く家臣に配ったのでしょう。

▽直江兼続の好学と書籍蒐集

大名ではありませんが、越後（新潟県）の戦国大名上杉景勝の側近、直江兼続の事例も紹介しておきます。

兼続は上杉謙信《けんしん》の養子景勝の執政であり、上杉家を発展させた武将として有名です。一説には単なる家老ではなく、景勝と二頭政治を行っていたともいわれています。また兼続は名将として数々の戦で武功を立てましたが、軍事的才能だけではなく文化人としても著名な人物です。学問を愛し、書籍を蒐集し、出版も行っていました。

兼続は永禄三年（一五六〇）に樋口兼豊《ひぐちかねとよ》の長男として越後で生まれます。幼少の頃に兼続は越後国坂戸《さかと》城下（新潟県南魚沼市）にある古刹、雲洞庵《うんとうあん》住持の北高全祝《ほっこうぜんしゅく》から教育を受けます。雲洞庵には、上杉謙信の養子になる前の景勝も入っており、一緒に勉学に励みました。具体的にどのようなことを全祝から二人は学んだのかわからないのですが、おそらく『論語』などの「四書五経」、『孫子』などの兵法書、「武経七書」の手ほどきを受けたのではないかと思われます。

ちなみに謙信は、養子の景勝に対する教育は非常に熱心で、自らいろは文字の手本を書いて与えています。それが『伊呂波尽手本』で、現在は山形県米沢市の米沢市上杉博物館に所蔵されています。

成長した景勝と兼続は、春日山《かすがやま》城に入って謙信の側近くで成長します。謙信は戦国武将としても超一流でしたが、文化にも大きな関心を寄せていました。特に和歌に優れており、恋歌が得意という意外な一面も持っていました。兼続はそういった面も謙信から強く影響を受けていたのか、文化にも興味を持つようになりました。特に書籍に対しては強い関心を示していたのです。

天正十六年（一五八八）正月に、兼続は春日山城で僧侶の了阿《りょうあ》より『古文真宝《こぶんしんぽう》』を受けました。『古文真宝』とは漢から宋王朝の時代にかけての漢詩や文辞を収録した書物で、わが国では室町時代に学僧たちへ広まり、五山版で出版されたことで有名になります。前集十巻に漢詩、後集十巻に文を収録していました。戦国武将たちは教養として『古文真宝』を愛読する者が多かったようです。

同年四月に景勝・兼続主従は上洛します。景勝が従三位、兼続が従五位下の叙爵のためです。さらに兼続は豊臣姓まで朝廷から下賜されました。これは当然、豊臣秀吉の意向です。秀吉が上杉家の家臣である兼続に（秀吉から見れば兼続は陪臣にあたります）、豊臣姓を与えることは非常に珍しいことでした。それほど兼続の評価は高かったということです。一行は八月までの滞在中に、足を延ばして高野山まで参詣しています。

その期間中に、兼続は前臨済宗妙心寺《みょうしんじ》住持の南化玄興《なんかげんこう》を訪ねています。南化は美濃守護土岐氏の出身といわれ、織田信長のために安土城の記を作った有名な学僧でした。

兼続は在京中、何度も南化のところを訪れて親しくなりました。そして南化が所蔵している『古文《こぶん》真宝後集抄《しんぽうこうしゅうしょう》』二十一冊を借りて書写することが許されたのです。『古文真宝』には前集と後集があり、この本は後集の注釈書になります。

ちなみに『古文真宝』は、兼続自身が書き写したわけではありません。もちろん場合によっては自ら筆を執って写本を作成することもあったでしょうが、今回は祐筆《ゆうひつ》に命じて書写させたようです。兼続は常に側近の中から筆の立つものを祐筆に抜擢し、同行させていました。

完成した『古文真宝後集抄』の写本の巻頭に、南化は序文を認めます。そこで南化は、景勝の股肱《ここう》の臣として日夜精励する中、その合間の短い時間で詩文に心を傾け、名誉や利欲に染まることのない節義の高い人物で、戦陣にあっても学問を忘れないのが上に立つ者の心得で、兼続が詩文に励んでいるのはまさにこのためであると、高く評価しています（『古文真宝後集抄』南化玄興序の原文は市立米沢図書館デジタルライブラリーで閲覧できます）。兼続はこの時二十九歳、南化は五十一歳でした。歳が離れていたので、二人は友人というよりも師弟に近い関係だったのでしょう。いずれにしても、これを機会として兼続は南化と仲良くなります。

文禄四年（一五九五）十二月には、禅僧の万里集九《ばんりしゅうく》が転写した南化秘蔵の『前漢書』帝紀十二巻を譲り受けています。最初、兼続はこれも借り受けて祐筆に筆写させようとしたのですが、南化は兼続の志の高さに感銘を受け、秘蔵していた『前漢書』帝紀十二巻を贈ったのです。

さらに南化は慶長四年（一五九九）に、漢詩の作詩法について詳細な解説が記されているので、安易に他人に閲覧させてはいけないといわれている『文鑑《ぶんかん》』を、自ら写して兼続に贈っています。これは異例中の異例のことで、南化が兼続の漢詩の技量を高く評価していたことがうかがえます。

その後も兼続の書籍蒐集は止まらず、宋版『漢書』と『後漢書』、さらに唐代の医学書『備急千金《びきゅうせんきん》要方《ようほう》』三十三冊も手に入れました。宋版とは宋代に刊行された書籍のことで、校訂がしっかりしていて本文の間違いが少ないものといわれ、高く評価されているものです。これらの宋版は今日でも現存し、国宝に指定されています。

宋版『漢書』と『後漢書』は京都五山の禅僧の手による書き込みが確認されているので、その関係者から兼続に伝わったと思われます。

『備急千金要方』は、鎌倉時代中期に執権北条《ほうじょう》氏の一族である北条実時《さねとき》が設立したとされる金沢文《かねさわぶん》庫《こ》の蔵書印が捺されています。どのような経緯で兼続の手に入ったのかはよくわかりませんが、足利学校から経由したものか、それとも豊臣秀次《ひでつぐ》が足利学校の蔵書の大半を「強奪」した事件があったので（この事件については後述します）、秀次から兼続へと下賜されたのでは、という推測も成り立ちますが不明です。

ちなみに『備急千金要方』とは、唐代の医師孫思邈《そんしばく》の著作で、医療倫理から説き起こして、病理、薬物療法、鍼灸《しんきゅう》、按摩《あんま》など当時の東洋医学の知識を集大成した医学百科全書です。これも宋版で、現在は重要文化財に指定されています。

天正二十年（一五九二）、豊臣秀吉は全国の諸大名を総動員して朝鮮を攻めました。十二月に「文禄」と改元されたので、一般に「文禄の役」と呼ばれています。景勝と兼続も六月に朝鮮へ渡りますが、その直前の二ヵ月ほどは本陣がある肥前国名護屋《なごや》（佐賀県唐津市）に滞陣していました。この間も兼続は医学書『済世救方《せいせいきゅうほう》』三百巻を書写させたという有名な話があります。この本は江戸幕府に献上され、のちに明治政府の所管になったといわれています。

しかし近年、この話を疑問視する声が上がっています。岩本篤志氏によると、『済世救方』という本は米沢藩校興譲館《こうじょうかん》の蔵書にも見られず、そもそも出版されたという確かな記録も存在していないということです。岩本氏は、『済世救方』は『聖済総録《せいさいそうろく》』二百巻の誤りではないかと指摘しています。『聖済総録』は宋代に成立した医学の百科全書的な書物で、これは興譲館の蔵書にもありますし、明治になってから文部省管轄の東京書籍館《とうきょうしょじゃくかん》の蔵書目録にも記載されていたようです（岩本篤志「米澤蔵書からみた藩校蔵書の形成」『汲古』第五二号、同「『文鑑』と『軍法』――直江兼続と漢籍」矢田俊文編『直江兼続』）。

さて、朝鮮に渡った兼続ですが、実は戦らしい戦をしていません。朝鮮在国中の上杉軍は釜山《プサン》の熊川城修築が主な「武功」でした。余暇には連歌会などを催しています。早くも文禄二年（一五九三）九月には、兼続は景勝と共に名護屋に帰陣しています。

兼続は兵士に対して朝鮮国内での財貨の略奪を厳しく戒めましたが、兵火に遭って失われそうな書籍を蒐集して日本に持ち帰っていました。それらは朝鮮古活字本という、朝鮮で出版された良質の刊本のことで、『新編古今事文類聚《しんぺんここんじぶんるいじゅう》』、『中庸章句《ちゅうようしょうく》』、『五朝名臣言行録《ごちょうめいしんげんこうろく》』、『附釈音周礼註疏《ふしゃくおんしゅらいちゅうそ》』などでした。

兼続が朝鮮から持ち帰ってきた本で一番有名なのは、宋の時代に出版された『史記』で、現在国宝に指定されています。ただ、この『史記』は文禄の役以前に存命した著名な京都五山の僧侶の書き込みがあるので、朝鮮から持ち帰ってきたものではなく、南化玄興から贈られたものではないかと岩本氏は推測されています（『図説直江兼続』一六六頁）。

このように兼続は貴重な書籍を蒐集していましたが、秘蔵して一人で悦に入っていたわけではありません。親しい人には蔵書を貸していたようです。

近年、小説や漫画で有名になった前田慶次《まえだけいじ》は、晩年は上杉景勝の招きに応じて客分となり出羽米沢に移住します。慶次は兼続とも大変親しい仲にありました。同じ風流を好む者同士、年齢は結構離れていたと思いますが、意気投合したのでしょう。慶次は兼続の蔵書にも興味を持ったようです。慶次が倉賀野左衛門五郎という人物を介して、兼続に『貞観政要《じょうがんせいよう》』を借りたいとの希望を述べた書状が残っています。

また、元和二年（一六一六）に徳川家康は側近の僧侶金地院崇伝《こんちいんすうでん》に命じて、兼続から『律令《りつりょう》』と『群書治要《ぐんしょちよう》』を所持しているか尋ねさせています。家康はちょうどその時、駿府城で駿河版という出版事業を行っており、その校正のために兼続所蔵本と比較する必要があったので打診したのです。関ヶ原の戦いでは敵味方に分かれていましたが、書物が二人の仲を取り持ったのです。

僧侶や武将を問わず、珍しい本があると兼続に贈る人物も多かったようです。かつて本を借りたその返礼として、珍書が手に入ると兼続に贈った人物もいたということです。

では、蒐集した書物を兼続は誰にも見せなかったのでしょうか。前田慶次や、かつては敵であった徳川家康にまで貸しているのですから、兼続がそのようなことをするはずはありません。公開型の文庫を造ってそこに一部の蔵書を納めました。それを禅林《ぜんりん》文庫といいます。

▽禅林文庫

元和四年（一六一八）、景勝・兼続主従は米沢城西北、白子《しろこ》明神《みょうじん》の西隣に禅林寺（のちに法泉寺《ほうせんじ》と改称）を建立し、九山《きゅうざん》禅師を迎えて開山しました。九山は那須雲巌寺《うんがんじ》の大虫宗岑《だいちゅうそうしん》門下でしたが、兼続がその学才に惚れ込んで米沢への招請を説いて、足利学校で学ばせていたのです。

足利学校は室町時代中期に、関東管領上杉憲実によって再興された高等教育機関です。戦国時代が最盛期で、文字通り日本全国から学生が集まっていました。事実上、足利学校では当時の実学を教授していました。戦争の仕方である兵学や易学（占い）です。これらを足利学校で学んで、学生たちは軍配師（現代風にいえば「軍師」になるでしょうか）として全国の大名に仕官したということです。足利学校については第二編で詳しく述べます。

兼続自身も占いと兵学には精通していました。自身が著した占いの本に『秘伝集《ひでんしゅう》』というものがあります。どのような占いが載っていたのでしょうか。

　この本は米沢市上杉博物館が所蔵していますが、その内容は「自分に大事が起こる場合の見分け方、毒を盛られた膳の見分け方、乗船の可否、そして敵に討たれないための呪文」（『図説直江兼続』一七二頁）といった占いが載っていたようです。例えば、「船に乗るときは足の親指に「辻」という字を書き、竜王揃一巻を読んで、「賦」という字を書き、点をうつように日輪の印を結び、印の中から船の頭を見るべし。船の頭を見ないで乗船してはいけない」とあり（川瀬一馬『増補新訂　足利学校の研究　新装版』二〇四頁）、船に乗る前の準備がものすごく面倒です。

　また兼続は、兵学の書として『軍法』（米沢市上杉博物館所蔵）を著しています。進軍や布陣など、軍全体の問題から個々の兵士の心構えまで記され、一例を挙げると足軽などが機敏な動きをすることで敵を疲弊させ、下手に攻めずに相手のミスを誘発するという戦法が紹介されています。

　九山は足利学校で易学と兵学を学び、米沢藩士に伝えました。さらに九山は、足利学校の蔵書も持ち帰っていたようです。例えば占いの基本的なテキストといわれる『周易伝《しゅうえきでん》』三冊は、足利学校十一代庠主《しょうしゅ》の明徹祖徳《めいてつそとく》が慶長十七年（一六一二）に書写したものだと判明しています。また七書（『孫子』、『呉子』、『司馬法』、『尉繚子《いりょうし》』、『三略』、『六韜《りくとう》』、『門対《もんたい》』）の注釈書である『七書講義《しちしょこうぎ》』も、足利学校所蔵本から写したことがわかっています。

　さて、兼続は九山を禅林寺の初代住持にさせるのですが、単なる寺院ではなく米沢藩士のための学問所としての役割も与えました。兼続が蒐集した書籍と、九山が足利学校時代に蒐集していた本とを合わせて禅林文庫を禅林寺内に設置したのです。

禅林文庫はその後、米沢藩校興譲館へと発展していきます。蔵書も興譲館文庫へと引き継がれ、その一部が現在の市立米沢図書館の蔵書となっています。

禅林文庫の実態は史料がないのでよくわかりませんが、おそらく米沢藩士は自由に文庫の蔵書を利用でき、勉学に励んだものと推測されます。

▽直江版

兼続は書籍蒐集、文庫の設立と数々の文化事業を行っていましたが、出版事業にも乗り出しています。これを直江版《なおえばん》と呼びます。

直江版で一番有名なのは、慶長十二年（一六〇七）に開板された『文選《もんぜん》』ですが、『文選』は中国の南北朝時代（四三九〜五八九）、南朝の王朝である梁《りょう》の昭明太子《しょうめいたいし》（五〇一〜五三一）の手によって編纂されたといわれています。

紀元前の春秋戦国時代から梁の時代までの文学者百三十一名の、賦《ふ》、詩、騒など八百あまりを選んで採録しています。

賦とは現代では廃れてしまっている文芸ですが、中国の戦国時代に端を発して漢王朝の時代に最も流行しました。一応、清王朝の時代までは残っていたようです。隋・唐の時代になると官吏登用試験

図４　直江版『文選』巻第二の表紙（国立公文書館所蔵）

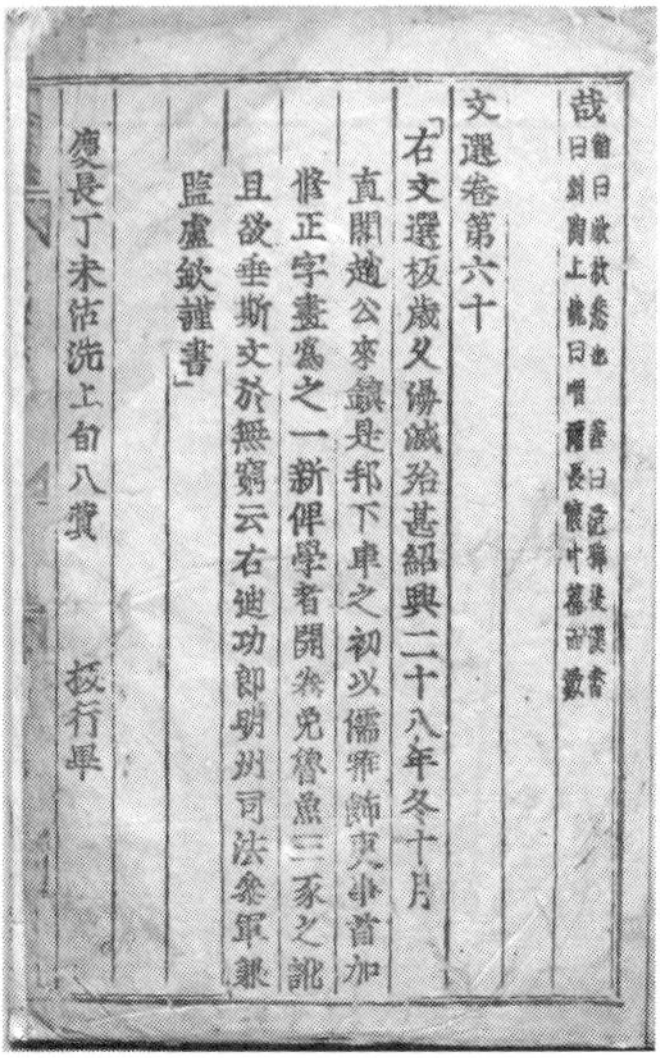

図５　直江版『文選』巻第六十の刊記（国立公文書館所蔵）

の科挙《かきょ》が実施されますが、『文選』は詩文の模範と扱われたので、受験者は必ず読んで覚えました。

このように有名な文学書ですので、古くから多くの注が付けられています。有名なものとして李善《りぜん》が唐の高宗《こうそう》に献上した『李善注文選』、五人の学者（呂延済《りょえんせい》、劉良《りゅうりょう》、張銑《ちょうせん》、呂向《りょきょう》、李周《りしゅう》翰《かん》）が共同で注を付し、玄宗に献上した『五臣注文選』があります。

兼続が出版した『文選』は、五臣注に李善の注を合わせた「六臣注」で、かなり詳細な注が付いているものです。かつては日本初の銅活字による印刷本とされていましたが、最近では木活字が使われたと指摘されています。直江版『文選』は、南宋の時代の紹興二十八年（一一五八）に出版された刊本を底本《そこほん》として、慶長初年から活字印刷を行っていた京都の日蓮宗要法《ようぼう》寺《じ》の僧日性《にっしょう》に、兼続が依頼して制作されました。全三十一冊です。

この直江版は徳川家康側近の儒学者林羅山《はやしらざん》も入手し、各方面に影響を与えました。さらに兼続歿後の寛永二年（一六二五）に再版されており、これは兼続未亡人のお船《せん》の方の意志によるものだということです。

米沢市上杉博物館が所蔵している、慶長十年代と比定される直江景明《かげあき》宛て兼続書状によると、江戸にいた嫡子の景明のところに『文選』を所望したいと言ってきた貴人がいたらしく、兼続は幸い手元に一部あるのですぐ送ると返事をしています。刊行直後から直江版『文選』は評判だったようです。

さて、『文選』が刊行された慶長十二年（一六〇七）、兼続はどのような境遇だったのでしょうか。周知のように上杉景勝は関ヶ原の戦いで石田三成に味方をしたので、戦後はその報復として陸奥会津百二十万石から出羽米沢三十万石に減封されてしまいます。ところが上杉家は家臣をリストラせず、そのまま召し抱えたものですから、家臣の中には米沢に移っても住む家もないような者もいる有様でした。兼続は執政として上杉家の立て直しに奔走します。また家庭面でも、慶長十一年（一六〇六）には相次いで娘二人を亡くしています。このように、『文選』出版時に兼続は決して平穏な日々を過ごしていたわけではありません。なぜこのような時期に出版計画が進行していたのかはわかりませんが、文化事業に没頭することで余暇の時間も娘のことを忘れるようにしていたのでしょうか。

ちなみに『文選』以外の直江版として、『論語』十巻、『春秋左氏伝《しゅんじゅうさしでん》』などがあったといわれています。

第五章　応仁の乱後の公家文庫

これまで足利将軍や戦国大名の書籍蒐集について見てきましたが、書籍蒐集は平安時代を経て鎌倉・室町時代まで公家が中心に担っていました。しかし応仁の乱は京都の市街を灰にしてしまい、公家の邸宅も被害に遭いました。ここでは応仁の乱によって、公家の文庫がどのような被害を受けたのかを見ていきたいと思います。

▽清原業忠の文庫

大外記《だいげき》清原《きよはらの》業忠《なりただ》は、後花園《ごはなぞの》、後土御門《ごつちみかど》、後柏原《ごかしわばら》の歴代天皇に侍読《じどく》として仕えた儒学者です。そもそも清原家は菅原家や大江《おおえ》、三善《みよし》両家などと同様に代々学者の家系で、その蔵書も質・量共に素晴らしいものがあったと推測されます。業忠自身も当代の大学者として夙に著名で、儒学だけではなく、国史、律令、仏教に関しても造詣がありました。

その業忠の文庫は非公開だったのでしょうか。必ずしもそうとはいえません。京都東福寺《とうふくじ》の僧侶雲《うん》泉太極《ぜんたいきょく》の日記『碧山日録《へきざんにちろく》』の、寛正元年（一四六〇）六月四日条には次のような記述があります（原文は漢文。傍線引用者）。

環水の室に相接するところを公開す。乃ち茶酌の会として、故事を評論し、相得るところ少なからず。又、その先所を出で、史簡編年政要等の書を記す。余、詳見せんと欲す。而るに、数日の見借《げんしゃく》を求む。乃ち、これを許す。

（『大日本古記録　碧山日録』上、一二一頁）

太極は『貞観政要《じょうがんせいよう》』などの書籍を数日貸して欲しいと業忠に依頼し、それが許されたとあります。どうやら蔵書の貸借なども業忠の文庫は行っていたようです。

しかしこの文庫は、応仁二年（一四六八）八月二十五日に兵火によって焼け落ちてしまいました。

▽綾小路家の文庫

兵火は名門公家にも容赦なく襲いかかります。綾小路《あやのこうじ》家の文庫も焼失してしまいました。『晴富宿《はるとみすく》禰記《ねき》』文明十年（一四七八）十二月二十日条には、次のような記述が見出されます（原文は漢文）。

後に聞く。大原日光坊炎上す。此の坊綾小路中納言（有俊卿）入道五節《ごせち》方文書・部類例等、淵底を尽くし、代々の沙汰置く明鏡文書三合預け置く処、一紙残らず焼失す。以前の大嘗会《だいじょうえ》・五節、悉皆《しっかい》此の文書を以て、沙汰せらる。

（『圖書寮叢刊　晴富宿禰記』四八頁）

綾小路有俊《ありとし》の文庫が焼け落ちてしまい、以前は朝廷行事の「大嘗会・五節」はこの文書を参考にして執り行っていたのに、それが不可能になってしまったことがこの文面からは読み取れます。綾小路家は宇多源氏《うだげんじ》の流れを汲む名門公家で、昇殿が許されていた堂上家《とうしょうけ》の一家でした。

このように名だたる公家の文庫もみな戦乱で焼け落ちていったことがわかるのですが、この項の最後に菅原道真以上の大学者と誉れ高い、一条兼良《いちじょうかねよし》の桃華坊《とうかぼう》文庫について触れておきましょう。

▽桃華坊文庫

一条兼良は応永九年（一四〇二）に生まれ、若くして左大臣、次いで摂政となり、生涯を通じて政務に謀殺されました。しかし余暇に膨大な量の著作を生み出しています。

また兼良は博識だったので、足利将軍家の庇護を受け、歌道の師範となります。応仁の乱では一条室町の邸宅と桃華坊文庫を兵火で焼失させられてしまい、兼良自身も奈良興福寺大乗院《こうふくじだいじょういん》に身を寄せます。そこでも読書と勉学に励み、『源氏物語』の注釈書『花鳥余情《かちょうよじょう》』を完成させました。

応仁の乱が終息すると京都に戻り、九代将軍足利義尚とその母日野富子の庇護を受け、義尚には政治指南書『樵談治要《しょうだんちよう》』を贈っています。

兼良の学問の幅はとても広く、古典文学研究、和歌・連歌・能楽、有職故実《ゆうそくこじつ》まで、まさに博識でした。文明十三年（一四八一）に亡くなり享年は八十なので、当時としては長命であったといえます。

さて桃華坊文庫の件ですが、兼良自身の筆で次のように描写されています。

ここに桃の名（に）おふ坊に住訓《すみなれ》しつたなき翁有（けり）。（中略）一宇の文庫は瓦を葺き土をぬり し験《しるし》にや、餘焔にはのがれ侍しかども、其辺の白浪どもたちこぞりて銭帛を収め置たるとや思ひけん、時の程にうち破て数百合の紙魚のすみかを引散して、十餘代家に伝へし和漢の書籍ども一巻も残らずなりにけり

（一条兼良「筆のすさび」伊地知鉄男編『連歌論集』上巻、二八三頁）

これを読むと、桃華坊文庫の建物自体は応仁の乱の戦火から辛うじて焼け残ったようですが、「銭《せん》帛《ぱく》」（＝金銭や高価な布）を収蔵した蔵だと思った「白浪《しらなみ》」（＝盗賊）に破られて、十代あまりの長きに

わたり伝わった和漢の書籍が一巻も残らず引き散らかされてしまった、と書いてあります。直接戦闘に巻き込まれなくても、京都の治安は極度に悪化していたので、盗賊の被害を受けることもよくあったようです。兼良は「白浪」と記していますが、おそらく東西両軍の雑兵たちが略奪したのだと思われます。

また大森金五郎氏によれば、応仁元年（一四六七）九月十八日に一条兼良邸は焼失しましたが（本宅は焼失したのでしょう）、百合《ひゃくごう》ばかりの文書は救出に成功し、光明峯寺《こうみょうぶじ》に移したとあります。ところが、その光明峯寺も応仁二年（一四六八）八月十四日に兵火の被害に遭い、百合のうち三十合ばかりが燃えてしまいます。残った六十二合は奈良に移されました（大森金五郎「応仁の大乱と一条家の蔵書」『日本中世史論考』）。

江戸時代後期の国学者本居宣長《もとおりのりなが》は、桃華坊文庫について次のように嘆いています。

> 桃花《(ママ)》坊のふみぐらのふみの事
>
> 応仁のみだれに、一條ノ兼良ノおとゞの、桃花《(ママ)》坊の文庫やけて、野原となり、そのあたりの盗賊ども、たちこぞりて、七百余合のしみのすみかを引ちらし、大路を反古となしたりしよし、此おとゞの、竹林抄の序にかゝせ給へり、みだれ世のしわざ、あさましなどもよのつね也、そもそも〳〵七百余合の書は、合《ハコ》ごとに、五十巻とはかりて三万五千余巻のふみ也、
>
> （本居宣長「玉勝間」『増補　本居宣長全集』第八巻、二五七頁）

江戸期には桃華防は炎上したと考えられていたようです。盗賊に無茶苦茶にされたようなので、「消失」したと言えるのかもしれませんが。

宣長は、世の中が乱れると浅ましいことが起こるのは世の常だと評していますが、戦争によって被害を受けた図書館は現代でも当てはまることです。いつの世でも変わらないということなのでしょう。

第六章

キリシタン版と西洋の図書館の伝来

戦国時代にはキリスト教が伝来され、日本人が初めてヨーロッパ文明に接触することができました。ここでは西洋の活版印刷技術と、西洋の図書館の日本伝来について見ていきましょう。

▽キリスト教伝来と天正遣欧使節

天文十八年（一五四九）、カトリックの一派であるイエズス会宣教師のフランシスコ・ザビエルが、日本にキリスト教を布教するため、薩摩国坊津《ぼうのつ》（鹿児島県南さつま市）に上陸します。ザビエル一行は京都まで上り、西国各地にキリスト教を布教しました。島津貴久《しまづたかひさ》や大内義隆《おおうちよしたか》などに謁見し、義隆からは山口に布教の拠点として大道寺《だいどうじ》という寺院まで与えられています。

ザビエル以降、数多くの司祭（バテレン）や修道士（イルマン）が来日し、キリスト教を広めていきました。豊後（大分県）の大友宗麟《おおともそうりん》、肥前（佐賀県）の大村純忠《おおむらすみただ》や有馬晴信《ありまはるのぶ》など、大名の中でも改宗する者が出てきました。秀吉の軍師として活躍した黒田如水《くろだじょすい》（官兵衛《かんべえ》）もキリシタンです。

有馬晴信、大村純忠、そしてアレッサンドロ・ヴァリニャーノ神父によって、天正十年（一五八二）に天正遣欧使節四名がローマに向けて派遣されます。ローマ教皇に謁見することが目的でした。彼らは初めて西洋の図書館を見学するのですが、この話はあとで述べたいと思います。

使節派遣に尽力したヴァリニャーノ神父は、日本における一層の布教のために、当時ヨーロッパでは普通に使用されていた活版印刷機を、日本に持ち込むことを考えていました。ヴァリニャーノは、当初日本語の文字での印刷を考えたようですが、日本語は文字の数が膨大なので断念し、ローマ字と片仮名での出版に切り替えたようです。のちに漢字と平仮名の活字でも印刷されました。

これがキリシタン版と呼ばれる西洋式の活版印刷で出版された本です。次項でキリシタン版について見ていきましょう。

▽キリシタン版

ヴァリニャーノ自身は、インドのゴアで天正遣欧使節一行と別れ、そこに留まっていました。ただし、ヴァリニャーノは印刷技術を学ばせるために、日本人修道士と信者を随行させていました。ジョルジ・デ・ロヨラ修道士とコンスタンチーノ・ドゥラードという洗礼名が伝わっていますが、日本名

図6　天草版『平家物語』巻第一の扉（大英図書館所蔵）

は不明です。

ロヨラ修道士とドゥラードは天正遣欧使節に同行しヨーロッパに渡り、ポルトガルのリスボンで印刷技術を学び、印刷機を積み込んで使節と共に日本を目指しました。途中ゴアでヴァリニャーノと再会し、ゴアとマカオで持ってきた印刷機の試し刷りを行っています。なお、ロヨラ修道士はマカオで死去してしまいます。

天正十八年（一五九〇）、ヴァリニャーノはバテレン追放令が発令されている日本に、インド副王の使節という肩書きでようやく入国することができました。印刷機は島原半島の加津佐《かづさ》（長崎県南島原市）のコレジオ（大神学校）に設置され、そこで最初のキリシタン版『サントスの御作業の内抜書』（二巻一冊七百余頁にわたる大部の書物）が天正十九年（一五九一）に出版されます。本文はローマ字でした。キリシタン版の二冊目は、翌天正二十年（一五九二）に天草《あまくさ》（熊本県天草市）に印刷機を移して『どちりな・きりしたん』が出版されました。天草では『平家物語』、『伊曾保《いそほ》物語』（『イソップ物語』の日本語訳）も刊行されています。これらはみなローマ字で記されていました。

その後、慶長五年（一六〇〇）からは長崎に舞台を移して印刷されています。ここでは日本語で『ど

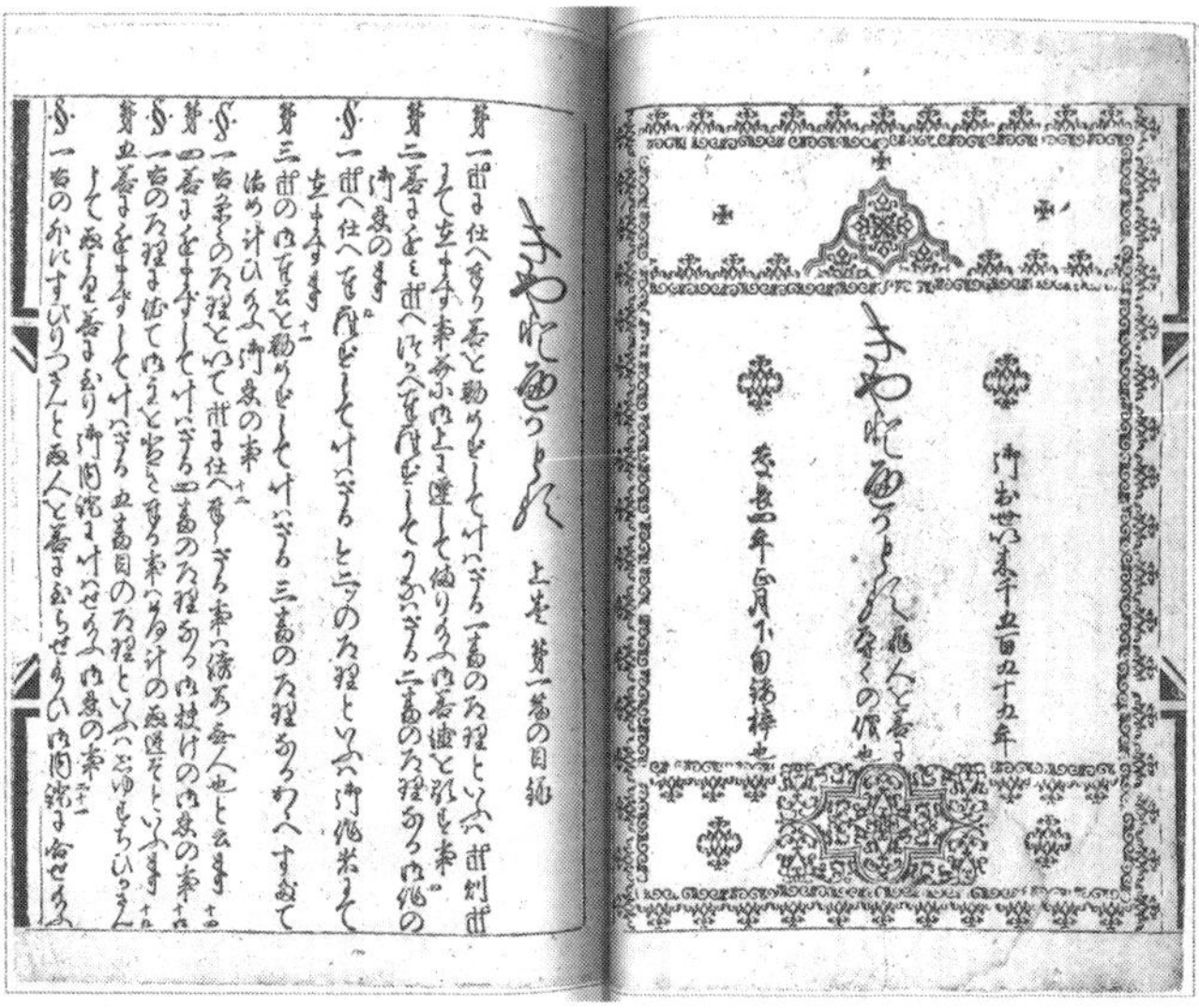

図７　漢字くずし字連綿体（キリシタン版『ぎや・ど・ぺかどる』）

ちりいな・きりしたん』が刊行されました。

『どちりいな・きりしたん』はキリスト教の入門書といった性格の書物で、問答体で著されており、基本的な教理や祈りについて解説されています。これから日本人に大いにキリスト教を広めようという目的で、本書は印刷されたのでしょう。ローマ字本と日本語本と二種刊行されています。ちなみに日本語版の活字は「漢字・平仮名交じり連綿体」といって、くずし字のまま活字にしたものです。くずし字は複数の文字が繋がっているので、この発想と技術はキリシタン版が嚆矢であったということになります。

また、日本語・ポルトガル語辞典の『日葡辞《にっぽじ》書《しょ》』も出版されており、これはローマ字で書かれていました。

キリシタン版は、加津佐、天草、長崎で印刷されましたが、もう一ヵ所、京都でも印刷され、『こんてむつす・むん地』が出版されました。『こんてむつす・むん地』は神学者のトマス・ア・ケンピスが一四七二年に刊行した『イミタティオ・クリスティ』の翻訳書です。同書は修道生活における瞑想の勧めを著したもので、『聖書』に次いでかなり広くキリスト教信者に読まれました。京都でのキリシタン版は原田アントニヨという日本人信者が主導して印刷し、本文は漢字と平仮名が混じった書体でした。

世界各国に現存するキリシタン版は三十二点確認され、それなりの数が出版されたことがうかがえますが、慶長十八年十二月（一六一四年一月）に江戸幕府が禁教令を全国に拡大したので、宣教師は日本国内にいることができなくなり、印刷機も再び海外に運び出されることになりました。国内に残されたキリシタン版は焼却処分されたようです。

キリシタン版は、西洋印刷術によるわが国初の活字印刷でした。従来の研究では、キリシタン版の印刷技術はその後の日本の印刷に影響を与えることはなかったとされていましたが、近年は日本語活字の「連綿体《れんめんたい》」はキリシタン版の影響であるという説も提唱されています。

▽天正遣欧使節の図書館見学

さて、天正遣欧使節は日本人が初めてヨーロッパを正式に訪問した使節団です。一行はポルトガルのリスボン、スペインのマドリード、イタリアのフィレンツェ、ローマ、ヴァチカンと各地を訪問して歓待を受け、各所を見学します。

その見学箇所に図書館が含まれていました。おそらくヨーロッパの図書館を初めて目にしたのが彼らであったと考えられます。

天正十二年十月十四日（一五八四年十一月十六日）、使節一行はスペインのエスコリアルに到着しました。そこでは国王フェリペ二世が二十数年の歳月をかけて建設し、完成間もない王立サン・ロレンソ・デ・エル・エスコリアル修道院とエスコリアル宮殿も見学しました。その図書館はサン・ロレンソ修道院には図書館が併設されており、一行はそこを見学しています。その図書館は宣教師ルイス・フロイスによれば次のような場所でした。

文庫に赴きしが、こゝは大なる広間にして、数多の言語の書物に満たされたり、その中には豪華なる装幀を施せしものもありたり、壁面には極めて高価なる書棚、書卓多く、就中フォルリンの司教が耶蘇会に寄贈し、会が教皇ピオ五世に献じ、更に聖下が国王フェリペに贈りたる書卓は、その首位を占むるものなり、また立派なる図の大型地球儀二基あり、戸口を入れば尊き磔刑像一、頗る大なる聖画像二、同じく中型の聖画像十五、小型のもの二十四、人の身長よりも高き真鍮の大燭台二基あり、この燭台はトルコの海戦の捕獲品なり、また同じトルコの国旗一流あり、（後略）。

（『大日本史料』第十一編之別巻之一、一四三頁）

トルコからの捕獲品とは、一五七一年に起こったレパントの海戦の勝利による戦利品ではないかと思われます。この海戦ではスペイン王国が勝ったのですが、これはオスマン帝国にヨーロッパの国が初めて勝利した出来事でした。

別の記録によると図書館は次のように描写されています。

同僧院（引用者註—サン・ロレンソ修道院）を飾る光輝としては二部分よりなる著名な文庫があげられる。その一方はさまざまの美術、さまざまの言語のそれぞれの慣用に関するもので、しかも見事にまた贅沢に装幀された書籍を蔵している。ところでも一つの方は音楽に関する書籍を蔵し、そこにも書物の数は多く、それらは稀にみる大版のものであって、すべては手で書かれた写本であるが、しかし絶妙な色彩を配し金をあしらって目立つ装いがしてあり、こうした作品の価格は計五万金と値ぶみされている。

（『新異国叢書五　デ・サンデ天正遣欧使節記』三四四〜三四五頁）

修道院図書館は二つの部分からなり、一つは美術や言語分野の立派な装幀が施された写本が所蔵され、もう一つは音楽関係の書籍が収蔵されていたようです。どれも大判の本ですが「絶妙な色彩を配し金をあしらって目立つ装い」がしてあったとされています。

フロイスは蔵書を次のように記しています。

他の室に移りしが、こゝには見事に装幀せられたる二百三十冊の唱歌書あり、各冊二百クルサドの価値ある書にて、長さ五パルモ、幅四パルモあり、手写せられしものなれども、うち数枚は印刻なり、その作成と彩色とに要したる費用は、実に一枚につき千二百レアルなり、最初の文庫の入口に額あり、中央より始めて、前にも後にも、また両側に読み進みても、同じ事を述ぶるやうに認められし書を容れたり、その書の長さは四パルモ、幅は二パルモあり、実に観て楽しむべきものなり。

（『大日本史料』第十一編之別巻之一、一四四頁）

パルモは現在の発音ではパームといいます。一パームは約七・六二センチですので、唱歌書は長さが三十八・一センチ、幅が三十・四八センチの書籍でした。

その価値は二百クルサードとあります。同じくフロイスが著した『日本史』によると、一クルサードは銭三百文ほどですから、二百クルサードだと六万文になります。一文の価値を百二十円ほどと仮定すると、六万文は七百二十万円です。それが二百三十冊もあるのですから、唱歌書全部でものすごい額（あえて書きませんが……）になります。唱歌書はほとんど写本ですが、中の数枚が印刷されていたようです。

更に一室に進みて、多くの戸棚と中に納められたる若干の聖遺物箱とを観たり、その控室には七箇の豪華なる簞笥あり（中略）

ミサ祈禱書一冊あり、手写本なり、頗る美しき色彩を用ひ、華麗を極め、総て金銀を用ひて装幀を施し、その形状も中分なきものにして、到底評価を絶したるものなりといふ。

（『大日本史料』第十一編之別巻之一、一四四〜一四五頁）

手で彩色された写本の美しさを、フロイスの報告はよく描写しています。遺憾なのは天正遣欧使節の一次史料は、宣教師などが著した海外のものしか残っていないことです。使節の少年たちが初めて目にする西洋の修道院図書館と、洋装本にどのような感想を持ったのか、実はよくわかっていません。ただサン・ロレンソ修道院図書館訪問の際に、フロイスによれば次のようなエピソードがあったようです。

文庫に入りし際に、我等は諸国の各種の文字を、シナの文字すらも収録せる一書を示されたり、されど日本文字欠けたるを以て、彼等はその館と文庫とに我等の記念を留めんため、何にても書残さんことを求めたり、されば（日本人修道士の――引用者注）イルマン・ジョルジは「鳥の子」と称する日本の紙一葉に、日本の公子等が当初に来りし日時と、何処より、如何なる目的にて来りしかとを記し、また陛下と同館とに対する若干の賛辞を認め、更にその文字に則してカスチリヤ語にて申述べたり。

（『大日本史料』第十一編之別巻之一、一四七〜一四八頁）

図書館に入った時に、修道士は各国の言語で書かれた書籍を示し、中には中国語で書かれた本もあったようです。しかし日本語の本はなかったため、日本人来訪記念として何かを書き残して欲しいと使節に依頼しました。そこで、ロヨラ修道士は日本から持ってきた鳥の子紙に、日本語で修道士に感謝の意を表す一文を認めました。

サン・ロレンソ修道院図書館の訪問は、天正遣欧使節の記録の中でも図書館について一番詳しく記されています。

次に図書館の記述が確認されるのは、天正十二年十月二十四日（一五八四年十一月二十六日）にアルカラ・デ・エナーレスを訪れた際の記録です。アルカラ・デ・エナーレスはアルカラ大学を中心にして発展したスペインの都市で、そこで大学図書館も訪れたようです。わずかですが、「立派な装幀で製本された多数の書物があって大いにわれわれの目を楽しませた書庫へ案内し、最後に大講堂へわれわれは進んで行った」（『新異国叢書五　デ・サンデ天正遣欧使節記』三五一頁）とあります。

三番目の記述は、トスカーナ大公国（現在はイタリア共和国トスカーナ州）の都市シエナを訪れた時のものです。一行は天正十三年二月十三日（一五八五年三月十四日）にシエナに到着し、二月十六日（三月十七日）まで滞在しました。シエナは古都として有名で、当時はすでに最盛期は過ぎてはいたものの、見どころの多い都市でした。

一行はシエナ大聖堂のピッコロミニ図書館を見学しています。ここは現在でもシエナ観光の定番となっており、天井のフレスコ画が有名です。図書館といっても当時はあまり書籍がなく、聖歌譜が数多く所蔵されていたようです。

シエナに短期間滞在したあと、使節はいよいよローマに赴いてヴァチカンのローマ教皇グレゴリウス十三世と謁見します。しかし、ローマ滞在中の使節が、有名なヴァチカン図書館を見学した記録は不思議なことに確認できていません。一行のヴァチカン滞在中にグレゴリウス十三世は亡くなり、シスト五世が新教皇に選出されました。図書館見学どころではなかったのかもしれません。

次に図書館を見学するのは、天正十三年五月二十九日（一五八五年六月二十六日）から十日間滞在したヴェネツィア共和国の首都ヴェネツィアにおいてです。サン・マルコ寺院を見学したあとに図書館を訪れています。デ・サンデの記録によれば次のように描写されています。サンデは「文書館」と表現していますが、図書館のことです（傍線引用者）。

この建物（サン・マルコ寺院―引用者注）の背後に接続して文書館（中略）がある。これは聖マルコ寺院の文書館と称せられ、大統領宮殿の西に向い合わせに建てられている。（中略）ここで学匠たちがヴェネーツィア元老院から報酬を受けて、全市の若い者たちにギリシャ語、ラテン語、その他有用な学芸を教えている。この広間はもう一つの広間につながり、そこは書庫になっている。

書庫もまたその造作はまことに立派な出来ばえであって、色さまざまの円柱が立ち、この施設の設立当事者であった大統領や高官たちの名を書き連ねた方形の額が掛けられ、全体に驚くばかりの立派な光景を呈し、この広壮な部屋の四壁は、無数の見事な装幀の書籍を整然と入れた書架で埋まっている。ところで私（千々石ミゲル――引用者注）が文書館と呼んだこの建物は、身分が高く学殖の深い方が、元老院の委嘱の下にその長として管理の任に当っておられる。さてこの文書館の書庫全体の天井は丸天井になっていて、そこは黄金を施し、さまざまな色彩で飾られ、そこに二十一個の方形の額が四列にならべて納められているというように贅沢なこしらえだから、これに書籍や細工ものをあわせてその金額をいちいち述べていたなら、あなた方はとても退屈されることであろう。（後略）

（『新異国叢書五　デ・サンデ天正遣欧使節記』五一三～五一六頁）

デ・サンデの記録では図書館の蔵書よりも、その建築にページが多く割かれています。『デ・サンデ天正遣欧使節記』は、著者のサンデが少年使節たちに仮託して、対話形式で遣欧使節の行程を記録した書物です。おそらく少年使節たちも、図書館の建物に圧倒されたのではないでしょうか。

さて、一行が最後に見学したはっきりわかる図書館は、当時ヴェネツィア共和国の領内であったヴェローナの図書館です。現在ヴェローナはイタリア北部の都市です。

天正十三年六月十三日（一五八五年七月十日）に使節一行はヴェローナに到着し、三日ほど滞在します。

ヴェローナでも大歓迎を受け、滞在期間は短かったのですが、いろいろな場所を案内されて見学しています。一行は最後にベヴィラックァ伯爵の邸宅に立ち寄り図書館を訪問し、「そこには実に多数の、しかも立派な装幀の書物が充満していて、わが日本にもこれほどのものが当然あってしかるべきだと思われた」（『新異国叢書五　デ・サンデ天正遣欧使節記』五五〇頁）と感想を述べています。

以上が、天正遣欧使節が訪れた図書館のすべてだと思われます。修道院図書館、大学図書館、貴族図書館と、当時の西洋に存在した様々な館種の図書館を見学していることがわかります。ただ日本側の史料がないので、これらの図書館を見た少年使節たちの率直な感想が聞けないのが残念です。

使節が帰国したのは、天正十八年六月二十七日（一五九〇年七月二十八日）です。すでに豊臣秀吉のバテレン追放令が出されており、キリスト教徒にとって受難の時代が始まっていました。四人の少年たちのその後は決して明るいものではなく、マカオに追放、処刑、棄教など悲惨なものでした。

▽神学校附属の図書館はあったか？

宣教師たちは戦国時代末期に来日し、各地に布教の拠点となる教会と日本人修道士養成のための神学校を建設します。神学校は当然のことながらキリスト教を学ぶ場ですので、当然図書館も必要な施設になります。果たして神学校に図書館はあったのでしょうか。日本キリスト教史が専門の海老沢有道氏は、次のように指摘しています。

ヨーロッパの大学を卒業し、また教育事業に特徴をもつイエズス会士らが日本布教の中心をなしたのであるから、サヴィエル来日以来、何らかの形で西洋図書館に関する知識を伝えたに違いないし、レジデンシャ（修道院）や、1560年以来、各地の教会に附属して設けられた初等学校、特に1579年以来のセミナリヨ（小神学校）・コレジョ（大学）などには、当然西洋流に管理された図書室があったはずである。またそこに収められた地誌類によって、西洋図書館・文庫について、少なくともキリシタンたちは一応の概念を持ったに違いない。

（海老沢有道「日本最古の洋書目録」〈『ゑぴすとら』四三七頁〉）

宣教師たちが日本に設立したセミナリヨやコレジョに、西洋式の図書室が併設された可能性は高いのですが、それを裏づける史料は見つかっていません。ただ、天文二十三年（一五五四）末にインドのゴアで日本のために集めた図書の目録が残っており、それを海老沢氏が紹介しています。

これらの本は、弘治二年（一五五六）に来日したメルキオール・ヌーニェス一行が、日本にもたらしました。目録に掲載された書籍数は二百冊足らずと、現代から見れば少ないかもしれませんが、当時としては決して少ないものではありません。内容は、旧約・新約聖書が多く、語句索引、スコラ哲学書、アリストテレスの論理学、プラトン著作集などの西洋古典哲学書も含まれていました。ほかには聖歌の本も見られ、日本の洋楽伝来がうかがえる興味深いものとなっています。

慶長七年（一六〇二）秋、儒者林羅山《はやしらざん》は長崎に遊学し、キリスト教布教の実態を目の当たりにします。滞在中にイエズス会のイタリア人司祭で、明《ミン》国でのキリスト教布教を行っていたマテオ・リッチが著わした『天主実義《てんしゅじつぎ》』を読んでいます。

『天主実義』はキリスト教の教義をわかりやすく解説したものですが、羅山は長崎遊学中に読破し、慶長十一年（一六〇六）六月十五日に日本人イエズス会修道士不干斎《ふかんさい》ハビアンと論争を行った際に、『天主実義』から得たキリスト教の知識で教義の矛盾点を攻撃しています。

残念ながら、羅山が長崎のどこでマテオ・リッチ『天主実義』を読んだのか、史料には記載されていません。漢文で書かれたキリスト教入門書なので、教会で読んだ可能性が高いと思われます。教会は読みたいと申し出れば信者でなくとも閲覧させたのでしょうか。羅山が閲覧の際に使用した図書室は西洋式だったのでしょうか。史料がないので全くわかりませんが、想像はどんどん広がっていきます。

戦国時代の末期、天正遣欧使節によって西洋の図書館が紹介され、キリスト教の布教によって神学校などの併設施設として西洋式の図書館が存在したらしいことを指摘しました。しかしこれらの西洋型図書館は、禁教令によって江戸時代の「文庫」に影響を及ぼすことはありませんでした。

ちなみに江戸時代後期の蘭学の普及に伴って、断片的に西洋の図書館が紹介されていますが、これも特に日本への影響は確認されていません。紹介されただけで終わってしまったようです。本格的な西洋型図書館の導入は福澤諭吉による紹介以降であり、すなわち明治を待たなければなりません。

第七章

中国・朝鮮の活字印刷技術の伝来

西洋の活版印刷技術も、天正遣欧使節が見学した西洋の図書館の情報も、わが国がキリスト教を禁止したことにより、日本国内に広まることはありませんでした。活字印刷については、西洋のものではなく、中国と朝鮮のものが伝わり、出版も戦国末から江戸時代初期には行われています。

▽中国と朝鮮の活字印刷

もともと製紙法は中国で開発されましたので、活字印刷技術はヨーロッパよりも東洋で先に発展しました。

北宋王朝の康暦年間(一〇四一~四九)に、畢昇《ひっしょう》が活字を造ったのが嚆矢とされています。畢昇が造った活字は泥活字というもので、粘土に文字を刻んでこれを焼いて固めたものです。次いで元の大徳年間（一二九七〜一三〇八）に、王禎が木活字によって印刷したと伝えられ、さらに宋・元時代にはすでに金属活字も存在していたといわれています。しかし宋・元時代の金属活字本は現存していません。

その後、南宋・元の時代には活字印刷は行われていなかったようですが、明王朝の時代に入ると世の中が落ち着いて書物の需要が増えたので、活字印刷が行われるようになります。明の弘治九年（一四九六）刊行の『説郛《せっぷ》』「序」や、同十八年（一五〇五）に出版された『金台紀聞《きんだいきぶん》』には、成化・弘治年間（一四六五〜一五〇六）に活字印刷で多くの本が出版されていたと推測される記述があり、明代の活字は銅・鉛であったことも知られています。

朝鮮でも活字印刷は活発に行われていました。高麗《こうらい》王朝末期の洪武二十五年（一三九二）、恭讓王《コンヤンおう》は書籍院を設置し、金属活字を鋳造して活字印刷を行ったとの記述があります。しかし、その年の七月に李成桂《イソンゲ》によって高麗王朝は滅ぼされてしまうので、果たして本当に印刷されたのかどうかよくわかっていません。

十五世紀に朝鮮国王はたびたび銅活字を鋳造させ、出版事業に力を入れました。李王朝初期には金属活字による出版がさかんに行われたのです。

▽朝鮮出兵と活字印刷技術の伝来

日本に活字印刷技術が伝来したきっかけは、豊臣秀吉によって開始された二度の朝鮮出兵です。

天正二十年（一五九二）、朝鮮出陣を直前にして宇喜多秀家《うきたひでいえ》が秀吉に謁見した際、傍らに名医と誉れ高い曲直瀬正琳《まなせしょうりん》が待していたので、秀吉は正琳に何か所望するものはないかと尋ねました。正琳が何も答えないでいると秀吉は、正琳は医術をもって仕えているので「宜しく書籍を獲て、之に贈るべし」と秀家に向かって言いました。秀吉は凱旋土産として朝鮮本を所望したので、秀家は帰国の際に夥しい数の朝鮮本を正琳に贈ったという逸話があります。のちに正琳の蔵書を含む曲直瀬家代々の蔵書は、「神門文庫」と呼ばれるようになりました。

朝鮮に出陣した諸将の中には、学問に関心が高い武将も多く、戦利品として朝鮮本をもたらしました。例えば前述した直江兼続は、朝鮮の活字本を数多く蒐集していました。

そうした中で、朝鮮の活字印刷技術が日本にも伝えられたのです。鹵獲《ろかく》した銅活字は豊臣秀吉に献上されましたが、秀吉は書籍に特に興味がなかったらしく、活字を手に入れても特に何もしていません。秀吉は後陽成《ごようぜい》天皇に活字を献上します。

▽文禄勅版・慶長勅版・元和勅版

後陽成天皇は好学でしたので、側近の六条有広《ろくじょうありひろ》、西洞院時慶《にしのとういんときよし》ら十二人に命じて、この銅活字で『古文孝経《こぶんこうきょう》』を印刷させます。天皇の命令で印刷された本なので、これを「勅版」といいます。文禄二年（一五九三）に印刷されたので、『古文孝経』を文禄勅版と呼ぶのですが、残念ながらこれは現存

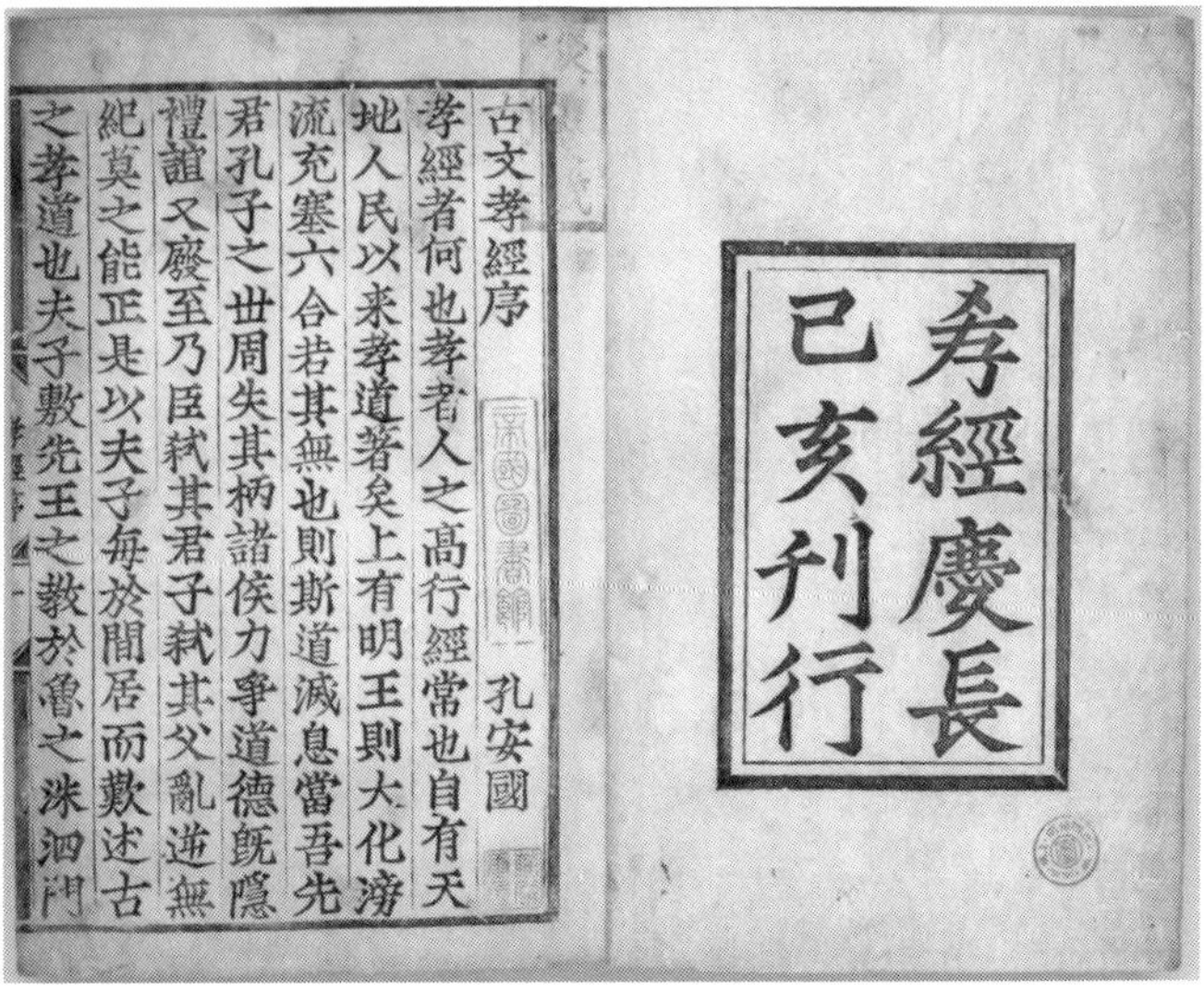

図８　慶長勅版『古文孝経』（国立国会図書館所蔵）

していません。

ちなみに、この銅活字を誰が最初に秀吉に献上したのかはわかっていません。加藤清正が活字を分捕ってきたという説がありますが、確たる証拠はないようです。なお『古文孝経』は、孔子が弟子の曾子《そうし》に対し「孝」について語るという体裁の書物で、儒教の基本書とも呼べるものです。

次いで後陽成天皇は慶長二年（一五九七）に木で活字を製作させて『勧学文《かんがくぶん》』と『錦繍段《きんしゅうだん》』、『古文孝経』を印刷させます。これを慶長勅版と呼びます。学問を勧める漢詩を「勧学文」というのですが、『勧学文』は白楽天《はくらくてん》や朱子などが詠んだ勧学文数首を掲載した薄い書物です。『錦繍段』は、室町期に南禅寺などの住持を務めた禅僧天隠《てんいん》龍《りゅう》沢《たく》が編んだ漢詩集で、この慶長勅版によって初めて刊行されました。

慶長勅版は、慶長四年（一五九九）に『日本書

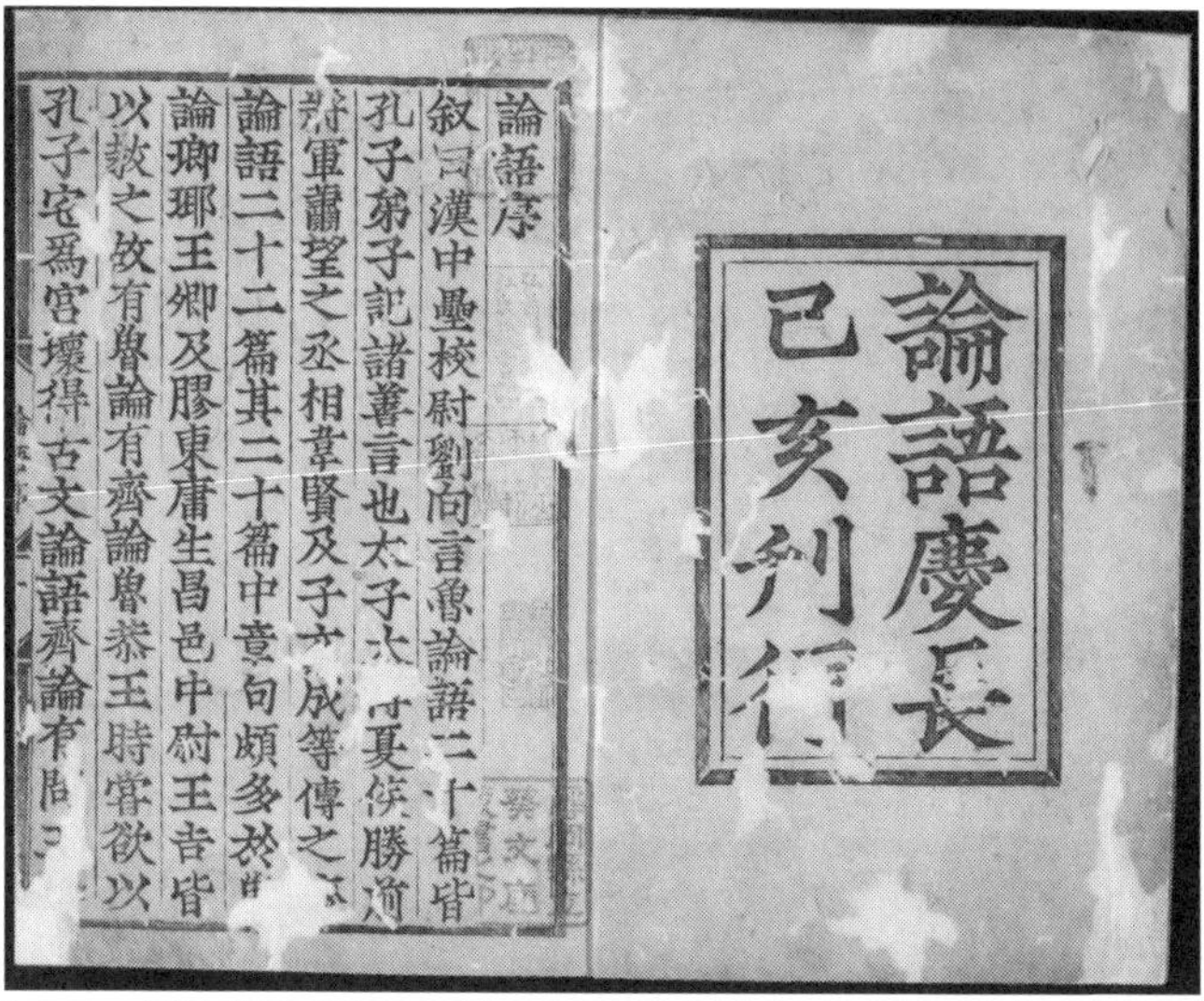

図９　慶長勅版『論語』（静岡県立中央図書館葵文庫所蔵）

紀神代巻』、『職源抄《しょくげんしょう》』、四書（『大学』、『中庸』、『論語』、『孟子』）が印刷され、慶長八年（一六〇三）の『白氏五妃曲《はくしごひきょく》』まで断続的に出版されました。

『職源抄』とは、南北朝期に北畠親房によって著されたとされる有職故実書です。

最後の慶長勅版の『白氏五妃曲』は、白楽天の漢詩集『白氏文集』に収録された、古代中国の歴代皇帝に愛された五人の后妃を詠んだ漢詩五首を選んで一書にしたものです。日本オリジナルだとされています。

ほかに出版年不明ですが、『長恨歌《ちょうごんか》・琵琶行《びわこう》』（『長恨歌』と『琵琶行』の合刻）と医書の『陰虚本病《いんきょほんびょう》』があります。

「長恨歌」は唐の詩人白楽天が詠んだ長編の漢詩で、玄宗皇帝と楊貴妃のエピソードを巧みに織り込んだ作品です。平安文学に多大な影響を与えました。「琵琶行」は同じく白楽天の長編漢詩で、左遷された白楽天が、落ちぶれた名妓が船中で弾く琵琶の音色を聞きながら、自身と重ね合わせて嘆くといった内容です。二首とも日本でも知られた大変有名な漢詩です。

『陰虚本病』は、正親町天皇と後陽成天皇に仕えた鍼医《しんい》の御薗意斎《みそのいさい》が編纂した医書で、中国の有名な医書から鍼《はり》の記事を抜粋したものです。

さらに後水尾《ごみずのお》天皇が、元和七年（一六二一）に『皇宋事実類苑《こうそうじじつるいえん》』七十八巻十五冊を出版させています（元和勅版）。『皇宋事実類苑』は、中国・南宋王朝の紹興十五年（一一四五）に成立した類書《るいしょ》で、宋代の史実や逸話など千余りの項目を類集したものです。『皇朝類苑《こうちょうるいえん》』の書名で広く知られています。

また徳川家康も古活字版を出版していますし（伏見版、駿河版）、民間においても、慶長元年（一五九六）に『太閤記』や『信長記』の著者として知られる小瀬甫庵《おぜほあん》が『補註蒙求《ほちゅうもうぎゅう》』を出版しています。『蒙求』は、唐の時代に成立した初学者用教科書です。日本でも平安時代から貴族の子弟の教科書として広く使用されました。

なお、家康の出版事業の伏見版と駿河版については、拙著『図書館と江戸時代の人びと』（柏書房、二〇一七年）にまとめておきましたのでご参照ください。

▽光悦本の開版

民間出版といえば、本阿弥光悦《ほんあみこうえつ》と角倉素庵《すみのくらそあん》が協力して製作した、嵯峨本《さがぼん》を忘れてはなりません。な

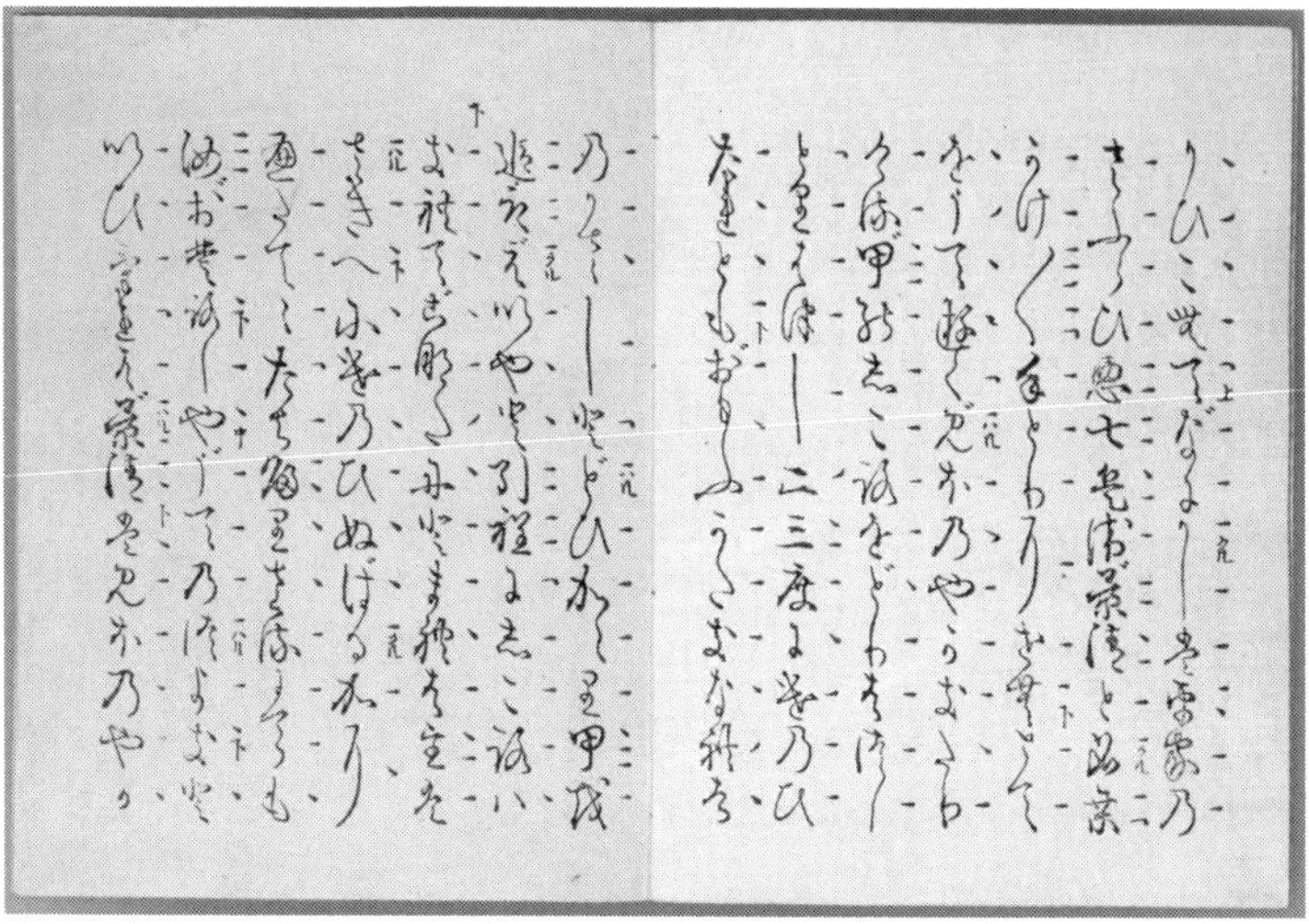

図10　光悦謡本『景清』（東京国立博物館所蔵）

かでも、光悦自らが版下を書いたものを光悦本と呼びます。

光悦本は雲母刷《きらずり》の表紙を用い本文は平仮名混じりの木活字で印刷し、意匠を凝らした美術工芸的にかなり優れた本です。慶長十三年（一六〇八）刊行の『伊勢物語』が最初といわれています。以降、慶長末年（一六一五頃）から元和にかけて開版しました。

刊行のラインナップは日本の古典文学が多く、『方丈記』、『百人一首』、『観世流謡本』などが木活字によって出版されています。

この光悦本の活字は特色あるものとなっています。そもそも活字版の活字は一字一字ずつ独立して作られているのが普通で、それを組み合わせて自在に文章を組み立てるのです。しかし光悦本の活字は連続活字といって、平仮名の二字、三字を繋げて作られています。光悦が筆で下書きした文章を、そのまま活字にしました。

連続活字の使用は本来変則的なのですが、光悦本は印刷面を伝統的な写本の美にいかに近づけるのかが目標であったので、このような活字が用いられたのでしょう。

この点から光悦や素庵は、印刷された刊本よりも肉筆で記された写本のほうを上位に置いていたことがわかります。中国や朝鮮では早くから活字印刷が行われ、刊本は大量に出版されていたのですが、日本ではなかなか印刷は定着せず、近代に入るまでは写本を刊本よりも正式の「書籍」として認める風潮が強かったのです。

わが国では、金属活字も木活字も戦国末から江戸時代初期にかけ、天皇や将軍、大名、光悦や素庵など一部在野の知識人や豪商、そして寺院などが出版したのみで、あまり世間に普及しませんでした。代わって木版印刷が江戸時代に定着し隆盛を極めます。木版印刷は明治時代初期まで、学術書や娯楽書、実用書に至るまで膨大な数が出版されています。

第二編

戦国最大の図書館・足利学校

足利学校

中世の代表的な図書館を挙げろと言われれば、私は金沢文庫《かねさわぶんこ》と足利学校を提示します。戦国時代に絞れば足利学校を間違いなく推薦します。

第一編でも触れましたが、金沢文庫は創立者の金沢北条氏が滅ぶと管理者の称名寺《しょうみょうじ》があまり仕事をしなかったので、すでに室町幕府三代将軍足利義満の時代には荒廃していたようです。

一応、戦国時代をくぐり抜けて江戸幕府の保護を受けましたが、鎌倉時代のような繁栄はありませんでした。近代になると神奈川県立金沢文庫《かなざわぶんこ》という公立図書館として整備され、戦後は別に県立図書館が設立されたので、現在は神奈川県横浜市金沢区に博物館として存在しています。

足利学校は本編で詳しく説明しますが、まさに戦

図11　足利学校

国時代が最も栄えた時代だと断言できます。全国津々浦々から学生が集まり共同生活を行って勉学に励み、卒業生は各地の戦国大名の「軍配師」（いわゆる「軍師」）になっていきました。ほかには医師になった者もいます。キリスト教の宣教師も本国に報告するほど著名で、蔵書もかなり質の高いものを所蔵していました。

江戸時代に入っても足利学校は有名でしたが、すでに「古典的な有名校」と見なされており、あまり活発ではありませんでした。そして明治になると文部省が「学制」（明治五年八月二日太政官布告第二一四号）を公布したので、足利学校はその役割を終えました。

さて、本編は戦国時代の「最高学府」足利学校の教育と、附属された文庫の活動について先行研究に依拠しながら概観します。実は、戦国時代の足利学校の実情を今日に伝える一次史料はほぼ現存しておらず、先行研究は後世の史料を使用して研究を行ってきました。本書は学術書ではないので、基本的に先行研究は「批判的に」扱いませんが、私が少し調べたことから先行研究に疑義を呈している箇所もあります。

では、諸説紛紛の足利学校の創建年から話を始めることにしましょう。

第一章　足利学校の創建年

▽足利学校とは

足利学校は下野国足利荘（栃木県足利市）にあった、当時の高等教育機関（現代でいえば大学に相当）です。

室町時代中期に関東管領《かんとうかんれい》の上杉憲実《うえすぎのりざね》によって足利学校は再興されました。憲実は鎌倉円覚寺《えんがくじ》の禅僧快元《かいげん》を招いて初代庠主《しょうしゅ》（校長）に就任させ、荒廃していた学校の立て直しを図ったのです。快元は儒学を中心とした教育を行って、それが見事に成功し、足利学校は全国から学生を集めました。南は琉球（沖縄県）出身の学生もいたようです。

教育内容は儒学を中心として、『易経《えききょう》』に力を入れていました。卒業後、学生は各大名に「軍配師」

として仕える者が多かったといいます。卒業生は高い「就職率」を誇っていました。なぜ足利学校の学生が求められたのでしょうか。

戦国大名は戦《いくさ》を行おうとする際、日にちや時刻をかなり気にしました。戦の勝敗は時の運といいますから、やはり吉日を選ぶのは自然だといえるでしょう。足利学校では易学を勉強できましたので、卒業生は戦国大名に引っ張りだこでした。易学は戦国時代の「実学」だったのです。

さらに、儒学の中には『孫子《そんし》』や『六韜《りくとう》』、『三略《さんりゃく》』などの兵法書も含まれていましたので、易学と兵法を学んだ学生は軍配師として最適だったわけです。

図12　上杉憲実木像（模刻。写真提供：史跡足利学校）

足利学校の教育は「自学自習」が中心です。学生は一から十まで先生から教えを受けるのではなく、附属文庫が所蔵している易学や兵学の書物を書き写すことによって知識を身につけました。そして、意味がわからないことがあれば、先輩や先生に質問して疑問点を解決していったのです。

このような自主性を重んじる勉学スタイルですので、修業年限も特に決められていませんでした。学生自身が納得いくまで在学でき、長い者だと十年以上、短い者だとなんと一日という学生もいたようです。

入学に際して試験のようなものは特になかったのですが、男性ならば誰でも自由に入れたわけではなく、庠主が決めていたようです。見込みのなさそうな者に対しては足切りをしていたわけです。ただ、入学が許可される条件として、僧籍にある者でなければなりませんでした。僧侶でない者は一時的に僧侶になり、卒業後は還俗《げんぞく》していたようです。

人気が高かった理由として、高い「就職率」のほかに、附属文庫の蔵書が充実していたことが挙げられます。基本的に自学自習ですので、文庫に儒学の貴重書が多くなければ勉学はできません。学生は理解したら次々と書物を読破していき、知識を積み上げていったので、蔵書の質が問われたのです。残念ながら戦国時代の足利学校の蔵書は、後述するある事件のために目録すらも残されていないのですが、断片的な史料からは良質な書籍が多く収蔵されていたことがわかります。

このような足利学校ですが、いつ誰によって創建されたのでしょうか。

▽足利学校の創建年

実は、足利学校がいつ開学したのかわかっていません。ここでは代表的な説を紹介します。

①下野国学説

大宝元年（七〇一）に制定された大宝律令は、各国の国府に郡司《ぐんじ》の子弟のための教育機関として「国学」の設置を義務づけています。奈良時代の終わり頃には全国に国学が開設されたといわれていますので、下野国（栃木県）にも当然あったと推測されます。ただし、どこにあったのか、細かい点は不明です。

その下野国の国学が足利学校の起源ではないかというのが、「下野国学説」です。実は古くからこの説は知られており、永享十一年（一四三九）に上杉憲実が足利学校を再興する際に定めた「野州足利学校置五経疏本条目」に、「足利学校が本朝（日本）において残存する唯一の国学なり」と記されています。江戸時代に入ると幕府お抱えの儒者である林羅山《はやしらざん》の著作『羅山文集《らざんぶんしゅう》』、『続本朝通鑑《ぞくほんちょうつがん》』などにも記述され（羅山自身は、下野国学説を「一説」として紹介しているだけです）、さらに近代に入って川上広樹『足利学校事蹟考』、佐藤誠実『日本教育史』にも取り上げられています。しかし、いずれも創建当時の史料ではないので、どこまで信ぴょう性のある話かよくわかっていません。

近年、前澤輝政氏が考古学の発掘成果から古代足利の地には下野国府が置かれたとし、足利学校国学後身説を補強しています（前澤輝政『足利学校――その起源と変遷』）。国学は国府の置かれた地に併設されるのが一般的だからです。足利の地に置かれた「下野国府」の設置は発掘成果から七世紀初頭から中葉と考えられ、八世紀前半か中頃に都賀郡《つが》（栃木県栃木市）に移転したとしています。下野国府は都賀郡にあったというのが通説で、それは平安時代中期に成立した『和名類聚抄《わみょうるいじゅうしょう》』という書物にも記されています。少なくとも平安時代の下野国府が都賀郡にあったことは確かだと思います。

では国府の移転に関して、何か裏づけとなる史料があるのかというと、それは残念ながらないようです。前澤氏の推測に過ぎません。

また国府移転に関しては、疑問がいくつか生じます。

A　国府のみ都賀郡に移転して国学が足利に残ったのはなぜか。

B　国学も国府と共に都賀郡に移転したとすれば、なぜ上杉憲実は旧地の足利に学校を再建したのか。

これら二つの疑問は、まだ解決されていません。足利学校下野国学起源説は、現時点では仮説の域を出ないのです。

②小野篁創建説

室町時代の鎌倉・古河《こが》両公方を中心とした関東の歴史を記している、『鎌倉大草紙《かまくらおおぞうし》』という本があります。そこには、足利学校は承和九年（八四二）に小野篁《おののたかむら》が陸奥国司に任命されて任地に赴く際に、「学所」を足利に建てたのが起源であると書かれています。

小野篁説は、室町時代に成立した『鎌倉大草紙』に記されていたのが初見で、江戸時代初期に林羅山が著した「小野篁遺跡考」（『羅山文集』）や、林家が編纂した『本朝通鑑』などにも見られます。どうやら江戸幕府お抱え儒者である林家は、小野篁開学説を採っていたようです。その影響力は大きく、水戸藩編纂の『大日本史』もこの説を採用しています。

この説は、実は足利学校自体も支持していたようです。天文二十二年（一五五三）に七世庠主玉崗《ぎょくこう》瑞璵《ずいよ》九華《きゅうか》は、「足利之学校者、昔年小野侍中濫觴《らんしょう》」と記しています。次いで文禄四年（一五九五）以来の「足利学校領」並びに「百姓系図」（川瀬一馬旧蔵寛延三・四年写本）にも「小野のたかむらの当学校御被立之御時居住の者拾弐人」と見え、篁が足利学校を設立した際に十二人が居住していたと記されています。

さらに江戸時代に入ると『学校来由記』に「清和天皇ノ御宇、天長九壬子年、八月五日、大内記参議小野篁卿勅命ヲ蒙リ草創ス」（原漢文）と記されています。つまり、小野篁説は足利学校自体が認めた「公式」となったのです。

しかし渡辺崋山は『毛武游記《もうぶゆうき》』で、『日本書紀』などの信頼できる史料には小野篁開学との記事は一切なく、疑わしいと述べています。結城陸郎氏は「思うに、篁は下野守に任じられたことはないし、また足利の地とは、任地と京都との往来の間の逗留以外は直接の関係はない」（結城陸郎『足利学校の教育史的研究』一一～一二頁）と指摘しています。篁説の根拠はないものと思われます。

③足利義兼説

近代の日本史学者がこぞって足利学校の創設者としたのが、足利家二代当主の義兼《よしかね》です。義兼は平安時代末期から鎌倉時代初期にかけて活躍しました。

伊豆（静岡県）に流されていた源頼朝が挙兵すると、義兼は比較的早くから頼朝に味方しています。

義兼は木曾義仲《きそよしなか》の遺児である義高《よしたか》の討伐や、源範頼《のりより》に従って平家の追討にも参戦しました。さらに、頼朝自らが出陣した奥州藤原氏の討伐（奥州合戦）や、その残党が挙兵した大河兼任《おおかわかねとう》の乱の鎮圧にも大きな貢献をしています。

義兼は頼朝の信頼が厚かったようで、鎌倉幕府内でも高い席次を許されていました。しかし頼朝死後、有力御家人を排斥していた北条氏の目を逃れるために出家します。それゆえ、幕府内での発言力が低下しますが、足利氏が滅ぼされることはありませんでした。

江戸時代の元禄年間（一六八八～一七〇四）に成立した『分類年代記《ぶんるいねんだいき》』という書物によると、義兼が足利学校を創建したとあります。日本中世史専攻の八代国治氏は、義兼は父義康《よしやす》の代から鳥羽《とば》天皇、美福門院《びふくもんいん》（鳥羽天皇の皇后）、八条院《はちじょういん》（鳥羽天皇の皇女）に奉仕していたので、自然と学問・芸術と接する機会も多く、その重要性を知り、足利荘に足利一族のための学問所と文庫を設置したのが足利学校の起源であろうと推測しています（八代国治「足利庄の文化と皇室御領」『国史叢説』）。

義兼創建説は、八代氏のほかにも国史学者の渡辺世祐『室町時代史』、平泉澄『中世に於ける精神生活』、日本漢学者の足利衍述《えんじゅつ》『鎌倉室町時代之儒学』が支持していますが、やはり根拠となる史料が江戸時代に成立したものであるというのが弱いと考えられ、現代では仮説の一つとされています。

④ 上杉憲実説

永享年間（一四二九～四一）に足利学校を再興した憲実が、実は創建者ではなかったかという説もあります。書誌学者の川瀬一馬氏が有力視したものですが（川瀬一馬『増補新訂　足利学校の研究　新装版』）、日本史学者の結城陸郎氏が批判しています。その根拠は、憲実以前の時代に足利学校の運営に関する史料（「学校省行堂日用憲章」応永三十年〈一四二三〉、「年譜」）があるというもので、残念ながら川瀬氏の説は信ぴょう性が低いと考えられます（結城陸郎『足利学校の教育史的研究』）。

⑤藤原秀郷曽孫説

『上毛伝説雑記』に、「秀郷《ひでさと》の曾孫其の願望によりて建立ありし」と記されていますが、ほかに傍証もなく、すこぶる信ぴょう性に乏しい記事だといえます。

おそらく藤原秀郷の子孫の成行《なりゆき》が足利氏を称したので、それと混同されてこのような俗説が生まれたのではないでしょうか。ちなみに藤原姓の足利氏は「藤姓足利氏」と呼ばれ、源氏の足利氏とは区別されていました。

このように、足利学校の創建は諸説が入り乱れているのが現状です。有力説はなく、みな仮説の域を出ていません。

第二章

室町幕府と鎌倉公方足利持氏の対立

▽室町時代の関東

第一章で、足利学校の創建年には諸説があってはっきりしないことを述べましたが、荒廃していた学校を再興したのが関東管領職《かんとうかんれい》にあった上杉憲実《うえすぎのりざね》であることは確かです。

関東管領は鎌倉府の長官である鎌倉公方（足利尊氏の三男基氏《もとうじ》の子孫が世襲）を補佐する役職で、この時代は上杉氏の一家である山内《やまのうち》上杉家が世襲していました。鎌倉府の管轄国は関東八ヵ国と伊豆（静岡県）、甲斐（山梨県）で、さらに陸奥（青森県、岩手県、宮城県、福島県）と出羽（秋田県、山形県）も含む広大なものであり、各国に置かれた守護よりも上位の地位にありました。

ただ、鎌倉公方と京都の足利将軍家の仲は非常に悪く、歴代の鎌倉公方は将軍家の隙を狙って常に謀反を企んでいました。それゆえ関東管領は、将軍と鎌倉公方の間に挟まれて両者の衝突を回避する役目が常態化していました。特に憲実はそれで大変な苦労をしています。

前の関東管領上杉憲基《のりもと》の死去に伴い、憲実は応永二十六年（一四一九）頃には関東管領に就いていたと考えられます。十歳でした。同時に伊豆、武蔵（埼玉県、東京都、神奈川県）、上野（群馬県）の守護にもなっています。憲実が補佐した鎌倉公方は四代足利持氏《もちうじ》で、反幕府の気持ちがかなり強い人物でした。

▽室町時代の足利荘の管理

さて、その頃の足利学校があった足利荘は誰が管理していたのか、その点にも触れておきましょう。実は足利荘の管理も幕府と持氏の対立の原因の一つになっていました。

もともと足利荘は初代足利基氏以来、歴代の鎌倉公方が管理してきましたが、応永二十三年（一四一六）に起こった上杉禅秀《ぜんしゅう》の乱によって、翌二十四年（一四一七）頃からは幕府から代官が直接派遣されて支配されるようになります。

▽永享の乱

京都から足利荘に代官が派遣されるようになった頃、常陸（茨城県）で幕府と結んで蜂起した小栗《おぐり》満重《みつしげ》という武将がいました（小栗氏の乱）。持氏は大軍を編成し、自らが総大将となって出陣して、瞬く間に反乱を鎮定しています。

持氏は小栗氏を討伐した勢いで足利荘の代官神保慶久《じんぼうのりひさ》を追い出してしまいました。それを知った大御所（前将軍）の足利義持《よしもち》は持氏討伐を計画しますが、この時は両者の間に和睦が成立したので直接衝突にはなりませんでした。なぜ大御所の義持が幕政を仕切っていたかというと、義持の息子である五代将軍足利義量《よしかず》が若くして死去してしまい、ちょうどこの時期は将軍不在だったからです。大御所の義持が事実上の将軍となっていました。

幕府と持氏との和睦に奔走したのが、憲実でした。おそらく和睦の証として、持氏は幕府に足利荘を「返還」したのだと考えられます。永享四年（一四三二）に幕府は、代官として飯尾加賀守を足利荘に赴任させますが、実質は憲実の管理下に置かれたと考えられます。

そのうちに、持氏と仲が悪かった大御所の義持が死去しました。これを見た持氏は、次期将軍は自分がなれると勝手に思い込みます。ところが、義持の弟義教《よしのり》が六代将軍に就任してしまいました。持氏は義教に対してますます強硬になり、関東にあった御料所（将軍直轄地）を武力で併合しています。

憲実は関東管領として、将軍義教と鎌倉公方持氏の間を取り持とうとしますが、ついに対立は決定的となり、永享十年（一四三八）、義教は持氏討伐を決意して駿河守護の今川範忠《いまがわのりただ》に鎌倉進撃を命じ、憲実に対しては今川軍と合流することを下命しました（永享の乱）。ところが、自分の主君である持氏を討つことはできないと、憲実は持氏の本軍と戦うことを避け、持氏方の軍勢と戦っています。相手は不明ですが一色持家《いっしきもちいえ》の可能性が指摘されています。

憲実は持氏と直接戦うことを避けますが、そもそも関東管領と守護職は将軍から直接任じられたものです。つまり、憲実にとっても将軍義教は主君にあたりますので、板挟みになり悩んでしまいました。結局憲実は、山内上杉家の家宰長尾忠政《かさいながおただまさ》を派遣して鎌倉を攻めさせます。

幕府軍に攻められた持氏軍は瞬く間に敗北します。持氏方の主だった武将は、鎌倉の称名寺《しょうみょうじ》で自刃して果てました。大将の持氏は出家し、嫡男の義久《よしひさ》は幕府に恭順の意を表します。敵対していた憲実も、持氏の助命嘆願と義久の五代鎌倉公方就任を義教に申し出ます。憲実はあくまで主君持氏を守ろうとしたのです。

しかし、将軍義教は持氏を殺すことにこだわり、憲実に対して持氏を討つことを命じます。憲実の「忠義」は義教には届きませんでした。それどころか、持氏を討つことを躊躇している憲実に、義教は疑念を抱き始めたのです。

▽上杉憲実の足利学校再興

持氏討伐を逡巡している時期の永享十一年（一四三九）閏正月、憲実は足利学校に「五経疏本」、「孔子図」などの書籍や絵画を寄進しています。詳しくはあとで説明しますが、憲実は義教に討たれても構わないように身辺整理をして、それで貴重書を足利学校に寄進したという説があります。

この時に憲実は、前述した「野州足利学校置五経疏本条目」を制定しています。これは中世の足利学校の「図書館」機能を考えるうえでもかなり重要な史料です。あとで詳しく読んでみます。

憲実は鎌倉円覚寺《えんがくじ》の快元《かいげん》を庠主《しょうしゅ》（校長）として招き、儒学を中心とした教育を行わせます。

憲実自身も主君である持氏と義教の間で苦しんでいましたが、忠孝心がなければこんなに苦しむことはおそらくなかったでしょう。戦国時代には何回も主君を変えて生き延びた武将も大勢います。平和な江戸時代になると「二君に仕えず」などと言われ、それが美徳とされますが、室町時代の半ばにここまで主君である持氏に忠節を尽くした家臣は珍しいといえます。それが足利学校の教育方針にストレートに表れたのでしょうか。

▽足利持氏の死とその後の上杉憲実

さて、憲実が足利学校再興の仕事をしている間も、将軍義教は持氏討伐を催促してきます。逡巡している憲実ですが、相国寺《しょうこくじ》の柏心周操《はくしんしゅうそう》に説得されて、永享十一年（一四三九）二月に持氏と義久を攻め、二人は鎌倉の永安寺《えいあんじ》で切腹しました。

憲実は持氏父子を死に追いやったことを悔やみ、同年末頃に伊豆の国清寺《こくせいじ》で出家し、雲洞庵《うんとうあん》長棟《ちょうとう》高岩《こうがん》と名乗ります。幕府は憲実に関東管領の再就任を要請しますが、憲実は弟の上杉清方《きよまさ》に後事を託します。

その後も関東は混乱が続きました。永享十二年（一四四〇）に下総（千葉県など）の結城氏朝《ゆうきうじとも》が持氏の遺児足利春王丸《はるおうまる》・安王丸《やすおうまる》兄弟を擁して挙兵します（結城合戦）。出家していた憲実はイヤイヤながらも幕府の要請で出陣し、氏朝を滅ぼします。

再び隠棲していましたが、嘉吉元年（一四四一）に今度は京都で、将軍義教が播磨守護の赤松満祐《あかまつみつすけ》に暗殺される大事件が勃発します（嘉吉の乱）。幕府は関東の秩序回復のために憲実に関東管領再任を要請しますが、ここでも憲実はきっぱりと断り、息子たちも出家させ、決して還俗《げんぞく》しないようにと厳命します。

清方は、文安元年（一四四四）八月までには死去したと考えられています。清方死去後、憲実は山内上杉家の血を引く佐竹実定《さたけさねさだ》を後継者に指名しますが、山内上杉家の宿老（重臣）はこれを認めませんでした。

しかし、宝徳元年（一四四九）に持氏の遺児成氏《しげうじ》が五代鎌倉公方に就任します。すると、憲実の子息憲忠《のりただ》が幕府に命じられて関東管領になってしまうのです。激怒した憲実は、憲忠に所領を譲りませんでした。憲実の息子である憲忠と、持氏の息子である成氏がうまくいくわけはないと憲実は思っていたのです。それゆえの怒りでした。

憲実の心配通り、宝徳二年（一四五〇）に憲忠の家臣長尾景仲《かげなか》が成氏を攻め、逆に憲忠は成氏に攻められる事態になります（江ノ島合戦）。ここはいったん収まりましたが、成氏と憲忠の対立は修復不可能になり、享徳三年十二月（一四五五年一月）に成氏は憲忠を暗殺して、以降三十年近くの大乱になってしまいます（享徳の乱）。成氏と上杉氏との全面戦争になってしまい、成氏は鎌倉を離れて下総国古河《こが》（茨城県古河市）に移り、古河公方と称されます。関東は一足早く戦国時代に突入したのです。

第三章　足利学校の教育

▽「学規三ヵ条」の制定

さて、世を儚んだ上杉憲実《うえすぎのりざね》は、文安四年（一四四七）に単独で旅に出てしまいます。その前年の文安三年（一四四六）晦日に足利学校に関する「三ヵ条」を制定していました。

この「三ヵ条」は現在「学規三ヵ条」と呼ばれ、足利学校に関する教育規則と見られていましたが、近年は学校だけではなく、足利荘全体に出されたものだとの見解が示されています。

原文は漢文で書かれていますので、ここは日本中世史を専攻している菅原正子氏の訳文を次に引用します。

第一条　三註・四書・六経・列子・荘子・老子・史記・文選以外について、学校で講義をしてはいけないことは旧規で定めているので、今さら禁ずることではない。今後は脇の講義等も禁止する。ただし、叢林（大寺院。特に禅宗の五山・十刹）の有名な高僧が在荘している場合は例外とする。禅録・詩註・文集等の学問については、幸いに都・地方の叢林にあり、また教乗（仏教の経文の教え）は教院（経論を研究する寺）にある。荘内では儒学以外を禁止する。なお、先に載せた書物以外について、たとえ三、四輩でも、開講の席に招いた在所に対しては、学校から断固として禁止を要求すべきである。それでもなお要求に応じない場合は公方に訴えよ。

第二条　在荘して規律を守らない僧侶について、これを許容した者が、土民の場合は永久に追放し、武士の場合は許容した在所の所領を没収されるべきである。ただし、その僧侶が禅僧をやめた場合は処罰しない。

第三条　普段から行を怠ってどうしようもない僧侶が、学問のためといって荘内に来たとしても、もとからその志がないので、学業を勤めず、ただ山や川で遊んでばかりいる者がいつもながらいるであろう。そのような無駄飯食いの僧侶を許容した場合、罪科は前段と同じである。

（菅原正子『日本中世の学問と教育』八一～八二頁）

こうして現代語訳してみると、第一条は足利学校の講義内容について定めていますが、第二条・第三条は足利学校がある足利荘の武士や、庶民に対して出されたものだとわかります。規律を守らない僧侶を容認してはならないとしています。ただし、その者が僧侶を辞めて俗人になったら処罰しないとありますので、おそらく結婚などの行為を指していると菅原氏は指摘しています。第三条では、遊んでばかりいて学業を怠っている僧侶を許してはならないとしています。

足利荘内で僧侶といえば、足利学校の学生のことを主に指すと考えられますので、荘園全体で監視して学生を怠けさせないようにしていた、と思われます。許した人も処罰されるというのですから、学生はみな必死になって勉強するしかないわけです。憲実はすごいことを考えたものだと感心します。

第一条は足利学校の教育内容について定めています。これを見ると司馬遷《しばせん》が著した歴史書『史記』や、詩文集の『文選《もんぜん》』も入っていますので、必ずしも儒学以外を教えていないわけではありません。

しかし、『史記』と『文選』を例外として、儒学以外の学問は教えないと断言しています。禅録・詩註・文集等の禅宗や漢詩文関係の学問は京都や地方の叢林《そうりん》で教えており、仏教は寺院で教授しているので、足利荘内ではそれらの学問を禁止すると明確に書かれています。足利学校の教員や学生は僧侶でなければならないとしていますが、仏教は教えてはいけないとし、言うことを聞かない者には最終的に「公方」（鎌倉公方のことか）に訴えろとまで憲実は言っているのです。

しかし仏教を教えないと否定している割には、実は後世になると仏書も多く収集されており、禅を中心にして教授されるようになりました。五世之好東井《しこうとうせい》、六世日新文伯《にっしんぶんぱく》時代に多くの仏書が集められたようですので、永正年間（一五〇四～二一）には仏教も教えていたのでしょう。

さて、儒学といってもいろいろありますが、憲実は「三註、四書、六経、列子、荘子、老子」とテキストを示しています。

三註とは、『蒙求《もうぎゅう》』、胡曾詩《こそし》、『千字文《せんじもん》』の注釈書のことです。『蒙求』とは唐の李翰《りかん》の撰で、古人の名とその人物の特質を二字ずつの四文字にして、朗読、暗記しやすいようにしたもので、胡曾詩は唐代の詩人胡曾の詩です。『千字文』は梁《りょう》代の周興嗣《しゅうこうし》による撰で、異なる千の漢字を使用している漢字学習に最適の教科書です。

四書は『大学《だいがく》』、『中庸《ちゅうよう》』、『論語』、『孟子《もうし》』のことで、宋の朱子が四書の注釈を行い、四書集注《ししょしっちゅう》を編纂しました。六経は、古くは『易経《えききょう》』、『書経《しょきょう》』、『詩経《しきょう》』、『礼記《らいき》』、『春秋左氏伝《しゅんじゅうさしでん》』の五経に『楽経《がっけい》』を加えたものですが、最後の『楽経』は秦の始皇帝の焚書坑儒《ふんしょこうじゅ》で被害に遭い、現在まで伝わっていません。ここでは五経に『孝経《こうきょう》』を加えたものと考えられます。

これらの書物はいずれも儒学の古典的な書物ですが、三註は初級レベル、四書は中級、六経は上級レベルにあたります。足利学校では、三註↓四書↓六経と段階を踏んでレベルアップさせていた教育がなされていたようです。基本は自学自習ですが、例えば初級の段階は身についたと教師が判断すれば、中級の書物に移行するように指導をしていたのでしょう。

上杉憲実が足利学校再興として、五経の注疏本《ちゅうそぼん》を寄進したと前章で述べましたが、次の四種が伝来しています。注疏本とは本文に注疏を付けた本のことで、疏とは注の注釈のことです。

『尚書正義《しょうしょせいぎ》』二十巻八冊　宋代に刊行
『毛詩註疏《もうしちゅうそ》』二十巻・首一巻　三十冊　宋代に刊行

『礼記正義《らいきせいぎ》』七十巻三十五冊　宋代に刊行
『春秋左氏伝註疏《しゅんじゅうさしでんちゅうそ》』六十巻二十五冊　宋代に刊行

いずれも宋の時代に刊行された本です。

ほかに憲実は『（新）唐書』二十二冊などを寄進しました。憲実は『易経』の註疏本は寄進しなかったようですが、それは息子の憲忠が寄進しました。

『周易注疏《しゅうえきちゅうそ》』十三巻十三冊　宋代に刊行

実はこれらの書籍は、もともと相模（神奈川県）の金沢文庫《かねさわぶんこ》に所蔵されていたものだと考えられています。永享年間（一四二九～四一）に金沢文庫は憲実の支配下にあったと考えられ、学問好きな憲実のことですから、文庫蔵書の一部を足利学校再建のために役立てたのでしょう。

この時代、儒学の研究は紀元前に成立した古典に注や疏を付して、本文を正確に読解できることを目指しました。宋の儒者によって付された注を「新注」と呼び、漢や唐などの古い時代に付された注を「古注」と呼びます。五山では新注による研究が主流となっていましたが、憲実・憲忠父子が足利学校に寄進したこれらの書物は、いずれも古注でした。関東という僻地であったから古注本しか手に入らなかったというわけではなく、足利学校では古注を重視したのでしょう。

▽上杉憲実の死

さて、旅に出たあとの憲実はどうなったのでしょうか。京都や九州まで足を延ばしたようですが、最終的には周防・長門（山口県）の守護大内政弘《おおうちまさひろ》を頼り、文正元年（一四六六）に長門で歿しました。享年五十七。晩年は気ままに旅を続けたようですが、内心はどのような思いがあったのでしょうか。

▽医学教育

さて、足利学校は医学も教えていたことがわかっています。足利学校で医学を学んだ人物として、室町時代末期・戦国時代初期の医者田代三喜《たしろさんき》が有名です。

田代家は平安時代末期から伊豆（静岡県）で代々続く医者の家ですが、三喜自身は武蔵国越生《おごせ》（埼玉県越生町）で生まれました。十五歳の頃に医術を学び、次いで京都の妙心寺《みょうしんじ》に入り、一世庠主天矣《しょうしゅてんい》の時代に足利学校で学びました。その後、明《ミン》国に渡り、医学の知識を深めました。帰国後は古河公方の足利成氏《しげうじ》に招かれて下総国古河《こが》（茨城県古河市）に滞在し、医者として関東一円に名声を轟かせました。天文十三年（一五四四）に八十九歳で亡くなりました。ちなみに三喜は「医聖」と後世に呼ばれています。著書に『和極集《わごくしゅう》』、『弁証配剤《べんしょうはいざい》』などの医書があります。

もう一人、足利学校で学んだ医師として有名な人物がいます。戦国時代後期に活躍した曲直瀬《まなせ》道三《どうさん》です。道三は戦国時代を代表する医者と評しても過言ではないでしょう。一般にも名前が知られている名医です。

道三は永正四年（一五〇七）九月に京都で生まれ、享禄元年（一五二八）に足利学校に入学しています。時の六世庠主日新について医学を修めました。その後、足利学校の先輩である田代三喜に師事すること十余年、天文十四年（一五四五）三喜の死後に京都へ戻り、名医として公家や戦国大名の間で名を馳せました。

また、道三は単なる医者としてだけではなく、政治能力にも優れていたので、その方面でも活躍しました。十三代将軍足利義輝《よしてる》の命で、中国地方の大大名毛利元就《もうりもとなり》を診察していますが、その際幕府の毛利・尼子《あまご》両氏の和平調停の斡旋も行ったことが判明しています。のちに正親町《おおぎまち》天皇も診察しました。なお、道三は晩年、キリスト教に入信しています。

さて、田代三喜や曲直瀬道三などの名医を足利学校は輩出しましたが、特にこの頃までは医学に力を入れていたわけではありませんでした。当時の医学は現代の西洋医学のように外科的治療を行うことはなく、基本的に漢方治療が中心でした。内服薬や貼り薬、塗り薬などの外服薬中心の治療です。それら漢方薬の作り方は、中国や日本の書籍に漢文で記されていました。つまり、当時の医者で必須の知識は漢文読解力だったのです。足利学校は儒学を中心に教えていましたが、漢文の医学書も所蔵していましたので、学ぶことはできたわけです。しかし臨床経験は積めないので、三喜は明国に留学して彼の地で経験を重ね、道三は三喜について実地で治療法を学んだのでしょう。

三喜や道三を輩出したので、足利学校側も次第に医学を重視するようになりました。七世庠主 玉《ぎょく》崗瑞璵《こうずいよ》九華《きゅうか》は医学を盛り立てました。九華は医学解説書である『史記扁鵲倉公列伝《しきへんじゃくそうこうれつでん》』一巻一冊を自ら書写しています。同書は、漢王朝以前の伝説的な医者である扁鵲《へんじゃく》と倉公《そうこう》の伝記です。特に「倉公伝」には二十五の症例が記されており、医学史的には「世界最古のカルテ」と呼ばれているそうです。そういった本を庠主である九華自らが写し、足利学校の蔵書に入れたというのは、教育に医学を重視していることの証拠になると思います。ちなみに九華写の『史記 扁鵲倉公列伝』は現存しています。

足利学校で医学を教授するという話は、イエズス会宣教師ルイス・フロイスが著した『日本史』にも次のように記されています（傍線引用者）。

> 日本の大学が、ヨーロッパのそれと同様の権威、気品、学識、収入、格式などを備えていると考えてはならない。なぜなら日本の学生は、大部分が仏僧か、もしくは仏僧になるために学んでいる人たちである。そして彼らは大部分の時間と配慮と労力をシナと日本の文字を学習することに当てる（中略）その他、彼ら（日本人）は、彼らの神学（とも言うべき）その宗派の教義や、シナが生んだ幾人かの賢者や古い哲学者たちの書物から採用した若干の道徳説《ドウトリーナ》を教えている。だが彼ら（学生）は（学術的）技術とか科学的論証に従ってではなく、問答形式で学習する。さらに彼らは占星術や医学のことも幾分かは学ぶ。ところでこれらの学問に関して（言えば）、全日本でた

だ一つの大学であり公開学校（と称すべきもの）が、関東地方、（下野）国の足利と呼ばれる所にある。（一方）諸国の仏寺で人々が学ぶのは、自分のために個人的に教わることであって、（そこでは）ほとんどなんの豪華さも（見られないし）、また（特別な）設備がある（わけでも）ない。

（松田毅一・川崎桃太訳『フロイス　日本史』一、八五頁）

傍線を付した箇所に着目してまとめると、次のようになります。日本で高等教育が受けられるところは足利学校しか存在せず、その教授法は問答形式で行われていること、教育内容は「シナと日本の文字を学習」することが大半ですが、占星術や医学も教えていると記されています。また、諸国の寺院でも教育が行われているが、自分のために個人的に教わることであって、足利学校と比べると規模も設備も貧弱である、としています。

フロイスの記述から、足利学校が如何に当時の日本で数少ない「大学」であるかがよくわかりますが、医学も教えていたことがこれではっきりしました。

▽兵学教育

そして、やはり忘れてはならないのは、足利学校が兵学を教えていたことです。これが最も需要があったと思われます。事実、九華時代には兵書が多く所蔵されていました。

①『施氏七書講義《しししちしょこうぎ》』四十二巻十冊　写本　天正七年（一五七〇）《ママ》《ママ》秋　九華校正　足利学校所蔵
②『施氏七書講義』四十二巻十冊　室町末期写　現存せず
③『七書』十四巻三冊　活字版　足利学校所蔵
（結城陸郎『足利学校の教育史的研究』一八六頁）

①は、結城氏の記述に誤りがあり、正しくは天正四年（一五七六）です。

これらは、九華が庠主を務めていた天文十九年（一五五〇）から天正六年（一五七八）の期間に収蔵したものだと推定されています。

また、永禄八年（一五六五）の識語がある『三略』も所蔵されていますが、こちらは足利学校での講義を聴講した鑁阿寺《ばんなじ》の僧侶が筆録したものかもしれないと、川瀬一馬氏は指摘しています（川瀬一馬『増補新訂　足利学校の研究　新装版』）。

永禄八年（一五六五）といえば、庠主が九華だった時代です。九華の代から兵学をさかんに講義するようになり、学校の隆盛を極めたと考えられます。

▽易学教育

また戦国時代、足利学校は易筮《えきぜい》も盛んに学生に教授されていました。易筮とは『易経』に基づいて占うもので、儒学の大家でもある歴代庠主は、易筮にも精通していたのです。

一世庠主の快元《かいげん》については、出身地・親兄弟・生年月日などの詳しいことは一切判明していません。ただ九世庠主閑室元佶《かんしつげんきつ》三要《さんよう》の自筆稿本『春秋《しゅんじゅう》経伝抄《きょうでんしょう》』によると、快元は足利学校の蔵書を充実させるために奔走したことがわかります。快元は『春秋』を求めて宋に渡海しようとしましたが、筑前（福岡県）の太宰府天満宮に十七日間参籠したところ、夢のお告げで中国に渡らなかったと記されています。

快元は足利学校で易学の講義をしていたようです。柏舟宗趙《はくしゅうそうちょう》という易学で著名な僧侶がいますが、彼も若き日に足利学校で快元に百四十～百五十日間にわたって易を習ったようです。

七世庠主の九華も易学の大家でした。九華が庠主に在職していた期間は足利学校の全盛期と言われ、学生が三千人いたといわれています。九華はおよそ三十年ものあいだ庠主を務め、天正六年（一五七八）八月十日に七十九歳で遷化《せんげ》しました。九華自身も足利学校で学んだ学生で、九州の大隅（鹿児島県）出身です。

実は、九華は一度足利学校の庠主を辞めようとしたことがあります。永禄三年（一五六〇）、九華は庠主を辞して郷里の大隅に帰る途中、相模（神奈川県）の小田原城に立ち寄り、城主の北条氏康《うじやす》・氏《うじ》政《まさ》父子に請われて兵法書『三略《さんりゃく》』の講義をしました。

『三略』は上略・中略・下略の三つで構成されていることから、「三略」という書名が付いたといわれています。紀元前十一世紀頃の周の軍師、太公望《たいこうぼう》が著したといわれていますが、内容から判断して後漢末の成立とされています。

『三略』の講義のあと、北条氏康は九華の帰国を非常に残念に思いました。氏康は家臣の間宮宗甫《まみやそうほ》に引き留めるよう命じ、間宮は九華に手紙を出しています。さらに氏康は金沢文庫旧蔵の『文選』を贈りました。この『文選』は足利学校に今も残されており、その識語にこれらのことが記されています。したがって、氏康が九華を引き留めたことは信ぴょう性が高い話だと思われます。

九華は氏康の要請を承諾し、小田原から足利に戻って庠主を続投したということです。この『文選』の識語には、百日かかる「周易」(『易経』に記された、爻辞《こうじ》、卦辞《かじ》、卦画《けかく》に基づいた占術)の講義をこれまで九華が十六回行い、伝授した学生は百人になったと記されています。

菅原正子氏によれば、慶應義塾大学図書館には足利学校の庠主が発行した易筮の伝授に関する古文書が六通残されており、このうち四通は永禄十一年(一五六八)のもので、九華が庠主を務めていた際のものです。ほかの二通は少し時代が下り、慶長五年(一六〇〇)のものだということです(菅原正子『日本中世の学問と教育』)。

足利学校における占筮の伝授は、古今伝授などと同様に師が伝授状を与えるものでした。易筮は『易経』の習得が必要な専門技能なので、足利学校は伝授状を発行することによって、学生に自信を与えるだけではなく、その技術を証明するものとして、学生が仕官する際にはかなり有利になったと思われます。

▽徳川将軍家への年筮献上

ちなみに江戸時代に入ると、足利学校の易筮は形式化してしまい発展しなくなります。その始まりは十世庠主龍派禅珠寒松《りゅうはぜんしゅかんしょう》に遡ります。

寒松は徳川家康が征夷大将軍に任ぜられる前年の慶長七年（一六〇二）に、正式に庠主に就任しました。九世庠主三要は京都に長く滞在していましたので、正式就任以前から寒松が事実上庠主としての役割を果たしていたと私は推測しています。

十世寒松の時代は、足利学校の再建が目下の重大事案でした。関東管領上杉氏、足利長尾氏、北条氏といった歴代の保護者はすでになく、また豊臣秀吉、徳川家康による天下統一によって戦乱がなくなったことから、足利学校の存在意義も急速に縮小されていきました。詳細は後述しますが、豊臣秀次《ひでつぐ》による蔵書の「強奪」、九世庠主三要の「拉致」により、指導者が学校不在となってしまい、凋落は甚だしかったと思われます。

そのような中で寒松は庠主に就任したので、種々の改革を実行していきます。幸い、前庠主の三要は家康とかなり親しかったので、寒松もその政策を受け継ぎ、徳川幕府に接近しました。新たな庇護者になってもらおうとして、それは成功します。

その親交の一つのカタチとして、寒松は年一回正月に徳川将軍家の一年を占い、その結果を携えて江戸城に出仕して将軍と対面することを年中行事と定めました。

その行程は、庠主は正月に江戸へ出府、十五日に江戸城に伺候《しこう》し賀詞言上、翌十六日に年筮《ねんぜい》献上というもので、慶長八年（一六〇三）正月以来これを行いました。寒松の日記『寒松日暦』によれば、慶長十八年（一六一三）、同二十年（一六一五）、元和三年（一六一七）、同九年（一六二三）、同十年（一六二四）、寛永三年（一六二六）、同七年（一六三〇）、同八年（一六三一）に正月年筮献上が行われています。ただし、ほかの年も記録されなかっただけで、行われたかもしれません。

ほかに、幕臣や大名などに対しても占いは行っていました。戦国時代には戦国大名のために戦《いくさ》の勝敗を占いましたが、江戸時代に入るとそれが恒例行事になったのです。

月江元澄《げっこうげんちょう》淳子《じゅんし》は、享保十年（一七二五）に十六世庠主に就任しましたが、ちょうど八代将軍徳川吉宗の時代でした。拙著（『図書館と江戸時代の人びと』）では吉宗は読書好きの好学家で、江戸城の「図書館」である紅葉山《もみじやま》文庫を頻繁に活用したと指摘しました。時代劇の影響で「暴れん坊」のイメージが定着していますが、実際は文武両道の将軍だったのです。

享保十三年（一七二八）四月十八日、吉宗は日光東照宮参詣の帰りに宇都宮城に宿泊します。その際「足利の学舎見て参れとて。小姓に鷹匠。目付。鳥見。奥坊主など添て遣はさる。これかしこに蔵する書籍を閲せしめられしとぞ聞えし」（『徳川実紀』第八篇、四六七頁）と、近臣を足利学校に派遣して、蔵書を閲覧させています。

吉宗は書物好きですから、江戸時代にあっては半ば忘れ去られていた足利学校に興味を示し、蔵書目録の提出や典籍上覧（蔵書閲覧）を命じています。吉宗のおかげで江戸時代中期に足利学校の存在が再び注目されたのです。

月江はそのチャンスを逃すまいと思ったのか、将軍への年筮献上だけでなく、尾張徳川氏、高家六角《こうけろっかく》氏、諸大名では上杉《うえすぎ》氏、土井《どい》氏、堀田《ほった》氏、松平《まつだいら》氏、市橋《いちはし》氏、酒井《さかい》氏、戸田《とだ》氏、成瀬《なるせ》氏などの譜代大名や有力外様大名、旗本では人見《ひとみ》氏、儒者では幕府儒官の林家《りんけ》などにも年筮を贈っています。そればかりではなく有力町人にも贈っていますが、頼まれれば庶民にも配りました。諸大名や有力町人の中には、その「御礼」として図書を寄進する者が増えたとのことです。結果的に足利学校の蔵書充実に繋がりました。

足利学校が、このように広く年筮を配布し始めたのは宝暦四年（一七五四）五月の落雷以降のことです。

最後の庠主は二十三世謙堂元益鯤海《けんどうげんえきこんかい》です。謙堂は歴代庠主と同様に、卜筮《ぼくぜい》に精通したことがわかっており、慶応四年（一八六八）正月に書かれた『謙堂年筮心得』という書物が残されています。

しかし、すでに足利学校の儒学を基本とした教育は、明治維新後の文明開化の世の中には時代遅れとなっていました。足利学校は明治五年（一八七二）に廃校となり、その役割を完全に終えたのです。

▽足利学校の卒業生

戦国時代に足利学校を卒業した学生は、全国の名だたる大名に仕えています。ここで何人か紹介してみましょう。

①谷野一栢《たにのいっぱく》

出自は不明ですが、室町時代末期から戦国時代初頭の人物で、奈良の僧でした。おそらく二世天矣の時代に足利学校に入学し、易学を学んだのち、越前一乗谷《いちじょうだに》（福井市）に移って越前守護の朝倉孝景《あさくらたかかげ》に仕えました。

一乗谷外の高尾に屋敷を拝領し、谷野雲庵と名を改めて、朝倉氏の一族三段崎安指《みたざきあんし》を養子として医薬の法を伝えました。天文五年（一五三六）九月九日、孝景の命により明で刊行された医書『勿聴子《ふっちょうし》俗解八十一難経《ぞっかいはちじゅういちなんぎょう》』を校正して一乗谷で出版しました。主家の朝倉氏滅亡後、その子孫は代々越前で医業を生業としたということです。

②白鷗玄修《はくおうげんしゅう》

六世日新の時代に足利学校で学びました。晩年、小早川隆景《こばやかわたかかげ》に招かれ、足利学校を模して「名島《なじま》学校」を造りました。隆景の軍配師としても活躍したといわれています。

③ 島津《しまづ》長徳軒《ちょうとくけん》（忠貞《ただきだ》）

この人物は「島津」という名字を名乗っており、薩摩（鹿児島県）の大名島津氏の一族です。しかし数奇な運命に翻弄された人物でもあります。

長徳軒の父は島津運久《ゆきひさ》といい、室町時代に分家した相州《そうしゅう》島津家の二代目です。同じ分家に伊作《いざく》島津家があり、九代当主島津善久《よしひさ》が明応三年（一四九四）に馬丁の下男に殴殺される事件が起きてしまいます。善久には嫡男菊三郎がいましたがまだ幼く、相州家の運久が、後家となった善久の正室を娶ることで、伊作家も後見することになりました。ただし、善久の正室は運久に対して、「成長したならば伊作家の家督は菊三郎に譲り、相州家も菊三郎に継がせる」ことを条件にしました。

その当時、薩摩、大隅、日向（宮崎県）の三ヵ国守護である島津本家の権威は著しく低下し、大隅と日向は国衆同士が争い、また薩摩でも本家を差し置いて分家が台頭し、本家、分家、国衆《くにしゅう》が相争う三つ巴の抗争を繰り広げていました。そのような状況でしたから、今回のことは相州島津家が伊作島津家を併合する格好の機会で、運久にとっては願ってもないことでした。ただ、運久にはすでに自身の嫡男がいましたが、善久の正室との約束は守ったのです。運久は、善久の正室に相当惚れていたという逸話が伝わっています。

永正三年（一五〇六）に菊三郎は元服し、忠良《ただよし》と名を改めて伊作家を継ぎ、さらに同九年（一五一二）

に相州家も運久から譲られました。これにより、伊作家と相州家は合体したのです。

ちなみに忠良の息子が貴久《たかひさ》で、本家の島津勝久《かつひさ》の養子となって本家を継ぎ、乱れていた薩摩を統一し、大隅まで勢力下に置くことに成功しました。日向は息子の義久《よしひさ》の代に島津本家に降りますので、貴久は三ヵ国統一の礎を築いたといえます。

運久が忠良に伊作・相州両家の家督を継がせたことは、島津氏の南九州平定にも繋がることだったのですが、運久には側室との間に男子が一人いました。それがのちに長徳軒と呼ばれる人物です。長徳軒は相州島津家を継ぐことができず、幼少期から出家させられていました。そして享禄年間（一五二八～三二）に足利学校に入学しようと薩摩を離れます。途中、遠江今切渡《いまぎれのわたし》で風波の被害に遭い、辛うじて駿府に至ることができ、駿河守護今川氏親《うじちか》の保護を受けることができました。長徳軒は還俗して「島津忠貞」と名乗り、今川の家臣として三浦氏の娘を娶ります。その後、氏親の従兄弟にあたる北条氏綱《うじつな》の招きで小田原に移り、今度は北条氏に仕えます。

忠貞は仏教だけではなく、兵学、医学にも精通していましたので、氏綱に厚く信頼されました。氏綱は忠貞の建策により連戦連勝、また氏綱の病気も治療しています。しかし残念なことに、永禄二年（一五五九）に忠貞は討死にしてしまいました。

その子孫は後藤を名乗り、江戸幕府の旗本になりますが、江戸時代初期に島津復姓を薩摩藩主島津光久《みつひさ》から認められます。しかしどういう理由かわかりませんが、江戸時代中期にまた元の後藤姓に戻っています。

長徳軒（忠貞）は入学を希望しながらも足利学校では学んでいないようですが、今川氏や北条氏に仕えた人物ですので本項で取り上げました。

④ 玉仲宗琇《ぎょくちゅうそうしゅう》

大永二年（一五二二）に日向で生まれました。成人後に関東へ行き、六世日新時代に足利学校に入学します。永禄十三年（一五七〇）に京都へ入って大徳寺《だいとくじ》一一二世住持になっています。正親町天皇とも親交を結びました。堺の豪商今井宗久《いまいそうきゅう》や、天下人豊臣秀吉とも親しかったようですが、毛利一族の小早川隆景の師として有名です。慶長九年（一六〇四）に死去しました。

⑤ 古渓宗陳《こけいそうちん》

天文元年（一五三二）に越前（福井県）で生まれました。越前朝倉氏の一族です。越前で出家して、宝応寺の驢雪《ろせつ》禅師に師事し、その奨めで足利学校に入学しました。七世九華時代のことと比定されています。

足利学校を「卒業」したあと、京都大徳寺の江隠《こういん》禅師について学びました。天正元年（一五七三）に一一七世大徳寺住持になると、諸国から参禅する者が多かったといいます。その門弟の一人が千利休で、三十年ほど宗陳について学びました。

宗陳は豊臣秀吉と親しくなりましたが、天正十六年（一五八八）に石田三成と衝突したことで秀吉の勘気を被り、大宰府《だざいふ》に追放されてしまいます。

その後、利休が秀吉との間に入って秀吉に許してもらい、宗陳は京都に戻ることができましたが、大徳寺には入りませんでした。利休切腹の原因となった大徳寺山門の利休木像問題で責任を問われて処罰されましたが、まもなく赦免されました。慶長二年（一五九七）に亡くなっています。

⑥不鉄桂文《ふてつけいぶん》

桂文は肥前（佐賀県）の出身で、生年は永禄六年（一五六三）頃といわれています。十五歳の時に出家し、十八歳の時に長門（山口県）の大寧寺《たいねいじ》に入って安叟《あんそう》禅師に師事しました。さらに関東へ下り、足利学校に入学して経史を学びます。天正十五年（一五八七）頃のことで、桂文は二十五歳でした。八世庠主古月宗銀《こげつそうぎん》末期の時代のことだと思われます。

足利学校を「卒業」したあとは再び長門の大寧寺に入りますが、肥前の戦国大名鍋島直茂《なべしまなおしげ》は桂文を軍配師として招き、直茂は桂文のために宗智寺《そうちじ》を開山しました。寛永十三年（一六三六）に七十四歳で死去しました。

⑦涸轍祖博《こてつそはく》

京都出身で、八世宗銀時代に足利学校に在学していました。特に上杉家執政の直江兼続《なおえかねつぐ》に重用され、文禄二年（一五九二）に朝鮮出兵に従軍しました。兼続の軍配師だったのです。

また涸轍は出版に熱心で、涸轍書院の名の下に儒書や医書も多く出版しています。九世三要と共に徳川家康の命で『王注周易《おうちゅうしゅうえき》』十巻五冊を出版しています。

⑧天海《てんかい》

会津（福島県会津地方）出身で、徳川家康、秀忠、家光の三代に仕えた「黒衣の宰相《こくいのさいしょう》」として有名です。天海も足利学校で学びました。永禄三年（一五六〇）二十歳の時に七世九華に受講し、在学四年の後に上野国新川善昌寺《ぜんしょうじ》の道器《どうき》禅師を訪ねて『周易』を学びました。天海の学問は深かったようです。また非常に長命で、寛永二十年（一六四三）十月二日に百二歳で亡くなりました。

▽武田信玄の足利学校への信頼

足利学校で学んだ学生たちは、このように戦国大名に仕えて大きな信頼を得ていました。ですから戦国大名の側でも、足利学校で学んだという経歴を重視するようになります。

江戸時代初期に成立した『甲陽軍鑑《こうようぐんかん》』には、武田信玄が足利学校を信頼しているエピソードとして次の話が収録されています（傍線引用者）。さほど難しい文章ではないので、ここは原文で読んでみましょう。

一、甲州西郡十日市場と云所に、徳巌《とくごん》と云半俗あり。此者甲州市川の文殊へ籠り、夢想に八卦を（文殊より）相伝仕りたるとて、在所にて占を能致す。長坂長閑、今の徳巌を崇敬して、右判の兵庫が知行を徳巌に申（上）てとらせんと約諾す。或夜信玄公、御機嫌能御座《よくおわします》。

（中略）

此時を見合、長坂長閑右ノ徳巌が事を披露申す。信玄（公）聞召、占は足利ニテ伝授かと尋させ給ふ。長閑承り、八卦にて候が、市川の文殊へ籠り夢想相伝とて種々上手の奇特ある証拠を、半時《はんし》ばかり申上ル。信玄公聞召、長閑能承れとて宣《のたもう》は、八卦と云本は吾終《つい》に見たこともなけれども、推量に云、其本に真に書たる文字すくなしとも二三百もなきことは有まじ。物をよむにも、真はむつかしき物ぞ。又夢は定なき者也。（中略）然ばむつかしき学問を、目にも見えぬ文殊の夢に相伝（と云）は、皆偽の至也。偽を云盗人に、将たる者は対面せぬ也。（中略）再《ふたたび》如レ此ノ者の事、誰にても我前にていはん（者）は、曲事《くせごと》たるべしとのたまへば、長閑赤面して（詞《ことば》なし。誠に）無二面目《めんぼくなき》一仕《し》合《あわせ》也。

（磯貝正義・服部治則『改訂　甲陽軍鑑』上、一四五、一四八～一四九頁）

この文章の大意は次のようなものです。

甲斐国西郡十日市場（山梨県南アルプス市）という場所に、徳巌という半分僧侶で半分俗人の者がいた。

徳巌が自称するには、甲斐国市川にある市川文殊（現在は山梨県八代郡市川三郷町にある表門神社）に参寵して、夢中で文殊菩薩《もんじゅぼさつ》から八卦《はっけ》を伝授されたといい、各地で占いをして評判だった。武田家の家臣長坂長閑《ながさかちょうかん》が徳厳を崇敬しており、武田家に召し抱えてもらうことを徳厳に約束した。

ある夜、武田信玄が酒を呑んで上機嫌なことを見計らって、長閑が徳厳のことを信玄に話した。そうすると信玄は「占いは足利学校で学んだのか」と質問した。長閑は「そうではありません。八卦ですが市川の文殊から夢中で直接相伝されたものです」と答えて、その奇特の証拠を「半時」（一時間ばかり）かけて信玄に説明した。信玄は「八卦の本は見たことはないが、物を読むということは本当に難しいことだ。そのような難解な学問を目で見えぬ夢で伝えられるわけがない。その男は嘘を言っているのだ。嘘を言う盗人に、将たる者は会わないものだ。二度とその者の話をするな」と、長閑を叱責した。長閑は赤面して何も言えず、面目を失った。

ここで重要なのは、信玄が八卦を行う徳厳に対して「足利学校の出身か？」と長閑に尋ねたことです。足利学校では兵学と易学も教え、各地の戦国大名に仕えていた軍配師を多く輩出していました。信玄も足利学校のことはよく知っていて、足利学校で学んだ者ならば信用が置けると判断基準にしていたのでしょう。それほど名声が高かったことがうかがえます。

『甲陽軍鑑』は武田家滅亡後の江戸時代初期（元和年間）に成立した編纂物史料で、信玄が生きた時代の史料ではありません。日本史研究に使用することは長く疑問視されてきましたが、近年は国語学者の酒井憲二氏の書誌学的研究により再評価され、日本史の研究者も無批判に内容を信じることはできないが、一定の信ぴょう性はあると判断している人もいます。

この徳厳の話もどこまで信玄が語ったのか実はよくわからないのですが、『甲陽軍鑑』を編纂した戦国時代末期の武田家の家臣が、足利学校を重視していたことは間違いないと思います。信玄も同様だったのではないでしょうか。

第四章 戦国時代の足利学校と戦国武将の保護

▽戦国時代初期の関東の状況

関東管領《かんとうかんれい》の上杉憲忠《うえすぎのりただ》を暗殺した鎌倉公方足利成氏《しげうじ》は、第二章で述べたように鎌倉にとどまることができず、下総国古河《こが》（茨城県古河市）に移り「古河公方」と呼ばれます。後継の関東管領には憲忠の弟の上杉房顕《ふさあき》が就任しますが、若くして陣歿してしまいます。

その後は養子の上杉顕定《あきさだ》が就きます。上杉氏は利根川を挟んで成氏の古河城と対峙する武蔵国児玉《こだま》郡五十子《いかっこ》（埼玉県本庄市）に陣を構え、長年にわたって両軍はにらみ合いました。

しかし、古河公方足利氏も関東管領上杉氏も長期にわたる戦争で衰微していきます。その隙を突いて新興勢力の北条氏が台頭してきます。

この間の足利学校はどうなっていたのでしょうか。実は十五世紀末期から十六世紀初めにかけての足利学校の記録は存在しておらず、何もわかっていません。しかし存続はしていたようです。

▼足利長尾氏による足利学校の保護

足利学校の管理は結城合戦や享徳の乱によって、関東管領上杉房顕が管理するようになり、寛正六年（一四六五）に房顕の推挙によって足利荘代官に長尾景人《ながおかげひと》がなります。以降、景人の子孫は足利長尾氏となり足利荘を治めています。

さて長尾氏といえば、一般的に越後（新潟県）の戦国大名上杉謙信を生んだ越後長尾氏が有名ですが、足利学校を戦国時代に保護した足利長尾氏も遡れば同じ一族になります。

長尾氏は、相模国長尾郷（神奈川県鎌倉市）を本拠とする鎌倉氏の一族です。その系譜は複数存在しており、諸説あります。結城陸郎氏によると、長尾氏は鎌倉景政《かげまさ》の後裔で、景政の孫景行《かげゆき》の代に長尾と称し、五代景為《かげため》の次子景春《かげはる》が越後長尾氏の祖となり、長子景忠《かげただ》が関東に在って、鎌倉、犬懸《いぬがけ》、総社《そうじゃ》、足利、白井《しろい》の各長尾氏の祖となったようです（結城陸郎『足利学校の教育史的研究』）。

越後長尾氏は越後守護上杉氏の下で守護代として補佐にあたりますが、のちに上杉氏と対立して凌駕するようになります。形だけ存続していた越後守護上杉氏は、後継者がいなかったことから滅亡してしまいました。その後、関東から関東管領上杉氏が逃れてきたので、その養子となり主家を相続することになります。それが上杉謙信です。

関東に残った長尾氏も、もともとは関東管領上杉氏の「家宰《かさい》」として活躍しましたが、主家の上杉氏の勢力が弱まるにつれて振るわなくなります。足利長尾氏は関東に残留した長尾氏の分家で、享徳の乱では関東管領上杉氏に仕え、古河公方足利成氏と交戦していました。

景人は文正元年（一四六六）十二月十二日、足利の鑁阿寺《ばんなじ》に対する殺生禁止の禁制《きんぜい》を発し、応仁二年（一四六八）九月には、同寺十二院および堀内における狼藉・徴発を禁じました。鑁阿寺を戦乱から守ろうとしたのです。

景人は、鑁阿寺だけではなく足利学校にも保護を加えたようです。文正元年（一四六六）に、景人は「政所《まんどころ》」にあった足利学校を現在地に移転しました。現在地は鑁阿寺の至近距離にあります。足利学校はもともと「政所」という土地にあったようですが、これは景人が最初に足利荘に入部した勧農《かんのう》城（栃木県足利市）付近にあったと考えられています。勧農城は岩井山《いわいやま》城とも呼ばれ、渡良瀬《わたらせ》川東岸の岩井山にありました。

景人の歿後、嫡子定景《さだかげ》が跡を継ぎます。定景は文明四年（一四七二）に鑁阿寺に対する濫妨《らんぼう》禁止の禁制を発しており、定景が足利学校を保護した唯一の行動です。もっとも、鑁阿寺への禁制は定景以外の者も何度か出しており、景人の弟房清《ふさきよ》も長享二年（一四八八）六月に禁制を出しています。

定景は家督を継いで三年ほどで歿してしまい、その弟景長《かげなが》が家督を継承します。景長は足利長尾氏の本拠としていた勧農寺城を棄て、足利荘全体を見渡せる両崖山《りょうがいざん》城を修復してここを本拠としました。

足利荘の政庁が鑁阿寺・足利学校の方向に移動したことになります。景長は両崖山城、鑁阿寺、足利学校を足利荘の政治・文化の中心地としてその施設を集中させたかったのかもしれません。景長も永正十四年（一五一七）十月、鑁阿寺への狼藉禁止の禁制を発布して保護しました。

景長は戦国武将であると共に風雅を愛した文化人でもありました。連歌師宗長《そうちょう》とも親交を結び、また画業にも優れ、足利の長林寺《ちょうりんじ》には自画像も残されています。

景長の代の足利学校庠主《しょうしゅ》は、五世之好、六世日新の時代で、教学活動が活発化する時期にあたります。こうした景長の厚い保護が足利学校の隆盛を支えていたのでしょう。大永八年（一五二八）一月に景長は死去しますが、すでに家督は子の憲長《のりなが》が継いでいました。

この頃の足利長尾氏は安定的に家督継承が行われているようですが、関東に残った長尾一族全体はかなり動揺していました。憲長が家督を継いだ頃には、すでに享徳の乱は終結していました。成氏と幕府が文明十四年（一四八二）十一月に和睦を結び、関東の統治を成氏が行うことを幕府は認めたのです。

憲長は父景長から関東管領上杉氏の家宰を継ぐと、古河公方足利高基《たかもと》（成氏の孫）の嫡男亀若丸が、十二代将軍足利義晴《よしはる》から偏諱《へんき》を拝領する交渉に力を注いで実現させます。亀若丸は晴氏《はるうじ》と名乗り、後年父の高基と対立することになります。

また一族の白井長尾氏が断絶してしまうと、敵対していた総社長尾氏と連携して事態の収拾にあたりました。

その間、関東管領職は上杉憲寛《のりひろ》と義弟の憲政《のりまさ》によって争われ（関東享録の乱）、結果的に憲政が家督を継ぎますが、憲長は変わらず家宰にとどまることができています。なかなかの敏腕家であったようです。

▽戦国大名北条氏の台頭

さて、長尾憲長は古河公方足利氏、関東管領上杉氏に仕えましたが、新興勢力の北条氏が徐々に台頭してきます。北条氏は初代早雲《そううん》の代に小田原城を奪取し、関東一円の支配を狙っていたのです。古河公方家・関東管領上杉家の内紛に介入して、着々と勢力を強めつつありました。

しかしそうした中にあって、憲長は文事を愛し、越後にいた同族の長尾景虎《かげとら》（のちの上杉謙信）とも和歌の贈答を行うほどでした。

天地もただ一かたにおさまれる
君がためしや千代の初雪　　　憲長
御返し
むかしよりさためし四方の立帰り
おさめさかふる千代の初雪　　景虎

（結城陸郎『足利学校の教育史的研究』一二六頁）

この歌は天文十二年（一五四三）正月に詠まれたものと推測されますが、同族とはいえかなり昔に分かれた足利長尾氏と越後長尾氏の両者が、歌のやり取りをしているのは興味深いものがあります。

▽海外への足利学校の紹介

憲長と景虎が歌の贈答を行っていた頃、鹿児島にはイエズス会宣教師フランシスコ・ザビエルが逗留していました。ザビエルは日本にキリスト教を伝えた人物として有名ですが、実は書簡で足利学校のことに触れているのです。

天文十八年（一五四九）十月、山口に滞在していたザビエルは、インド・ゴアの大司教座に宛てた報告書の中で、足利学校のことを次のように紹介しています。

都の大学の外に、尚、有名な学校が五つあつて、その中の四つは、都からほど近い所にあるといふ。（中略）日本に於て、最も大きいのは、坂東（関東）であつて、都を去ること、最も遠く、学生の数も遥かに多いといふ。

（アルーペ神父・井上郁二訳『聖フランシスコ・デ・サビエル書翰抄　下巻』五一〜五二頁）

これは六世庠主日新の頃の足利学校の様子ですが、ザビエルが足利に来たことはありません。この書簡を書いた時は鹿児島に滞在していました。鹿児島までその名声は届いていたのです。一説には、足利学校は日新の代に大火災に遭い、多くの建物を焼失してしまったといわれていますが、確かなことはわかりません。

宣教師の書簡は一次史料ですが、誤記なども多くそのままでは信用できません。一般の歴史愛好家が書く本には、宣教師の史料を無批判に引用して自説を組み立てているものもありますが、専門家は日本側の一次史料と比較検討したうえで研究には供しています。なので、ザビエルの書簡は額面通りに受け取ることはできません。しかし、遠く離れた鹿児島まで足利学校の評判は伝わっており、ザビエルがそれを耳にしたことは確かなことだと思います。

▽足利長尾氏の衰退

さて足利長尾氏の家督は、憲長の次は子の景長（初名は当長《まさなが》）が継ぎます。景長も関東管領上杉氏の家宰職に就きますが、すでに昔日の勢いはありませんでした。時の関東管領上杉憲政は、北条氏康に追われて越後の長尾景虎を頼ります。景長は北条氏との最前線で戦うものの抗しきれず、弘治二年（一五五六）には氏康に降ります。

景長は鑁阿寺に対して弘治三年（一五五七）に禁制を出し、永禄六年（一五六三）には青銅十貫を贈って鑁阿寺大日堂修復の旨を通告しています。鑁阿寺の保護に景長は熱心なようですが、足利学校への事跡は確認することができません。

景長の次は、養子の顕長《あきなが》が継ぎます。顕長の時代は関東管領上杉氏の家宰という職務はなくなり、足利長尾氏として独立して戦国の世を生き延びねばならなくなっていました。もともと顕長は近隣の土豪由良《ゆら》氏の出身で、足利長尾氏に婿入りした人物です。そのため実家の由良氏と足利長尾氏との同盟を実現させています。

顕長は足利を城下町として整備し、町はずれに定期市が立つなど繁栄させます。軍事面では、隣国の佐野宗綱《さのむねつな》と抗争してこれを討ち取っています。豊臣秀吉の小田原征伐では小田原城に籠城しましたが、北条氏が敗れると足利の領地は秀吉に没収されてしまい、常陸（茨城県）の戦国大名佐竹義宣《さたけよしのぶ》に預けられます。

足利長尾氏は景人以来百年間、足利学校の庇護者としての役割を務めましたが、これにより完全にその役目を終えました。

最終的に足利の地は秀吉が領することになりました。秀吉は太閤検地を行って荘園を完全に解体してしまったので、足利荘もなくなります。足利学校は豊臣氏の天下ではどうなったのでしょうか。詳しくは後述します。

戦国時代における足利学校の直接的な管理者は、関東管領上杉氏から足利荘代官の足利長尾氏に引き継がれていたのですが、これら二者以外にも足利学校を保護した者は存在しました。

▽北条早雲の出自

その中で最も大きい勢力は、小田原の戦国大名北条氏です。関東管領上杉氏やその家宰足利長尾氏と敵対していた者が、足利学校の保護者であるのですから面白いものです。外国ならば、敵勢力の高等教育機関は、必ず完膚なきまでに叩いていたと思います。

ちなみに戦国時代の北条氏は「後北条氏」とも呼ばれますが、それは戦後の日本史学者によって鎌倉幕府執権北条氏と区別するために名づけられた、いわば歴史用語です。当時の史料にはただ「北条」とのみ記されています。

北条氏は初代の早雲が京都から下向して小田原城を奪取し、以降豊臣秀吉に滅ぼされるまで五代にわたって隆盛を極めますが、実は早雲は「北条」とも「早雲」とも一度も名乗っておらず、彼はもともと伊勢新九郎盛時《いせしんくろうもりとき》という名前でした。

伊勢氏は室町幕府政所執事《まんどころのしつじ》の役職を代々世襲していましたが、盛時はその庶流の出身です。ただ伊勢氏は代々の足利将軍の信頼が厚く、側近として辣腕を振るっていましたので、庶流の盛時も幕府奉公衆に加わることができました。盛時は十一代将軍足利義高《よしたか》（のちの義澄《よしずみ》）の命令で、伊豆（静岡県）に討ち入ります。そして相模（神奈川県）の大森藤頼《おおもりふじより》の居城であった小田原城を奪い、戦国大名としての地歩を固めるのです。ちなみに伊勢盛時が北条早雲と呼ばれたのは、息子の氏綱《うじつな》の代からです。本書では、一般になじみの深い「北条早雲」で以降統一したいと思います。

▽北条早雲と『孫子』

早雲は「一介の素浪人」ではなく、幕府の要職を世襲していた伊勢氏の一族ということですから、それなりの教養は持っていました。

早雲は若い頃、京都の大徳寺《だいとくじ》で修行しており、そこで『孫子《そんし》』、『呉子《ごし》』、『六韜《りくとう》』、『三略《さんりゃく》』などの兵法書を読破していたと考えられます。なぜそんなことがわかるかというと、早雲がそれら兵法書の内容を実戦に適用しているからです。

『孫子』「計篇第一」の三には次のような一節があります（金谷治氏による書き下し文）。

兵とは詭道《きどう》なり。故に、能なるもこれに不能を示し、用なるもこれに不用を示し、近くともこれに遠きを示し、遠くともこれに近きを示し、利にしてこれを誘い、乱にしてこれを取り、実にしてこれに備え、強にしてこれを避け、怒にしてこれを撓《みだ》し、卑にしてこれを驕《おご》らせ、佚《いつ》にしてこれを労し、親《しん》にしてこれを離す。其の無備を攻め、其の不意に出ず。此れ兵家の勢《せい》、先きには伝うべからざるなり。

中国哲学者の金谷治氏は次のように現代語訳しています。

（金谷治訳注『新訂 孫子』三一頁）

戦争とは詭道――正常なやり方に反したしわざ――である。それゆえ、強くとも敵には弱く見せかけ、勇敢でも敵にはおくびょうに見せかけ、近づいていても敵には遠く見せかけ、遠方にあっても敵には近く見せかけ、〔敵が〕利を求めているときはそれを誘い出し、〔敵が〕混乱しているときにはそれを奪い取り、〔敵が〕充実しているときはそれに防備し、〔敵が〕強いときはそれを避け、〔敵が〕怒りたけっているときはそれをかき乱し、〔敵が〕謙虚なときはそれを驕りたかぶらせ、〔敵が〕安楽であるときはそれを疲労させ、〔敵が〕親しみあっているときはそれを分裂させる。〔こうして〕敵の無備を攻め、敵の不意をつくのである。これが軍学者のいう勢であって、〔敵情に応じての処置であるから、〕出陣前にはあらかじめ伝えることのできないものである。

（金谷治訳注『新訂 孫子』三二頁）

戦国時代が専門の日本史学者小和田哲男氏によれば、早雲は右に掲げた内容のことをほぼ実戦に応用しているとのことです。少し長くなりますが、小和田氏の文章を引用してみましょう。

伊豆平定にほぼ成功したところで、早雲は次のターゲットを、相模西部の要衝である小田原城の大森藤頼に絞った。大森藤頼の父氏頼はなかなかの人物だったらしく、氏頼在世中には攻めにくかったが、その氏頼が亡くなり、藤頼が家督を継いだところ、「藤頼は凡庸である」という情報が入ってきた。

そこで早雲は、自ら下手《したで》に出て、ことさら卑屈な態度をとって大森藤頼を持ち上げ、珍しい物を贈ったりしていたのである。これが策略であるとは気づいていない藤頼は、喜んで早雲からの贈物を受け取っていた。

「頃合いよし」と判断した早雲は、明応七年（一四九五）九月、「伊豆で鹿狩りをやっていたら、鹿が皆小田原城の裏山に逃げてしまった。伊豆に追い返すために、勢子《せこ》を裏山に入れさせてほしい」という手紙を藤頼のもとに届けさせた。早雲からの贈り物に気をよくし、早雲を自分の目下のように思っていた藤頼は、何の疑いもなく早雲の申し出を許可したのである。早雲は、自分の兵を勢子に変装させ、一気に小田原城を攻め落とすことに成功した。

（小和田哲男『戦国大名と読書』八八～八九頁）

早雲が『孫子』を参考にして小田原城を奪う作戦を立案したと、小和田氏は指摘されています。早雲は大森藤頼をとことん驕り高ぶらせ、その隙に乗じて小田原城を奪取したのです。まさに『孫子』にある「卑にしてこれを驕《おご》らせ」を実戦に適用したといえます。

▽北条早雲の『太平記』諸本研究

早雲が、伊豆にいた堀越《ほりごえ》公方《くぼう》の足利茶々丸《ちゃちゃまる》を討ち取ったのは明応二年（一四九三）、小田原城を奪取したのは同四年（一四九五）とされています。死去したのは永正十六年（一五一九）ですから、このおよそ二十年の時期に足利学校との関係を深めたのでしょう。

京都の陽明《ようめい》文庫（五摂家筆頭の近衛《このえ》家に伝来していた古文書・古記録を収蔵した施設で、昭和十三年〈一九三八〉に近衛文麿《ふみまろ》によって設立されました）が所蔵している今川家本『太平記』の巻一と巻三十九には識語があり、それには次のような内容が記されています。

それによりますと、早雲は日頃から『太平記』を愛読しており、諸写本を収集して足利学校の「学徒」に校合を依頼するなどしていました。さらに京都の大宮伊治にも読み仮名の加筆などを依頼しており、早雲が校訂した『太平記』はそれなりに信頼性が高いものであったようです。

この早雲本を親本として、駿河守護の今川氏が所蔵していた『太平記』が「丘可」という人物によって書写されました。それが陽明文庫所蔵今川家本『太平記』です。書写されたのは永正二年（一五〇五）五月から六月のことで、早雲が『太平記』を集めて足利学校に校合を依頼したのはそれ以前、すなわち十五世紀末期ということになります。

▽北条早雲の孔子等の肖像画寄進

早雲は永正初年に足利学校に孔子、子路《しろ》、顔回《がんかい》の肖像を寄進したとされ、連歌師宗長が永正六年（一五〇九）八月下旬に足利学校を訪れた際にそれらを目撃しています（傍線引用者）。

下野の国佐野といふ所へ出でたつ。足利の学校に立ち寄りて侍れば、孔子・子路・顔回、この肖像あり。諸国の学徒頭をかたむけて、日暮し硯に向へる体は、かしこくかつは哀にも見え侍る。

（宗長「東路のつと」（『中世日記紀行文学全評釈集成　第七巻』二八七頁）

宗長が足利学校に立ち寄ったところ、孔子、子路、顔回の肖像をかけて、学生たちが一日中勉学に励んでいたと傍線部には記されています。宗長が肖像画を目撃したのは永正六年（一五〇九）八月ですので、早雲はこれより前に肖像画三種を足利学校に寄進したとみて間違いないでしょう。これらの肖像画は、結城陸郎氏によれば『太平記』校合の早雲の礼ではないかということです（結城陸郎『足利学校の教育史的研究』）。

しかしながら初代の早雲の時代、北条氏は足利を実効支配もしていなければ影響力を及ぼすこともできませんでした。早雲の跡は氏綱が継ぎますが、足利学校に対して目立った活動はしていません。

▽北条氏康・氏政の足利学校保護

前章で述べたように、三代氏康の時には七世九華《きゅうか》の庠主辞任を思いとどまらせたということがありました。のみならず、氏康は学校領の安堵も行ったようです。氏康の時に行った学校領安堵は、四代氏政にも継承されたようで、天正十一年（一五八三）十月二十九日付けの文書が残されています。また、ほぼ同時期に鑁阿寺への濫妨狼藉を禁止する禁制も発しています。

北条氏が足利学校に対して直接的に影響力を行使できたのは、ライバルである関東管領上杉謙信の死去（天正六年〈一五七八〉）から天正十八年（一五九〇）の北条氏滅亡までのわずか十二年間であると思われます。それ以前は、歴代の関東管領や足利長尾氏と北条氏の戦いに、足利学校が巻き込まれることもあったようです

北条氏の足利学校保護は、足利長尾氏に代わって足利の地を治めるために人心を掌握する手段であるとの見方もありますが、初代早雲の書物趣味から推測すれば、それは「唯物史観」的な見方ではないでしょうか。北条氏は、海外にも知られた一大高等教育機関である足利学校の重要性は熟知していたと思いますし、何よりも歴代当主が本好きだったのでしょう。貴重な書物が兵火によって焼失するのはなんとしても避けたかったのではないでしょうか。

▽武田勝頼の足利学校保護

　さて、北条氏が本格的に保護を加える直前ですが、天正八年（一五八〇）十月には武田勝頼《かつより》の家臣跡部勝資《あとべかつすけ》が足利学校への濫妨狼藉を禁ずる命令を出しています。

　戦国時代の関東は、初期は古河公方足利氏と関東管領上杉氏、後期は北条氏と上杉謙信の争奪の場となり、戦乱が絶えませんでした。そのような中でも足利学校は存続し、しかも全国から学生が集まってきたというのは、学校の存在意義が各勢力によく理解されていたからだと思います。

第五章　室町・戦国時代における足利学校の蔵書数

足利学校は儒学や易筮、兵学などを教えましたが、どの程度の蔵書があったのでしょうか。十五世紀半ばの上杉憲実《うえすぎのりざね》による復興以後、着実に整備が進んできたと思われますが、戦国時代の足利学校の記録はほぼ残っていないので、具体的な蔵書の内訳はよくわからないというのが現状です。

川瀬一馬氏はそのような困難な状況から研究を進め、室町時代の蔵書数について一応の数字を出しています。氏は室町時代の蔵書形成を三期に分けて整理しました（川瀬一馬『増補新訂　足利学校の研究　新装版』）。

▽一世庠主快元期の蔵書数

第一期は一世庠主《しょうしゅ》快元《かいげん》の時代で、永享十一年（一四三九）閏正月に上杉憲実が寄進した「宋版五《ご》

図13　足利学校蔵書印
「野之国学」

経《きょう》注疏《ちゅうそ》」が蔵書の骨格となっています。憲実以前にも足利学校は細々と存在していたようですが、おそらく蔵書と呼べるほどの本はなかったのではないでしょうか。

　憲実が寄進した五経注疏の内訳は、『尚書正義《しょうしょせいぎ》』八冊、『毛詩注疏《もうしちゅうそ》』三十冊、『礼記正義《らいきせいぎ》』三十五冊、『春秋左氏伝注疏《しゅんじゅうさしでんちゅうそ》』二十五冊の四部でした。これに嫡子憲忠《のりただ》が寄進した『周易注疏《しゅうえきちゅうそ》』十三冊を加えて「五経注疏」となります。

　憲実は「五経注疏」以外にも寄進をしていました。金沢文庫《かねさわぶんこ》旧蔵の『宋版唐書』がそれです。長い年月のうちに足利学校の蔵書と金沢文庫の蔵書が混じってしまうことがあったようです。

　足利学校再興のこの時期には、ほかにも貴重な書籍の寄進があったようです。『宋版周礼』（十二巻二冊）がそれで、「萬秀山正宗寺公用」、「正宗寺書院」という識語が書き込まれていました。

　正宗寺《しょうじゅうじ》とは、現在も茨城県常陸太田市にある臨済宗の古刹で、戦国時代に常陸を領有し江戸時代に秋田へ転封された佐竹《さたけ》氏の菩提寺です。正宗寺の起源は、延長元年（九二三）に平将門《たいらのまさかど》の父良将《よしまさ》によって開基された、律宗の勝楽寺《しょうらくじ》に求められます。貞応二年（一二二三）に佐竹秀義《ひでよし》が勝楽寺境内に正法院を、興国二年／暦応四年（一三四一）に佐竹貞義《さだよし》の子、月山周枢《がっさんしゅうすう》が師である夢窓疎石《むそうそせき》を招いて正宗庵を創建しました。正宗庵はのちに佐竹義篤《よしあつ》が正宗寺として臨済宗の寺院にします。以来、正宗寺は佐竹一族が住持となって繁栄しました。

勝楽寺と正法院は戦乱によって衰微してしまいましたが、正宗寺は関東十刹に数えられ、江戸幕府からも保護され現在に及んでいます。

『宋版周礼』が足利学校に寄進されたのは文安年間（一四四四〜四九）で、寄進者は砭愚《へんぐ》という僧侶ですが、おそらく正宗寺の者ではないかと推定されます。この時期に足利学校は佐竹氏と関係があったのでしょうか。

ほかに『尚書正義』一冊が伝わっていますが、これは文安三年（一四四六）に足利学校で写された本のようです。さらに『周易』（十巻五冊）もありますがこれも写本で、永享末年の転写と推定されています。川瀬一馬氏によれば、本書は快元に師事した学生が、学校常備用の参考図書として残したのであろうということです。その証拠に第五冊目の末に「足利学校常住　易学之徒寄進」と認められています。

今までは儒書ばかりでしたが、易学書もあります。禅僧の南英謙宗《なんえいけんしゅう》が撰述した『重離畳変訣《じゅうりじょうへんけつ》』（一冊）で、文安三年（一四四六）に写されたとあります。

▽二世天矣から五世之好期までの蔵書数

第二期は、応仁（一四六七〜六九）以降大永（一五二一〜二八）頃まで、庠主では二世天矣《てんい》から五世之《し》好《こう》に至る数十年間です。

文明九年（一四七七）に、文中元年／応安五年（一三七二）書写の『周易伝』（三冊）が大奇によって寄進されています。ほかに『易学啓蒙通釈《えきがくけいもうつうしゃく》』（二巻一冊）、『礼記集説《らいきしゅうせつ》』（十六巻五冊）、『書経集注《しょきょうしっちゅう》』（六冊、現在は散逸）も天矣時代に寄進されました。

また長享二年（一四八八）書写の『孟子注疏解経《もうしちゅうそかいきょう》』（十四巻七冊）には奥州の天輔という人物が寄進したと記されています。奥州在住の僧侶が写した本も足利学校は所蔵しており、上杉憲実の再興直後からその影響力は大きかったと推察できます。

四世九天《きゅうてん》の時代には、現在はなくなっていますが、永正三年（一五〇六）八月に「武州児玉党吾那式部少輔」によって、唐本『文公家礼《ぶんこうかれい》』一冊が寄進されています。

五世之好《しこう》の代には、多くの書籍の寄進があったようです。関東管領上杉憲房《のりふさ》は永正十二年（一五一五）に『孔子家語《こうしけご》』二冊を、また永正年間に明正統刊本の『後漢書《ごかんじょ》』二十冊を寄進しています。さらに憲房の遺命として、大永六年（一五二六）十月に寄進された明《ミン》初期の刊本『十八史略《じゅうはっしりゃく》』二巻一冊も残存しています。

ほかにも之好の時代には数々の本が寄進されたことがわかっていますが、現存していないので、不明な点も多いようです。

文明十四年（一四八二）秋に足利で写したという『職原抄《しょくげんしょう》』二冊と『論語義疏《ろんごぎそ》』五冊、さらに長享元年（一四八七）に転写された『老子道徳経《ろうしどうとくきょう》』、明応二年（一四九三）に写された『中庸章句《ちゅうようしょうく》』一冊、同六年（一四九七）に足利の鑁阿寺千住院内で写したという『毛詩序正義《もうしじょせいぎ》』一冊が蔵書としてあったようです。

▽六世日新と七世九華期の蔵書数

最後は第三期です。三期は、六世日新と七世九華《きゅうか》の時代です。日新の時代に新たに所蔵された書籍はよくわからないようですが、写本の『礼記《らいき》』二十巻十冊は、日新の手によるものではないかといわれています。『論語集解《ろんごしっかい》』には、一部『礼記』と同じ筆跡が確認されているので、日新が加筆を行ったとも考えられます。

日新の時代のものは少なかったのですが、九華には多くの自筆本や書き入れ本が残されています。自筆本は『施氏七書講義《ししちしょこうぎ》』四十二巻十冊、『毛詩鄭箋《もうしじょうせん》』二十巻七冊、『論語抄《ろんごしょう》』五冊、『山谷詩集註《さんこくししっちゅう》』一冊、『毛詩序《もうしじょ》』などがあります。

九華の書き入れ本は、北条氏政《うじまさ》より贈られた宋版『文選《もんぜん》』をはじめとして、写本の『古文尚書《こぶんしょうしょ》』二冊、『毛詩鄭箋』十冊などがあります。

また九華時代に書写されたと伝えられる諸本は、現在の足利学校が所蔵している蔵書の中では一番多く残っています。書名のみを挙げれば、『毛詩抄』、『古文孝経《こぶんこうきょう》』(旧題漢孔安国伝)、『孝経抄』、『論語義疏』、『孟子』、『史記桃源抄《しきとうげんしょう》』、『史記抄』、『南華真経注疏解経《なんかしんきょうちゅうそかいきょう》』、『杜詩抄《としょう》』、『職原抄注』、『聯句《れんく》集《しゅう》』などです。儒学、歴史、文学など広い分野の書籍が足利学校に残されています。

川瀬氏も指摘していますが、九華の代には寄進や写本による蔵書の増加がありました。そのことは、九華が庠主であった戦国時代中期が、最も足利学校が繁栄した時代であることの傍証になります。

天正十四年（一五八六）に九世庠主となった三要《さんよう》以降は、戦国の世が豊臣秀吉の手によって収束させられ、世の中が平和になっていきます。これを境として、蔵書の集計を川瀬氏が行っています。

それによると、三要以前は、刊本（印刷された本）十九部、写本三十七部、計五十六部、三要時代の増加分は、刊本二十一部、写本三部、計二十四部となっています。あまり数が多くないのは、良質な書籍のみを選択して収集した結果ではないかと思われます。

国書《こくしょ》とは日本で出版されたか、製作された本のことを指しますが、儒学を中心に教えていたので、国書は少数しか所蔵していませんでした。これが江戸時代に入ると、総計六百三十一部、四千九百三十四冊を数えることができます。これは享和二年（一八〇二）時点での『足利文庫目録』の数字です。戦国期と江戸期の足利学校の蔵書構成は、大きく変化していることがわかります。

第六章　足利学校蔵書の利用状況

▽中世期

永享十一年（一四三九）閏正月、関東管領《かんとうかんれい》の上杉憲実《うえすぎのりざね》は自身が足利学校に寄進した「五経疏本」に関する閲覧規則「野州足利学校置五経疏本条目」を制定しています。結城陸郎氏が内容をコンパクトにまとめた文章がありますので、それを次に引用します。

（1）収納・帯出を厳重にし、披見は収納舎屋内に一冊限りとすること
（2）書籍取扱者の交代に関しては、予定を定め、新旧相対して巻数の点検を行なうこと
（3）借覧に当っては鄭重を旨とし、書入、汚損のないようにすること

（4）曝書《ばくしょ》等によって朽損を避け、火難を避けること
（5）売却・入質・竊盗《ゆとう》には最大の罰を加えること

（結城陸郎『足利学校の教育史的研究』五九～六〇頁）

（1）は、館内のみとはいえ閲覧許可していたことがわかります。（3）は閲覧にあたっての諸注意を述べています。保存についてはかなり気を使っており、（2）は蔵書点検、（4）は「曝書」（＝虫干し）を行って紙魚《しみ》などによる虫損を避けるようにすること、また火事にも気をつけること、（5）は売却、質入れ、また盗賊に気をつけることなど、細かく定めています。

この条目の内容からは、足利学校の蔵書には貴重なものが多かったので保存重視であったことがわかります。しかしかなりの度合いで、学生や来学した人物に閲覧の提供がなされたと思われます。北条早雲の『太平記』の項で触れましたが（第四章）、足利学校所蔵本を使って校合をなされたこともあったようですので、「保存重視」とはいえそれなりに蔵書は活用されたと考えられます。死蔵されて紙魚のお腹を満たしていたとは、ちょっと考えにくいです。

ただ室町・戦国時代の中世は、足利学校の関係史料が非常に少なく、蔵書の「利用実態」がはっきりとはわからないのが正直なところです。

▽近世期

江戸時代に入ると足利学校の史料はグンと増えます。特に江戸時代の中・後期以降は、『足利学校記録』という庠主《しょうしゅ》が記述した記録が存在します。これに拠れば、足利学校の蔵書がどのように活用されたのかがわかるのです。以下は、市橋一郎氏の論考に拠りながら紹介していきます（市橋一郎「『足利学校記録』から見た中後期の近世足利学校の図書館機能」『史跡足利学校「研究紀要」学校』第十五号）。

足利学校の蔵書は、基本的に学校の外に持ち出すことは中世から禁止されていたと考えられますが、それが厳密に実行されていたのかはわかりません。中世は史料がないので不明な点が多いのですが、近世中期以降になると『足利学校記録』が現存しているので数は非常に少ないようですが、ちらほら貸し出しの記録が散見されます。

市橋氏は寺社奉行、米沢藩上杉氏、足利代官、佐野東光寺《とうこうじ》に貸し出した事実があると指摘しています。

享保十三年（一七二八）に、八代将軍徳川吉宗は日光東照宮参詣の帰途に近臣を足利学校に派遣したと前述しましたが（第三章）、それは本を借りるのが目的でした。

（享保十三年―引用者注）日光山御詣のとき。道より近侍の臣を足利の学校に遣はされ。古書を穿鑿ありしに。宋槧の十三経を見出せしかば御覧ありて。やがて荻生惣七郎観に命ぜられて。世に行はるゝ所の本と挍合せしめらる。

（『徳川実紀』第九編、二四四頁）

吉宗が借りたのは、足利学校所蔵の、宋の時代に刊行された版本「十三経《じゅうさんけい》」などです。「十三経」とは儒者が重視する十三種類の経書で、『易経《えききょう》』、『書経《しょきょう》』、『詩経《しきょう》』、『孝経《こうきょう》』、『周礼《しゅらい》』、『儀礼《ぎらい》』、『礼記《らいき》』、『春秋左氏伝《しゅんじゅうさしでん》』、『春秋公羊伝《しゅんじゅうくようでん》』、『春秋穀梁伝《しゅんじゅうこくりょうでん》』、『論語』、『爾雅《じが》』、『孟子《もうし》』です。『徳川実紀』の記述によれば、吉宗は荻生徂徠《おぎゅうそらい》の実弟である儒者荻生惣七郎観《そうしちろうかん》に命じて、諸本と足利学校本とを校合させたとあります。

吉宗が「十三経」を借りた記述は『足利学校記録』にも確認されています。享保十三年（一七二八）五月に吉宗は「十三経」のうち七書を借りており、さらに『文選《もんぜん》』、『孝経大全』、『孝経大義』などを断続的に借り出し、計二十八部も借り出しています。これなどは将軍権力で足利学校から借り出したといえるでしょう。のちにこれらの本は、寺社奉行から足利学校に対して貸出禁止を命じられています。

寛政五年（一七九三）正月二十八日、寺社奉行の松平右京亮輝和《うきょうのすけてるやす》が金地院《こんちいん》を通じて『宋版礼記』の提出を足利学校に求め、翌二十九日に、十八世庠主青郊元牧成子《せいこうげんぼくせいし》が翌日に江戸へ出立するので、飛脚で届ける旨が話し合われています。

また、寛政九年（一七九七）にも老中土井大炊頭利厚《どいおおいのかみとしあつ》が『泰軒周易伝《たいけんしゅうえきでん》』写本二冊と唐本『礼記集説《らいきしゅうせつ》』五冊を借り受けたいと足利学校に打診しています。

文化八年（一八一一）二月十九日には、前米沢藩主の上杉鷹山《ようざん》宛に唐本『後漢書《ごかんじょ》』などを嶋屋という飛脚便で送っています。これは七日に鷹山から足利学校に『嚶鳴館遺稿《おうめいかんいこう》』が寄贈されたのですが、その際に『五経正義』などの閲覧を請求されたからです。鷹山が閲覧を所望した書籍は、金沢文庫《かねさわぶんこ》旧蔵書で上杉憲実が足利学校を再興した際に寄進した本です。血は繋がっていませんが、憲実の子孫にあたる鷹山だから特別に聞き届けたのかもしれないと、市橋氏は指摘しています。

享和元年（一八〇一）四月二日には、幕府代官の山口鉄五郎《やまぐちてつごろう》に『言行録《げんこうろく》』を一冊ずつ貸し出していますし、天保十二年（一八四一）七月二十一日条に、下野国佐野（栃木県佐野市）の東光寺《とうこうじ》の通応宗徹《つうおうそうてつ》に『碧巌録《へきがんろく》』を貸しています。

さらに、足利学校は町人が設立した私設文庫にも書籍を貸し出していたことが判明しています。寛政十一年（一七九九）十月六日に、上野国桐生新町（群馬県桐生市）の潺湲舎《せんかんしゃ》が、半六という者を足利学校に使いに寄こして書籍を借りたとあります。潺湲舎は桐生の豪商長沢仁右衛門が設立した文庫ですが、足利学校から蔵書を借り受けていたことがあったのです。足利学校のほうも、相手が豪商とはいえ、桐生の一商人の文庫によく貸したものだと思います。何か特別のパイプでもあったのでしょうか。

足利学校では蔵書の閲覧も行われていました。市橋氏は『足利学校記録』から来校者六十九例を抽

表　『足利学校記録』に見る足利学校を訪れた人々

No.	来校年	西暦	来校者名	目的等	備考
1	享保十三年	一七二八	小出重右衛門ほか三人	蔵書検分	将軍吉宗の使者
2	享保十四年	一七二九	太宰弥右衛門	孔堂拝謁祭器等画絵記之	寺社奉行紹介
3	享保十五年	一七三〇	川奉行手代	聖堂参拝	
4	享保十五年	一七三〇	山学寺弟子祖円	聖像拝礼	学徒となる
5	享保十六年	一七三一	木下右衛門	参詣	儒者
6	宝暦十二年	一七六二	須藤理右衛門ほか二人	聖像拝礼	
7	宝暦十二年	一七六二	高崎の人	拝礼	
8	宝暦十二年	一七六二	二本松丹羽左京殿菩提寺真言宗之僧	拝礼	
9	宝暦十二年	一七六二	日光宮守り仲麻呂雅楽	書籍閲覧（断り目録のみ）、拝礼	
10	宝暦十二年	一七六二	井伊掃部頭殿家来	拝礼	
11	明和二年	一七六五	戸田大炊頭	聖廟拝礼	足利藩主
12	明和七年	一七七〇	岩松万次郎御隠居閑期斎	拝礼・上覧本拝見	
13	安永三年	一七七四	田辺弥五郎	対話のみか	館林藩士
14	安永四年	一七七五	松平出羽守殿国詰之需士	書籍拝見	人見家領民同道、儒者
15	安永四年	一七七五	中野四郎右衛門	巡見？	巡見
16	安永八年	一七七九	宮村孫左衛門ほか	巡見、聖像拝礼	幕府代官
17	安永九年	一七八〇	松村太仲	講義のため	儒者
18	天明八年	一七八八	東都麻布儒医赤松牧太ほか十人	拝礼、古書拝見	
19	天明八年	一七八八	河崎・武田・森	聖像被拝	巡見
20	天明八年	一七八八	久下・安食・高木	拝礼	巡見
21	天明八年	一七八八	一組	上覧本見せ申す	巡見
22	天明八年	一七八八	松平連之助領内清水安兵衛ほか二人	聖堂並書籍拝見（学者也）	

No.	来校年	西暦	来校者名	目的等	備考
23	寛政三年	一七九一	安藤三次郎	見分、聖堂	御普請役
24	寛政四年	一七九二	永山ほか	渡良瀬川見分、聖像	御普請役
25	寛政四年	一七九二	久世丹波守ほか	聖堂へ立ち寄る	勘定奉行
26	寛政四年	一七九二	片岡平十郎ほか四人	聖堂拝礼	館林御城御用人
27	寛政四年	一七九二	戸田大炊頭	聖堂拝礼	
28	寛政八年	一七九六	戸田大炊頭	文宣王拝礼、略服にて	
29	寛政十二年	一八〇〇	松平右近将監	参詣	
30	享和元年	一八〇二	亀田鵬斎ほか二人	来る	
31	享和二年	一八〇三	岸彦十郎	拝礼、書籍拝見	川筋荒所見分使
32	文化二年	一八〇五	御道法御改絵図御奉行	拝見	絵図御奉行
33	文化二年	一八〇五	大隅守（忍び駕籠）	拝礼	
34	文化四年	一八〇七	土井左門殿家中大野甚兵衛	聖堂拝礼	
35	文化四年	一八〇七	大野甚兵衛	聖堂拝礼	猿田地頭用人
36	文化五年	一八〇八	稲垣岩次郎手代二人	聖堂拝礼	
37	文化五年	一八〇八	江戸牛込御歩新楽閑	入来	
38	文化六年	一八〇九	林家門弟大郷金蔵	聖堂拝礼	
39	文化六年	一八〇九	蒲生伊三郎	聖堂拝礼	儒者
40	文化六年	一八〇九	江戸神田紺屋町二丁目階屋喜平治	聖堂拝礼	
41	文化六年	一八〇九	江戸・足利又太郎	聖堂拝礼	
42	文化六年	一八〇九	江戸大沢下野守家来大川栄次	拝礼	
43	文化六年	一八〇九	江府丸山玄益	入来	
44	文化七年	一八一〇	阿部丈右衛門	聖堂拝礼	
45	文化七年	一八一〇	吹上御手付役人盛井兼三郎	拝礼	

No.	来校年	西暦	来校者名	目的等	備考
46	文化七年	一八一〇	山口鉄五郎	拝礼	修復見分、幕府代官
47	文化八年	一八一一	桐生西方寺和尚	聖堂拝礼	
48	文化九年	一八一二	阿部六太夫庄右衛門	入来	本庄家臣
49	文化九年	一八一二	善徳寺客僧三人	聖堂拝礼	
50	文化九年	一八一二	本町福田興之助	書籍拝見	
51	文化九年	一八一二	江戸医師両人	拝礼	
52	文化九年	一八一二	奥州人	拝礼	
53	文政二年	一八一九	荒井静左ヱ門	拝礼	館林藩家中
54	文政二年	一八一九	初谷順助婿	聖廟拝礼、学校図・書籍拝見	林家門人
55	文政三年	一八二〇	高田義兵衛	拝礼	吹上代官手代
56	文政三年	一八二〇	御勧請最上徳内	拝礼（年筮のため断る）	本寄進
57	文政十二年	一八二九	水戸立原甚五良殿太	入来滞留	
58	文政十三年	一八三〇	江戸千葉久胤	書籍拝見	寺田左右八郎同道、歌人
59	天保六年	一八三五	美濃国梁詩禅・妻紅蘭	拝礼	
60	天保六年	一八三五	大田遮那四郎	入来	
61	天保六年	一八三五	笠間藩中隣	入来滞留	田部井政右衛門親
62	天保六年	一八三五	戒源老師	聖廟拝礼	
63	嘉永元年	一八四八	仙台藩儒官盤柿	拝礼、文庫拝見	小島謙瀛を以相頼
64	嘉永元年	一八四八	館林藩中	拝礼	
65	嘉永元年	一八四八	木下宇太郎	来庠、奉納	細川越中守儒官
66	嘉永二年	一八四九	戸田大炊頭	聖堂拝礼	足利藩主
67	嘉永二年	一八四九	云草良仲	来庠	
68	嘉永二年	一八四九	小林藤之介手代	聖堂拝礼	

No.	来校年	西暦	来校者名	目的等	備考
69	安政四年	一八五七	山井璞助	来訪	元学徒

1、訪問者の内、足利町の人、足利学校関係者の親族や親しい人、法類などは除く。
2、拝礼、書籍拝見（それに準じる）が目的でないと思われる場合は除いた。
3、訪問の目的が不明で、来庠・来訪などがあるものは、検討のうえ多くは加えた。
4、滞留は、記載内容を検討して掲載するか否かを判断した。
市橋一郎「『足利学校記録』から見た中後期の近世足利学校の図書館機能」（『史跡足利学校「研究紀要」学校』第一五号、一三六～一三七頁）を元に作成。

出していますが、蔵書の閲覧目的で来館する人物も多くいたのです。

足利学校は江戸時代に入ると「学問の最先端を教授する大学」としての性格は弱まり、貴重書を多く所蔵している「図書館」と一般には認識されていたようです。その知名度は依然として高く、将軍から町人までが本を借りていたのです。

足利学校の「図書館」機能は中世から近世へと時代が変わっても機能していましたが、蔵書構成は大きく違っていたと指摘されています。それは安土桃山時代に大事件が起こったためです。次章で詳しく見ていきましょう。

第七章 豊臣秀次による蔵書「強奪」事件

中世の足利学校の蔵書と、近世の足利学校の蔵書とを比較すると、その構成が大きく変わっていることが指摘できます。これは永享年間（一四二九〜四一）の上杉憲実《うえすぎのりざね》による再興から戦国時代までに蓄積された蔵書が、ある人物によって持ち去られてしまったからだといわれています。

ある人物とは、関白豊臣秀吉の甥、豊臣秀次《ひでつぐ》です。

秀次は秀吉の姉ともの息子で、当時は実子がいなかった秀吉の養子となっており、後継者としての地位を与えられていました。

▽九戸政実の乱

天正十九年（一五九一）、小田原の北条氏を滅ぼしたあと、秀吉に逆らう者はいなくなったかと思われていましたが、陸奥の大名南部《なんぶ》氏の一族である九戸政実《くのへまさざね》が本家である南部信直《のぶなお》に対して謀反を起こしました。

信直は秀吉に九戸謀反を報告し、秀吉は大軍を奥州に派兵することを決めます。徳川家康、前田利家《まえだとしいえ》、上杉景勝《かげかつ》、伊達政宗《だてまさむね》、最上義光《もがみよしあき》など、東北・関東・北陸の諸大名を動員して六万もの大軍を九戸討伐に向かわせます。秀吉は、総大将を秀次に命じました。これを見た政実は九戸城に立て籠ります。九月一日より攻撃が開始され、翌二日に九戸城は豊臣軍によって完全に包囲されました。九戸勢は善戦しましたが、六万の大軍には敵わず、四日に落城します。

「悪徒人」として百五十余人が撫《な》で斬りにされ、九戸政実、櫛引清長《くしびききよなが》、久慈直治《くじなおはる》以下の主だった武将八人は、本陣で秀次と謁見したあとに斬首されました。降伏した九戸勢に対しては、伊達政宗が助命を具申したところ、秀次はこれを認めず「一揆ノ武頭二十余人」を斬り、その首を塩漬けにして京都に送っています。

▽足利学校蔵書の京都移送と庠主三要の上洛命令

首尾よく反乱を鎮定した帰途の十月十九日、秀次は下野国宇都宮（栃木県宇都宮市）に立ち寄ります。宇都宮には、ご機嫌伺いに足利学校九世庠主《しょうしゅ》の三要《さんよう》が出迎えていました。

そこで秀次は、三要に対して思いもよらないことを言いました。足利学校が所蔵していた貴重書などをすべて京都に移送するよう命じたのです。翌天正二十年（一五九二）、三要は上洛します。上洛に際し、三要は兄弟子にあたる龍派禅珠寒松《りゅうはぜんしゅかんしょう》に後事を託し、寒松は十世庠主となります。

秀次の命により、足利学校蔵書の京都移送と庠主が上洛させられたということは、学校が秀次の支配下にあることを天下に宣言した形になります。

ただ、秀次がなぜこのようなことをしたのか理由はわかっていません。古く岡田正之氏は、秀次は足利学校を京都に移転し、衰微していた京都五山の学問研究を活性化させることが目的であったと述べていますが（岡田正之「豊臣秀次の事に就きて」『史学雑誌』第四編第三十八号）、確たる証拠はありません。

また『徳川実紀』には、次のように記されています（傍線引用者）。

> 下野足利の学校は小野篁が創建より以来。千余年の星霜をへて。年久しき旧跡なれば。上古より伝来の典籍どもあまた収貯せしが。関白秀次東奥へ下向のとき立よられしに。そのとき寮主元佶関白の意に応じ。陪従して京に参りしに。学校の古書旧物どもあまたもたらせのぼりしことを聞しめして。御けしきよからず。その後秀次太閤の旨にそむき。罪蒙りて高野山に赴かれしかば。元佶も遠く謫せられしとき。（徳川家康は―引用者注）城氏月齋をして元佶を責問したまひ。古来より伝へし四幅の聖像。五経注疏をはじめ。種々の旧物をめしのぼせて。もとのごとく学校に返し附せらる。
>
> （『徳川実紀』第一篇、三四一頁）

『徳川実紀』の記述によれば、庠主の三要が秀次から上洛を命じられた際に、足利学校の貴重書や貴重品は京都に持ち去られたとあります。家康は後年そのことを知って三要を問いただし、『五経注疏』や孔子画像などの貴重品を足利学校に返却させたとあります。ただ、この『徳川実紀』の文面では、足利学校蔵書の京都移送は秀次の命なのか、それとも三要が自発的に行ったのか判然としない書き方になっています。

また、宣教師のルイス・フロイスは次のように著書『日本史』の中で描写しています。

> 関東地方の下野と称せられる国に足利という、日本で最も古くかつ重要な著名な大学がある。そこには、学位を獲得して、各自の僧院において権威を保ち、有名な説教家になることを願うすべての仏僧たちが諸国から参集していた。その大学には、日本の神と仏の諸宗派や儀式を始め、漢字を教授する教師たちがいた。関白は暴虐にも彼ら（学僧たち）を自らの支配下に置こうとし、事実それを実施したここ数年というものは、当地方には、戦争、謀叛、叛乱が相次いだ。そして足利の大学もまた火災と破壊（を伴う）叛乱に曝され、教師も学僧《デイシプロス》たちも四散し、総合学舎があった場所は壊され蹂躙された。
>
> （松田毅一・川崎桃太訳『フロイス日本史』5 五畿内篇Ⅲ、二九六頁）

実際は足利学校の建物は火災にも遭っていませんし、破壊行為も秀次からされてはいないのですが、遠く離れた京都にいたフロイスにはそのように伝わっていたのでしょう。フロイスは足利学校を破壊した人物を「関白」としています。秀次が関白に就任するのは、天正十九年十二月二十八日（一五九二年二月十一日）なので、フロイスは足利学校を「破壊」したのは秀吉と誤解している可能性があります。

ちなみに、関白秀吉は農民出身だったからか、書籍にはあまり関心がなかったようで、朝鮮出兵時に武将が持ち帰った銅活字は、後陽成《ごようぜい》天皇にすぐ献上してしまっています。天皇はそれを使って「文禄勅版」を出版しました（第一編第七章）。

蔵書移送と三要上洛の同時期に、秀次は足利学校に対して百石の学校領（寺領）を給しています。この百石は、従来の説では徳川家康によって給されたと考えられていましたが、結城陸郎氏が疑義を呈しており、秀次ではないかと述べています（結城陸郎『足利学校の教育史的研究』）。三要は上杉家執政の直江兼続《なおえかねつぐ》とも親しかったので、兼続の助言で秀次は学校保護の思いから寄進をしたと結城氏は推測しています。

▽秀次が本当に蔵書を「強奪」したのか？

以上が豊臣秀次による足利学校蔵書「強奪」事件の概要なのですが、実は三要の上洛命令と蔵書移送は天正末期の史料では確認されておらず、記されている史料はいずれも江戸時代に編纂されたものばかりです。秀次の一族は秀吉の命によって悉く処刑されていますので、史料が残っていないのはわかりますが、奪われた側の足利学校の記録に何も記されていないのは少しおかしな気がします。

私は常々そのような疑問を感じていたのですが、柳田貞夫氏の論考「徳川家康の寄進状と足利学校領朱印地の位置について」（同『足利地方史の研究』第二号）に、秀次「強奪」説に疑義を呈する史料が紹介されていました（市橋一郎氏のご教示による）。

その史料とは、徳川家譜代の家臣である榊原家の記録で、確認したら次のような記述がありました（傍線引用者）。

> この度（天正十九年―引用者注）、秀次、野州足利学校の文庫を開き、所蔵の書籍を取り、これを洛陽相国寺の内円光寺に遷す〈これより先、学校の僧佶長老上洛し、秀次と相善し。ゆえに相国寺の内において一字を建て円光寺と号す。佶長老をもって住持となす〉。野州は　家康公の領国なり。ゆえに家康公聞きて喜ばず。
>
> （児玉幸多編『御当家紀年録』一九七頁）

〈 〉内は、原文では割注になっている箇所です。「佶長老」とは三要のことを指します。傍線部に着目すると、「三要は秀次と親しく、ゆえに上洛後は相国寺《しょうこくじ》の敷地内に円光寺《えんこうじ》という寺を建ててもらい住持になった」と読めます。榊原家《さかきばら》の記録『御当家紀年録』は戦国時代に成立した史料ではなく、江戸時代前期の寛文四年（一六六四）に成立したものですが、江戸幕府の「正史」ともいうべき『徳川実紀』は天保十四年十二月（一八四四年一月）に完成していますので、この秀次事件に関しては『御当家紀年録』のほうが、信ぴょう性が高いと私は考えています。

豊臣秀次という人は、「殺生関白」などと呼ばれ、大変気性が荒く、罪のない人びとを己の気分次第で手打ちにしたので、秀吉の怒りを買って切腹させられたと伝わっています。

しかし昨今は、実子秀頼《ひでより》が生まれたために秀次が邪魔になった秀吉が、濡れ衣を着せて失脚させたとの説も有力視されています。

秀次のイメージが昔に比べると改善されているのが現状なのですが、図書館史的に重要な足利学校蔵書「強奪」事件も、後世の曲解がだいぶ入り込んでいるのかもしれません。この事件に関しては、引き続き検討していきたいと考えています。

▽京都での三要

上洛後の三要はどう過ごしていたのでしょうか。前述したように、三要は秀次に相国寺内に円光寺という寺を建ててもらい、そこの住職に収まりました。そして常に秀次の側近くに控え、謡曲の蒐集・書写などを行っていたようです。しかし、文禄四年（一五九五）七月十五日に秀次は謀反の嫌疑を秀吉にかけられ、高野山で切腹させられます。三要は秀次に随行して高野山にも行っており、秀次切腹後も二年ばかりとどまっていましたが、慶長二年（一五九七）以降、徳川家康に接近して昵懇になりました。

秀吉歿後、家康の発言権が高まるにつれて、三要もブレーンとして重きが置かれるようになりました。家康の出版事業にも三要は深く関与するようになります。

第八章　豊臣秀次の好学と書籍蒐集

▽豊臣秀次の来歴

豊臣秀吉が書籍に無関心であったのに対して、秀次はそれなりに文学や書籍にも関心があったようです。藤田恒春氏の研究に拠って、秀次の「学問好き」を見てみましょう（藤田恒春『豊臣秀次の研究』、同『豊臣秀次』、同「豊臣秀次の居所と活動」藤井譲治編『織豊期主要人物居所集成　第二版』）。

そもそも秀次がいつから学問に関心を寄せるようになったのかはわかりません。秀次は、秀吉の実姉とも（瑞龍院日秀《ずいりゅういんにっしゅう》）と馬丁、馬貸しと伝わっている弥助（のちに武士となり、三好吉房《みよしよしふさ》と名乗る）の長男として、永禄十一年（一五六八）に尾張（愛知県）で生まれ、初め次兵衛《じべえ》と名乗りました。父母共に身分が低かったので、学問や書籍とは全く縁のない幼少期を送ったはずです。

それが叔父秀吉の出世に伴い、阿波三好氏の一族三好康長《やすなが》の養子となり、名を三好孫七郎信吉《まごしちろうのぶよし》と改めます。三好一族の中でもきっての文化人である康長の養子になったことで、時の風流人と接触する機会が多くなり、文化的な素養を身につけたと考えられるのです。

▽秀次の文芸活動

秀次の文芸活動として最初に確認できるのは、天正十年（一五八二）六月二十四日の夢想百韻連歌に脇句を付けた時です。脇句を付けるのは連歌会の主催者（亭主）ということになりますので、この会は十六歳の秀次が執り行ったことになります。実際は誰かのサポートがあったのでしょう。この会は秀次と親しい里村紹巴《さとむらじょうは》をはじめとする里村一門が参加していました。同年八月十八日にも、秀次は里村一門と夢想百韻連歌会を催しています。

公家で神道家の吉田兼見《よしだかねみ》の日記『兼見卿記《かねみきょうき》』によれば、天正十五年（一五八七）三月十日に秀次からの使者が来て、兼見が所蔵している「二十一代集」を借り受けたいとの依頼があったと記述されています。どうやらこの時期、秀次は「二十一代集」すべての写本を新たに製作したかったようです。兼見は秀次からの依頼に応じ、「二十一代集」二十七冊を貸しています。兼見から借りた「二十一代集」は、公家衆を動員して転写させています。

諏訪勝則氏は、「戦国・織豊期において「八代集」を揃える事例は多いと思われるが、周防の大内氏といった特例を除いて「二十一代集」まで所持する人物はさほど見られず、（中略）秀次は本格的に和歌を嗜もうとしたことが想定でき、まことに注目に値する」（諏訪勝則「関白秀次の文芸政策」『戦国織豊期の政治と文芸』）と、秀次を文学好きと評価しています。

さらに天正二十年（一五九二）四月九日には「風信帖《ふうしんじょう》」の一通を切り取らせています。「風信帖」は空海《くうかい》が最澄《さいちょう》に宛てた手紙で、もとは五通ありました。それが一通は盗まれ、一通は秀次が切り取らせてしまったので、現在は三通のみ現存しており国宝に指定されています。

文禄元年十二月（一五九三年一月）、京都五山に対して秀次は学問興隆を命じています。この年に秀次は、里村昌叱《しょうしつ》が講義した『源氏物語』を聴講していますし、平安時代前期の公家で「三十六歌仙」の一人源公忠《きんただ》の歌集『公忠集』を入手しています。書籍蒐集も旺盛です。

翌文禄二年（一五九三）三月九日に連歌会、五月十二日に和歌会、八月十日にも会がそれぞれ聚楽《じゅらく》第《だい》で開かれています。この会には五摂家をはじめ飛鳥井《あすかい》、勧修寺《かじゅうじ》、日野《ひの》などの有力公家、また里村紹巴も参加しています。秀次は月に一回は連歌会を開きたかったようです。

▽秀次の好書趣味

文禄二年（一五九三）四月九日には、秀次は蒐集した『日本書紀』、『続日本紀』、『日本後紀』、『三代実録』などの「六国史」をはじめとする蔵書を点検し、必要に応じて修復を行わせています。目録には『唐書』も含めて二百十五点掲載されていました。

秀次は修復後に「六国史」など十一点を禁裏へ、『清獬抄《せいがいしょう》』、『中獬略抄《ちゅうがいりゃくしょう》』、『本朝続文粋《ほんちょうぞくもんずい》』など七点を菊亭晴季《きくていはるすえ》へ、『日本書紀』、『侍中群要《じちゅうぐんよう》』など三点を日野輝資《てるすけ》に献じています。『清獬抄』は鎌倉時代前期の法制書で、献じた相手の菊亭晴季は義理の父親（妻の父）で、日野輝資は秀次と昵懇の間柄でした。諏訪勝則氏によると、秀次が配った本は金沢文庫《かねさわぶんこ》旧蔵書とのことで、その理由として「秀次が公家衆や禁裏に学芸精進に関する規定を出した直後であり、（中略）「関白」として学芸を奨励する意味合いをも含めて金沢文庫本を贈った」（諏訪勝則「関白秀次の文芸政策」『戦国織豊期の政治と文芸』五四頁）としています。実は、秀次は足利学校と同様に、金沢文庫からも蔵書を持ち出して自分のものにしていました。

ほかにも医者の多紀《たき》氏に、秀次は宋版『太平御覧《たいへいぎょらん》』などを譲渡しています。ちなみに『太平御覧』とは中国で編纂された一種の百科事典のことで、当時はなかなか貴重な書籍でした。この本も金沢文庫から秀次が持ち出したものです。

さらに秀次は、九戸討伐の帰途、平泉《ひらいずみ》（岩手県平泉町）にまで足を延ばし、中尊寺《ちゅうそんじ》の「紺紙金銀字《こんしきんぎんじ》交書一切経《こうしょいっさいきょう》」などを持ち出しています。秀次はこの貴重な経典を、気前よく高野山興山寺《こうやさんこうざんじ》に寄進してしまいました。豊臣秀次研究の第一人者である藤田恒春氏は「これを略奪とみるか、散逸などを防ぐために移したとみるか」（藤田恒春『豊臣秀次』九〇頁）と、結論を保留していますが、この秀次の行動は文化財保護とはちょっと考えられません。

ただし、秀次が自ら書物を蒐集したのは、文禄二年（一五九三）四月下旬までとされています。藤田氏によると、それ以降の史料には書籍蒐集の記述が確認されなくなるのだそうです。ただ、五月以降も公家や五山の僧たちと能、茶、連歌などを通じて交流しているので、文化事業に関心がなくなったわけではありません。

秀次は古典の保存にも関心がありました。京都金蓮寺《こんれんじ》の寺宝である眼阿素眼《がんあそがん》の書物十巻が質屋に預けられていたのを聞くと、それを秀次は請け出して表紙などを修補させたうえで金蓮寺に寄進したのです。素眼は南北朝時代に生きた時宗《じしゅう》の僧侶で、能書家、連歌師として著名でした。この一挿話は、秀次の文化財保護といえるでしょう。

▽『謡抄』の編纂

また秀次は、文禄四年（一五九五）の三月から六月にかけて『謡抄《うたいしょう》』の編纂を行っており、五月九日には一部分の印刷も行っています。『謡抄』とは能謡の注釈書です。もちろん秀次自らが編纂したわけではありません。実際の編纂は公家や京都五山の僧侶などが行ったものと思われますが、彼らは秀次の手許にあった和漢の古典籍を参考資料として活用し、編纂したと推測されます。

しかし『謡抄』の完成前に、秀次は太閤秀吉から謀反の嫌疑をかけられ、切腹させられてしまいました。

このように秀次は、書物や学問にも関心を寄せていたことがよくわかります。

秀次が足利学校や金沢文庫から本を接収し、天皇家や自分と親しい公家に配ったのは、政治的な意味合いを持つのか、それとも単に秀次が文化を愛好したからであるかは、現在の研究では解釈が分かれています。秀次の真意はよくわかっていません。

第三編

情報センターとしての公家と連歌師

ここでは、戦国時代の「歩く図書館」ともいえる公家や連歌師を取り上げます。「歩く図書館」という言葉に違和感を覚えた読者の方も多いと思いますが、現代の図書館の定義を戦国時代に当てはめると、当時存在した「文庫」よりも、実は公家や連歌師のほうがよほど図書館らしいと私は考えています。

「はじめに」でも少し触れましたが、現代の図書館では「地域の情報拠点」、「人と人、人と本を結ぶコミュニティの場」といった役割が強く求められています。つまり、無料で紙の書籍を貸し出すだけの場所という認識は、すでに時代遅れなのです。これは世界的な潮流で、欧米の先進的な図書館だけではなく、中国や韓国、そして台湾など東アジア地域の図書館も、本ではなく情報を収集して利用者に提供し、その情報を核として人びとが集う場所という機能を強く打ち出しつつあります。公共図書館が3Dプリンターを設置して市民に利用してもらい、工作教室などを開催しているのは、そういった背景があるからです。

もちろん、戦国時代と現代は大きく異なっており、単純に比較はできないのもよくわかりますが、この「情報」を広める役割を果たしていたのは文庫ではなく、戦国時代においては公家や連歌師たちでした。「戦国の図書館」と銘打っている本書ならば、文庫だけを紹介していては「真の戦国図書館史」とはいえないでしょう。というわけで、本書では公家の代表として三条西実隆《さんじょうにしさねたか》、連歌師の代表として宗長《そうちょう》、宗碩《そうせき》、宗牧《そうぼく》を取り上げて、その活動を見ていきます。そして、最後に彼らの活動を図書館史の観点から意義づけてみたいと思います。

第一章　三条西実隆

▽三条西家の家格

三条西実隆という公家は、中古文学や中世史の研究者の世界では昔からかなり有名な人物でした。したがって研究蓄積はかなりあります。本章ではそれら膨大な先行研究を頼りにして、その功績を解き明かしていきたいと思います。

さて、最初に実隆の生家である三条西家とはどのような家なのか、確認しておきましょう。三条西家は、藤原北家《ふじわらほっけ》の流れを汲む三条家の分家である正親町《おおぎまち》三条家のそのまた分家です。つまり、本家である三条家から見れば分家の分家にあたるわけで、家格は大臣家《だいじんけ》でした。

戦国時代においては、公家の家格はすでに固定化されており、御所の清涼殿《せいりょうでん》への昇殿が許される堂上家《とうしょうけ》と、それが許されない地下家《じげけ》とに分けることができます。五位以上の官位を有する者は堂上家、六位以下は地下家に截然と分けられていたのです。

堂上家の内部でも家格がきちんと決まっており、以下の六種類に分けられます。

①摂関家《せっかんけ》……大納言、右大臣、左大臣を経て摂政、関白、さらには太政大臣にまで昇進できる家柄で固定化されていました。藤原北家をみな祖に持つ近衛《このえ》、九条《くじょう》、二条《にじょう》、一条《いちじょう》、鷹司《たかつかさ》の五家で、五摂家と呼ばれていました。

②清華家《せいがけ》……摂関家に継ぐ家柄で、太政大臣にまでなれます。古来は七家ありましたが、戦国時代に滅亡してしまった家もあるので、江戸時代に入ると新しく編入された家もありました。三条本家である転法輪《てんぽうりん》三条家はここに入ります。

③大臣家……清華家に次ぐ三番目の家柄で、最高は太政大臣にまで昇進できますが、その事例はありません。実質は内大臣が最高位で、それすらも事例はあまり多くはないようです。大臣家は清華家の庶流で構成されていますので、正親町三条家と三条西家はここに入ります。

④羽林家《うりんけ》……大臣家に次ぐ家格です。参議から中納言、そして大納言まで昇進できます。ただし一人だけ内大臣にまで出世した者がいました。

⑤名家《めいけ》……羽林家と同格です。鎌倉時代に成立した新しい家格で、やはり最高は大納言ですが、こちらは例外として左大臣、内大臣に進んだ者もいます。日野《ひの》家や柳原《やなぎはら》家はここに入ります。

⑥半家《はんけ》……堂上家の中で最下位の家格です。最高は大納言まで昇進できます。

実隆の三条西家は大臣家ですから、六家の中では三番目です。真ん中あたりの家柄と言えるでしょうか。

▽三条西実隆の生涯

三条西実隆は享徳四年（一四五五）四月二十五日、三条西公保《きんやす》の次男として京都で生まれました。初名は公世《きんよ》です。次男ですから家督を継ぐ身ではなかったのですが、長禄二年（一四五八）に兄の実連《さねつら》が亡くなってしまい、次期家督継承者になります。名を公延《きんのぶ》と改めました。そして長禄四年（一四六〇）正月二十八日に父の公保が死去してしまい、数え年六歳で正式に三条西家を継ぎました。幼少であったことから、母方の叔父である甘露寺親長《かんろじちかなが》の後見を受けての家督継承でした。

応仁元年（一四六七）に応仁の乱が勃発し、母と一緒に鞍馬寺《くらまでら》へ疎開します。

文明元年（一四六九）、十五歳で元服し、実隆と改名します。同四年（一四七二）には鞍馬寺疎開中に母が亡くなってしまい、天涯孤独の身となりました。

文明六年（一四七四）に実隆は二十歳になります。この頃、将軍職を辞した直後の足利義政《よしまさ》と懇意になっています。九代将軍は義政の実子である義尚《よしひさ》が継いでいますが、幼少のために義政が依然として政務を執っていました。ただ義政という人は、将軍就任直後は政治にやる気がかなりあったようですが、晩年は東山山荘（銀閣寺）を建てるなど文化面に関心を強く示し、政治には興味がなくなっていたようです。

義政に見出されて以降、実隆は天皇や公家はもちろんのこと、戦国武将や連歌師などと幅広く交流を持つようになりますが、この点に関しては後述します。

文明十年（一四七八）、二十四歳の時に勧修寺教秀《かじゅうじのりひで》の娘と結婚しました。しかし同年、三条西邸が戦乱で焼失してしまいます。また翌年も類焼しているようです。文明十六年（一四八四）には長男の公順《こうじゅん》（十二歳の時に出家し、後に東大寺別当、元興寺別当を務めた）が誕生し、同十九年（一四八七）には次男の公条《きんえだ》が生まれています。

この頃から、三条西家の荘園がある美濃（岐阜県）からの年貢が滞っていたのか、回復のために実隆は運動をしています。その関係で美濃守護の土岐成頼《ときしげより》とも親交を結んでいました。成頼は応仁の乱の時は京都に在陣して西軍として戦い、総大将の足利義視《よしみ》とその息子義材《よしき》（のちの十代将軍足利義尹《よしただ》、さらに改名して義稙《よしたね》）を十一年間にわたって美濃で庇護するなど、室町幕府の有力な守護でした。京都からは文化人も招いていましたので、一目置かれる勢力ではありました。しかし、応仁の乱後は土岐氏の権勢も衰え始めており、守護代の斎藤《さいとう》氏と何度か戦って敗れています。

三条西家の荘園は十ヵ国にわたっていたようです。また左に記した以外にも、荘園を所有していたようです。

①山城国（京都府）……石原荘、鳥羽池田荘、桂新免河島荘、富森荘、三栖荘、美豆牧《みずのまき》
②摂津国（大阪府）……富松荘
③河内国（大阪府）……会賀牧《あいがのまき》
④丹波国（京都府・兵庫県）……今林荘
⑤播磨国（兵庫県）……穴無郷《あなしごう》、大山荘、太田荘
⑥備前国（岡山県）……通生荘《かよう》
⑦近江国（滋賀県）……加田荘
⑧越前国（福井県）……田野村荘
⑨美濃国（岐阜県）……国衙領《こくがりょう》、室田荘
⑩尾張国（愛知県）……福永保《ふくながのほう》

（渡邊大門『逃げる公家、媚びる公家』四六頁）

これらの荘園からの収入で三条西家は成り立っていたのですが、応仁の乱後はその収入も滞りがちになっていたようです。それゆえ、実隆は天皇、公家、戦国大名などから『源氏物語』や『土佐日記』、『論語』、『延喜式《えんぎしき》』などの講義や書写、校合、和歌・連歌の添削、合点《がってん》（良いと思う和歌や連歌にしるしを付けること）、色紙・短冊の染筆《せんぴつ》などの「仕事」を積極的に引き受けています。なぜそのようなこと

をしたのかというと、謝礼を得て家計の足しにするためです。それほど三条西家は窮迫していました。

実隆のネットワークはかなり広範で、十一代将軍足利義澄《よしずみ》、細川京兆家《ほそかわけいちょうけ》の家臣上原賢秀《うえはらかたひで》、若狭守護の武田元信《たけだもとのぶ》、若狭武田家家臣粟屋親栄《あわやちかひで》、中国地方の有力守護大内義興《おおうちよしおき》・義隆《よしたか》父子、駿河守護の今川《いまがわ》氏親《うじちか》、大和（奈良県）の国衆十市遠忠《とおちとおただ》といった大名クラスから国衆までの戦国武将とも親交が深かったのです。

永正三年（一五〇六）に大臣家としては異例ともいえる内大臣に昇進します。これは十八年間権大納言に据え置かれたため、後柏原《ごかしわばら》天皇に哀訴して叶ったものです。三条西家の極官である内大臣にいったん就いた状態で、家督を公条に譲るためでした。ですから、実隆の内大臣は一時的なもので、事実二ヵ月あまりで自ら辞しています。これは当初から予定されていたことでしょうが、実隆は日記『実隆公記』に「無念々々」と本音を漏らしています。

一時的とはいえ、内大臣にまで上り詰めた実隆の名声はますます高まったようです。正月には、公家・武家からの年賀の客が列を成すほどでした。

永正七年（一五一〇）には、公条が甘露寺元長《もとなが》の娘を娶ります。同八年（一五一一）には京都が戦場になった時に備えて貴重書を禁裏に疎開させています。当時の京都は野盗が横行して治安が極度に悪化していました。三条西の邸宅もたびたび被害に遭っていたようです。また、この年は家計が急迫して借金が嵩んでいました。

一方で、良いこともありました。公条に嫡男の実世《さねよ》が誕生したのです。実隆から見れば嫡孫で、三条西家も安泰だと思ったことでしょう。

永正九年（一五一二）には、大内義興の従三位昇叙を実隆は斡旋していますが、やはり三条西家の台所事情は逼迫していました。

永正十年（一五一三）六月からは、二と七の日を定例日として『源氏物語』を定期的に講義しています。少しでも収入を増やそうとしたのでしょう。

永正十三年（一五一六）、数えで六十二歳になった実隆は廬山寺《ろざんじ》で落飾《らくしょく》します。法名を堯空《ぎょうくう》と称しました。孫も生まれたから安心したのでしょうか。

この頃から実隆は、政治的関心を急速に失っていったようです。出家したので世俗のことに興味を失くしてしまったのでしょうか。それと反比例して学問にはますます興味を強めていきました。『実隆公記』には学問・文芸のことが多く書かれるようになります。もう一点、荘園から上がってくる収入や支出のことが額面を記録して出てきます。青年時代の実隆は、やはり見栄や恥じらいもあったのでしょう。普段、公家の当主は自らそろばん勘定などをしないもので、家司《けいし》が仕切っていました。公家が金銭のことを口に出すのは卑しいことと見なされていたのです。しかし背に腹はかえられなくなったのか、実隆自らきちんと記録して管理するようになりました。

さて、実隆は『源氏物語』の講釈や『漢書《かんじょ》』の帝紀・列伝に返り点を打つ作業などを行っていましたが、息子の公条が皇太子知仁《ともひと》親王（のちの後奈良《ごなら》天皇）に『源氏物語』の講義を大永五年（一五二五）に行っています。かつて自分が後柏原天皇の皇太子時代に行ったことを、息子がその天皇の皇太子である知仁親王に対して行っているのですから、父親として感慨深いものがあったと思われます。

大永六年（一五二六）には、後奈良天皇の践祚《せんそ》と後柏原天皇の大喪《たいそう》の費用を工面するために奔走しています。実隆は朝廷にとってなくてはならない存在になっていたのです。

享禄元年（一五二八）に入ると、実隆は文庫建設を思い立っています。翌享禄二年（一五二九）には文庫の上棟がなされ、さらに同三年（一五三〇）には完成しています。この頃になっても、相変わらず地方からの年賀挨拶などには多くの人が来ていたようです。能登（石川県）の畠山義総《はたけやまよしふさ》、越前（福井県）の朝倉孝景《あさくらたかかげ》、大内義興から年賀の金品が届いています。

さて享禄二年（一五二九）の『実隆公記』二月四日・五日の条によると、実隆の妻と息子公条の妻との間に不和が生じたようです。原因は、実隆の妻がいまだに財布を公条の妻に譲らなかったからです。仲介を入れましたが、一ヵ月もこの嫁姑問題は続きました。最終的に、三月からは公条の妻が家計を掌握することで落着します。この時の三条西家の経済状況は例によって芳しくありませんが、息子の嫁の実家である甘露寺家に多くを頼っている場面があり、そのため嫁と姑の関係がもつれたようです。

享禄四年（一五三一）になると、京都の治安は再び悪化し、禁裏内侍所《ないしどころ》も盗賊に襲撃されました。禁裏でも内侍所は安全度が高い場所といわれていましたが、そこも危険な場所になってしまったのです。天皇の権威が低下したことに対して、実隆は「神威《しんい》・皇鑒《こうかん》無きが如きか、悲しむべし々々」（『実隆公記』巻八、二二二頁）と嘆いています。まさに戦国時代といえるでしょう。

そのような中、七月十二日には九条尚経《ひさつね》に嫁いだ長女保子と、正親町実胤《さねたね》に嫁した次女が孫を連れて実隆のもとを訪れています。実隆は「子孫繁昌の躰、自愛々々」（『実隆公記』巻八、二四四頁）と記しており、孫に囲まれて幸せそうです。

天文元年（一五三二）に入ると、ますます実隆は世俗に関心を失い、学問に打ち込むことになりました。外孫の九条稙通《たねみち》に『古今和歌集』を自ら写して与えています。

天文二年（一五三三）の正月は合戦もなく穏やかに明け、感情のもつれで長年うまくいっていなかった実隆の妻と公条の妻が、一緒に鞍馬詣に出向いているので実隆もホッとしています。外孫の稙通が関白に、正親町公叙《きんのぶ》も正四位に昇叙され、さらに九条経子（稙通の妹）の夫二条尹房《ただふさ》も准三后《じゅさんごう》になり、実隆も喜んでいます。

相変わらず、実隆のもとには地方の武士たちから書写や講義の依頼が届いていますが、数えで七十九歳を迎え、体力的な衰えから書写の仕事は断ることも多くなりました。一冊の本を、間違いなく綺麗な文字で清書して書き写すことは大変集中力がいる仕事で、高齢になると体力的にも難しくなってきたからです。

実隆は最晩年に至るまで、こういった活動を行っていたようです。天文六年（一五三七）十月三日、数え歳八十三歳で亡くなりました。

では次章から、実隆が具体的にどのような書籍の貸借や仲介、書写活動を行っていたのか、彼の日記『実隆公記』を中心に見ていきましょう。なお、ここで紹介する事例については、前田雅之氏が研究代表者を務められた科学研究費報告書『室町～江戸初期における書物移動と大名文庫の蔵書形成に関する総合的研究』で取り上げられたものを参考にして、私が選択し、『実隆公記』の記事を直接確認したものをまとめました。

第二章　三条西実隆が行った書籍の貸与

事例①

文明十八年（一四八六）八月二十三日に、実隆は『八雲御抄《やくもみしょう》』二冊を飛鳥井雅親《あすかいまさちか》に貸し出しています。『八雲御抄』とは鎌倉時代前期に順徳《じゅんとく》上皇が自ら著した歌論書です。上皇は承久三年（一二二一）の承久の乱敗北により、鎌倉幕府によって佐渡島（新潟県佐渡市）に配流されてしまいましたが、そこでも書き継いで完成させ、京都の藤原定家《さだいえ》に送って世に広まったということです。上皇は京都に戻ることなく佐渡で崩御されました。

飛鳥井雅親は足利将軍家に近侍した公家で、当時は歌壇の中心人物でした。それゆえ、順徳上皇が著した『八雲御抄』を、雅親はぜひとも読みたかったのでしょう。なお、飛鳥井家の家格は羽林家で、大臣家である三条西家と比べると一つ下になります。雅親は八月二十三日に実隆から『八雲御抄』を借り受け、二十九日に返却しています。七日間借りていますので、おそらくその期間で雅親は写本を制作したのだと思われます。

余談ですが、この飛鳥井家の子孫に、日本近代史専攻の歴史学者で京都大学教授を務めた飛鳥井雅道《まさみち》（一九三四〜二〇〇〇）がいます。代表的な著作は『明治大帝』、『日本プロレタリア文学史論』、『日本近代精神史の研究』などです。なかでも『明治大帝』は一風変わった明治天皇の伝記ですので、機会があったらお読みになってください。

事例②

文明十八年（一四八六）八月二十三日には、実隆は雅親とは別に、姉小路基綱《あねがこうじもとつな》にも『新続古今和歌集《しんしょくこきんわかしゅう》』二冊を貸し出しています。基綱は歌人として名声高く、二十代の若さで勅撰集を編纂する和歌所寄人《わかどころよりうど》に抜擢されています。しかしこの時は、応仁の乱が始まっていたので勅撰集は編まれませんでした。また、八代将軍足利義政、その息子の九代将軍義尚に重用されました。実隆の先輩歌人にあたるので親交は深かったようです。

基綱が実隆から借りた『新続古今和歌集』は二十一代集の最後で、六代将軍足利義教《よしのり》の主導で編纂が開始され、永享十一年（一四三九）に完成しています。基綱は二十七日に実隆に返却していますから、五日間借りていたわけです。やはり写本を制作したのだと考えられます。

ちなみに姉小路基綱という人物は、なかなか波乱万丈の生涯を送っています。姉小路家が公家であることは間違いありませんが、戦国大名としての顔も持っていました。

姉小路家といっても何系統かあり、基綱は小一条流《こいちじょうりゅう》と呼ばれる家です。小一条流姉小路家は、後醍醐《ごだいご》天皇が始めた建武の新政の時に飛驒国（岐阜県北部）の国司《こくし》として参議姉小路高基《たかもと》が下向したことから「飛驒国司家」とも呼ばれていました。

ところが、建武の新政は二年で崩壊し、南北朝時代になります。姉小路家は南朝に属していましたが、南北朝合一後は室町幕府が派遣した飛驒守護の京極《きょうごく》氏と飛驒国をめぐって合戦に及ぶことがありました。応永十八年（一四一一）に姉小路尹綱《ただつな》が挙兵し、守護の京極高数《たかかず》と、ついに大規模な戦闘にまで発展してしまいます（応永飛驒の乱）。幕府は事態を重視し、周辺国の守護に出陣を命じて瞬く間に尹綱を鎮圧しますが、飛驒国司姉小路家自体は存続することが許されました。

しかし飛驒国司家も、宗家の小島家、分家の古川家、向《むかい》家の三系統に分かれ、それぞれが「飛驒国司」と称していました。基綱はこのうちの古川家の出身なのですが、小島家と向家を圧倒します。基綱は家臣の三木《みつき》氏を差し向けて木曾義元《きそよしもと》を討ち取るなど、それなりの軍功を挙げています。このように基綱は公家でもあり合戦も厭わない戦国大名でもあったわけです。ただ、京都に長く住んでいました。

しかし戦国時代によくあるように、姉小路家は家臣の三木氏に徐々に圧倒されていき、ついに基綱の孫にあたる姉小路高綱《たかつな》が、弘治二年（一五五六）に家臣の三木良頼《よしより》に滅ぼされてしまいます。姉小路の名は、良頼が足利将軍家や朝廷にさかんに活動を行って名跡を継ぐことができ、良頼は姉小路嗣《つぐ》頼《より》と改名して飛驒国司にも就任しました。この三木氏が継いだ姉小路家は織田信長死後、台頭してきた羽柴秀吉と仲が悪かったため、嗣頼の孫の代に滅亡しています。

実隆が本を貸した相手の飛鳥井家は現代でも存続していますが、姉小路家は滅ぼされてしまいました。ただ、小一条流とは別の姉小路家がのちに復活して、現代にも存続しています。

事例③

改元の記録をまとめた『元秘別録《げんぴべつろく》』という本があります。実隆は自分のために書写して写本を作りましたが、その紙背文書《しはいもんじょ》に面白い記述が発見されています。紙背文書とは、紙が貴重であった当時、不用となった紙の裏側を再利用したことで残った文書のことです。当時は用が済んで意味がなくなった書状でも、現代から見ればそちらのほうが重要であったりすることは間々あります。

この紙背文書は、明応四年（一四九五）に後土御門《ごつちみかど》天皇の女房《にょうぼう》（女官）が実隆に宛てた書状で、天皇からの依頼を伝えている内容です。それは「後鳥羽《ごとば》院の御託宣《たくせん》を書写してお送りください。御所のどこかにあるかと思うのですが、ただいま見つけ出すことができません」というものでした。

後土御門天皇は『後鳥羽院御霊託記《ごとばいんごれいたくき》』という書物を見る必要があったのですが、御所の文庫には発見できませんでした。短いものなので実隆に写させて提出させたほうが合理的だと天皇が判断したため、女房に命じて実隆に依頼しているのです。

『後鳥羽院御霊託記』とは、後鳥羽上皇が暦応二年（一三三九）に、ある公家の下女に憑依《ひょうい》して述べた御託宣が記されている本です。後鳥羽上皇は鎌倉時代初期に幕府に反旗を翻して承久の乱を起こした首謀者で、隠岐（島根県）へ流罪になり、その地で崩御されています。

なぜこのような書物を天皇が読もうと思ったのか、その理由は記されていませんが、この事例からは天皇の文庫が未整理な状態で管理が杜撰になっており、学者の家系とはいえ臣下である実隆の私的文庫に頼らざるを得ない事情がよくわかります。その一方で、天皇が臣下である公家の蔵書内容をある程度把握していたこともうかがえます。

後土御門天皇の文庫は「図書館」としての役割が機能していませんが、実隆の文庫は「図書館」として立派に役に立っているのです。

事例④

永正五年（一五〇八）五月二十五日、内大臣三条実香《さねか》が「記録櫃」を閲覧したいというので、実隆は取り寄せて実香に貸しています。「記録櫃」とは、おそらく何か朝廷の記録を収めた櫃のことではないでしょうか。

永正五年（一五〇八）の京都は騒乱の渦中にありました。この経緯を説明するためには、ここから十数年前に遡らなければなりません。第一編第一章と第二章でも述べましたが、ここで簡単に振り返っておきましょう。

十代将軍足利義材（のちの義尹《よしただ》、義稙）は管領細川政元《まさもと》に近江出陣中に将軍を廃され、政元は十一代将軍に足利義高《よしたか》（のちの義澄）を擁立します（明応の政変）。京都を追い出された義材は中国地方の大大名であった大内義興を頼ります。義興は義尹（義材を改名）を奉じて軍勢を率いて上洛します。将軍義澄（義高を改名）と管領細川澄元《すみもと》は近江国甲賀《こうか》（滋賀県甲賀市）に逃亡し、義尹と義興が、四月に京都へ入ります。そして七月には、前将軍義尹が再び朝廷から征夷大将軍に任命されるという前代未聞の出来事が起こるのです。

「記録櫃」を内大臣実香が求めていたのは、まさに義尹が将軍復職を望んでさかんに運動をしていた時期です。征夷大将軍の復職という前例がないことではありましたが、なんとか過去の記録からこじつけができないかと実香が考え、「記録櫃」を借り出したのではないかと私は推測しています。

事例⑤

永正八年（一五一一）六月二十五日、実隆は参内して、中御門《なかみかど》大納言や甘露寺中納言、姉小路宰相らと連歌を楽しみました。その夜に甘露寺元長が方違《かたたが》えのために実隆邸を訪問します。元長が「越前」から頼まれていた『栄花物語《えいがものがたり》』を借り受けたいというので、実隆は自身が所持していた三巻本を元長に貸しています。

『栄花物語』は平安時代に成立した歴史物語で、藤原道長《みちなが》の生涯を中心に描いていますが、史実との齟齬がかなり多いようです。実隆が所持していた梅沢本『栄花物語』は、現在国宝に指定されています。それほど良質な写本だと、当時でも知れ渡っていたのでしょう。

梅沢本の入手経緯は『実隆公記』に記されています。永正六年（一五〇九）十一月四日に伊勢国司の北畠《きたばたけ》材親《きちか》から「礼物弐百疋」とあるので、材親が実隆に売却したと思われます。実隆は代金を八日に支払ったようですが、こちらには「百疋」とあります。「高い」と言って実隆が支払いをためらったので、材親が半額にしたのかもしれません。

この北畠材親という人物は、著名な北畠親房《ちかふさ》の子孫であり、代々伊勢国司に任じられた伊勢北畠家の六代当主です。さらに材親は幕府から伊勢守護も任じられており、国司にして守護という極めて珍しい肩書を持った人物でした。材親は『栄花物語』を実隆に売却した前年の永正五年（一五〇八）に、正式に伊勢北畠家の家督を相続したばかりでした。何か経済的に困ったことがあったのでしょうか。詳しくはわかりません。

そして『栄花物語』を借りるために甘露寺元長に仲介を頼んだ「越前」という人物は、越前守護の朝倉貞景《さだかげ》のことです。朝倉家の代々の当主は学問を好み、文芸にも関心を寄せていましたが、貞景も例外ではありませんでした。また越前には三条西家の荘園もあったので、実隆にもゆかりのある土地だったのです。

事例⑥

大永三年（一五二三）二月七日、十二代将軍足利義晴《よしはる》の女房、在五局《ざいごのつぼね》から『続御撰和歌集《しょくごせんわかしゅう》』が実隆に返却されました。さらに在五局は、同日に自ら新しく書き写した『続御撰和歌集』に、実隆の奥書《おくがき》を所望しています。どうやらこれより前に、在五局は実隆から『続御撰和歌集』を借りて、写本を制作していたようです。

ちなみに奥書とは、辞典によると次のように説明されています。

おくがき 奥書 所蔵者や読者などが、書尾又は本文末に加えた文章。その内容は、校訂の次第、読後感、読書環境など。

（長沢規矩也編著『図書学辞典』一〇四頁）

また同年三月二十二日には、在五局から『新勅撰和歌集《しんちょくせんわかしゅう》』も実隆に返却されています。前と同様、実隆は写本に奥書を頼まれて応じています。

『続御撰和歌集』は、後嵯峨《ごさが》上皇の命で編纂された十番目の勅撰集で、建長三年（一二五一）に完成しています。選者は藤原為家《ためいえ》らです。『新勅撰和歌集』は後堀河《ごほりかわ》天皇の命で編纂が開始され、文暦二年（一二三五）に完成しています。これは九番目の勅撰集で藤原定家が単独で歌を選出していました。

どちらも十三代集に含まれますが、在五局が自らの意志で写本を制作したのか、その背景に将軍義晴の意向があったのかはわかりません。

大永三年（一五二三）という年は、下野国（栃木県）では宇都宮《うつのみや》氏の大乱が勃発していましたが、京都は管領細川高国《たかくに》の政権が安定していて大規模な戦いは起きておらず、束の間の平和な時期でした。

事例⑦

大永六年（一五二六）十月二十日、聖護院《しょうごいん》の道増《どうぞう》が実隆のもとにやって来て『河海抄《かかいしょう》』の借用を申し出ましたが、実隆は断りました。『実隆公記』には「愚本散々、進ず難きの由」と書いてありますが、何があったのでしょうか。

『河海抄』とは室町時代初めの貞治年間（一三六二〜六八）に、二代将軍足利義詮《よしあきら》の命で四辻善成《よつつじよしなり》が著した、宮中での『源氏物語』の講義をまとめた注釈書です。実隆はそれを所持していましたが、貸与には応じなかったわけです。

その理由として大永六年（一五二六）には、三年前は安定していた管領細川高国政権が動揺を来たし始めていたからです。七月には従兄弟の讒言《ざんげん》を信じて、高国は家臣の香西元盛《こうざいもともり》を暗殺しましたが、それに反発した元盛の実兄波多野種通《はたのたねみち》と柳本賢治《やなぎもとかたはる》が丹波（京都府・兵庫県）で挙兵し、十月にはかつて高国によって滅ぼされた細川澄元の遺児晴元《はるもと》が阿波（徳島県）で挙兵する事態に至っています。

このような情勢ですので、京都はまさに合戦前夜の非常に慌ただしい様子だったと思われます。実隆は「散々」と書いていますので、余波で本が傷んでしまったのかもしれません。

第三章　三条西実隆が行った書籍の借用

続いて、実隆が本を借りた事例を『実隆公記』からいくつか拾ってみます。

事例①

延徳二年（一四九〇）三月一日、勝仁《かつひと》親王（のちの後柏原天皇）から『井蛙抄《せいあしょう》』の「第五雑談巻」の書写を頼まれたので、親王から借りています。実は勝仁親王から借りた『井蛙抄』は日野富子《とみこ》から無断で借りた本のようで、実隆は急いで書写を終わらせ、同日の晩には勝仁親王に「第五雑談巻」を返却しています。

『井蛙抄』は頓阿《とんあ》が著した歌論書で、室町時代初期に成立したといわれています。実隆が書写を依頼された「第五雑談巻」は、西行《さいぎょう》ら過去の歌人たちの逸話などを載せた巻です。ちなみに『実隆公記』には「第五巻」とありますが、正しくは第六巻です。

しかし気になるのは、日野富子から勝仁親王が内緒で借りたという記述です。『実隆公記』の原文では「御台御方より密々に借りられ」とあります。宮川葉子氏によれば、この『井蛙抄』はもともと天皇の所蔵本で、富子はその書写作業を行っており、勝仁親王はそれを助けて富子にいい顔をしたいという思惑があったと指摘しています（宮川葉子『三条西実隆と古典学　改定新版』）。

延徳二年（一四九〇）は、室町幕府にとっては非常事態の真っ只中にありました。近江出陣中の九代将軍足利義尚は、前年の長享三年（一四八九）三月に当地で陣歿し、代わりに政務を執っていた父の前将軍義政も延徳二年一月には病死してしまいます。十代将軍には義政の弟義視の息子である義材（のちの義尹、義稙）が七月に就任しますが、将軍不在の時期に幕政を仕切っていたのは富子でした。『井蛙抄』のやり取りがあったのは、ちょうど富子が政務に謀殺されていた時期ですので、勝仁親王が富子の文庫から「無断拝借」しやすかったのだろうと推察されます。

事例②

文亀三年（一五〇三）十月三十日、十一代将軍足利義澄は、初代将軍足利尊氏《たかうじ》以降の歴代将軍が、勅撰集に入選した和歌を抜き書きするようにと実隆に命じます。義澄は実隆に聯輝軒永崇《れんきけんえいすう》を通じて命じています。永崇は相国寺の塔頭《たっちゅう》聯輝軒の主で、伏見宮家出身の和歌が得意な禅僧で足利義政の猶子となっていました。

実隆は後柏原天皇から禁裏本の『後拾遺和歌集』以来の六代集を借り出し、息子の公条らに中書《ちゅうしょ》（草稿と清書との間の書写のこと）を作らせ、夜になってから実隆自身が委細に点検をしています。

文亀三年（一五〇三）は、将軍義澄と管領細川政元との仲が悪化していた年です。この頃、政元はたびたび京都を出て地方に下向をしていました。前年の文亀二年（一五〇二）には政元が管領辞任を申し出て義澄に慰留されて思いとどまり、そうしたら逆に当の義澄が岩倉《いわくら》の金龍寺に引き籠ってしまうという「事件」が起こっていました。

政元との確執の最中に、足利歴代将軍の勅撰集入選歌を読みたいという義澄の気持ちは、どのようなものだったのでしょうか。

十一月二日に書写と点検が終了して、実隆は将軍義澄に進上しています。十日には義澄から、今度は清書するようにとの依頼が永崇を介して実隆に届きました。きちんと清書用の料紙も送られてきています。実隆は十八日に清書を終え、翌十九日に義澄に進上しています。

そうしたら二十三日の夜にいきなり義澄から呼び出され、清書した本の奥書を御前《ごぜん》で記すようにとの仰せでした。実隆は将軍の面前で奥書を認め、そのあとは酒肴が出され、将軍御所から退出したのは夜も更けてからでした。この日は雨だったようですが、初冬の雨の夜にいきなり将軍から呼び出されても、実隆は明日にして欲しいとは言わずに応じています。実隆のフットワークが軽いのか、それとも戦国時代の足利将軍は落ちぶれたとはいえ、現代の我々が思っているより「権威」は相当あったということなのでしょうか。江戸時代にも、書物奉行が八代将軍徳川吉宗から夜中に突然呼び出された話が記録されていますが、将軍とは夜中に本を見ていてにわかに呼び出したくなる人なのでしょうか。

事例③

永正九年（一五一二）二月十四日、実隆は校合のために後柏原天皇から『新千載和歌集』や『新後撰和歌集』などの勅撰集を借りました。翌十五日に『新千載和歌集』を校合し、十六日には終わっています。校合とは書誌学の辞典によると次のように説明されています。

校合　校正と同じ。他の書物の本文と較べ合わせて、何れがより正しい本文であるかを考究しようとすること。それを行った本を「校合本」という。

（川瀬一馬『日本書誌学辞典』八一頁）

十九日には『新千載』と『新続古今和歌集』写本の製本を、実隆は姉小路済継《なりつぐ》に依頼しています。二十日には『新後撰』の校合が終わり、『新千載』と一緒に息子の公条が天皇に返却しています。

さらに実隆は、二十三日に『新後拾遺和歌集』を校合して翌日には終了、二十七日には『後拾遺和歌集』を天皇から借りています。『後拾遺』は三月一日に校合が終わり三日には返却、同日に『新勅撰和歌集』を借りています。

実隆は勅撰集ばかりを天皇から借りてせっせと写本制作に励んでいるわけですが、その理由として宮川葉子氏は、前年の永正八年（一五一一）八月に生まれた嫡孫である実世（のちの実枝《さねき》）のためと推測しています。三条西家は和歌の家として宮廷歌壇に重きをなしているとはいえ、三条家の分家であり、まだ新しい家で、先祖伝来の貴重な本はありませんでした。基本となる勅撰の二十一代集の写本を揃えようと実隆は考えていたのではないでしょうか（宮川葉子『三条西実隆と古典学　改定新版』）。

嫡孫の実枝は、戦国から安土桃山時代にかけての公卿で、甲斐（山梨県）の武田氏や駿河（静岡県）の今川氏と親交が深く、天文二十一年（一五五二）以降は京都を離れて今川義元《よしもと》のもとに身を寄せていました。しかし、永禄三年（一五六〇）の桶狭間の戦いで義元が討ち取られ、氏真《うじざね》の代になると今川氏は衰微していきます。

実枝は永禄十二年（一五六九）に京都へ戻りました。尾張（愛知県）の織田信長が台頭してくると実枝は接近し、信長の推挙で天正五年（一五七七）には大納言に任じられています。この時期は権大納言どまりが通常でしたが、信長のゴリ押しで大納言になったようです。細川幽斎《ゆうさい》が実枝の弟子で、古今伝授《こきんでんじゅ》を伝えています。

実枝が赤ん坊の頃、祖父の実隆が勅撰集をコツコツと書写していましたが、それが実ったようです。

事例④

もちろん個人的な関心からも実隆は本を借りています。永正九年（一五一二）二月二十二日、『史記』列伝の「湯唐伝」の写本に疑問があったので、天皇から良質な写本を借りています。実隆はこれよりだいぶ前から『史記』を書写していて、その一環だと思われます。

五月二十一日には、東福寺大慈庵《とうふくじだいじあん》に質入れしていた世家本《せいかほん》『史記』列伝を請け出しています。困窮していたので家蔵の『史記』を質入れしていたのでしょうか。

事例⑤

大永七年（一五二七）十一月五日、本家にあたる三条実香から『愚昧記《ぐまいき》』と『後愚昧記《ごぐまいき》』を早く返却するようにと書状で督促を受けています。実隆は「穢」のため数日待って欲しいと返事をしています。この時、実隆は病に臥せっていたので、本を返却するどころではなかったのでしょう。

実香から借りたのは三条家の先祖が書いた日記で、『愚昧記』は三条実房《さねふさ》（一一四七〜一二二五）の、『後愚昧記』は三条公忠《きんただ》（一三二四〜八三）の日記です。

大永七年（一五二七）の京都は騒乱の渦中にありました。二月に十二代将軍足利義晴・管領細川高国と、細川晴元・波多野種通・柳本賢治の軍勢が桂川で合戦に及び（桂川原の戦い）、義晴・高国軍は敗れて京都から逃走しますが、高国は越前守護の朝倉孝景を味方につけ、一族の朝倉教景《のりかげ》（宗滴《そうてき》）が出陣してきました。義晴・高国軍は一大反抗作戦を開始します。ついに十月十三日には義晴と高国が京都へ帰還、京都市中で義晴・高国軍と晴元・種通・賢治連合軍との間で小競り合いが頻発し、十一月に入っても止むことはありませんでした。十一月十八日には柳本賢治の軍勢が将軍義晴軍と交戦し、教景の活躍で将軍が勝利を収めています。

しかし京都の人びとは合戦そのものよりも、治安悪化に伴う盗賊の横行のほうが心配でした。特に貴重な宝物が多い公家の屋敷は盗賊の恰好の標的で、実隆も十一月二十八日には自衛のため、門前に竹で「墻《かき》」を造っています。防護柵のことでしょう。実隆はそれを見て「比興々々」と言って面白がっています。防護柵さえ「風流」と感じられなければ、戦争が常態化していた戦国時代には生き残れなかったのかもしれません。この時、実隆は七十三歳でした。

第四章

三条西実隆が行った書籍の書写・校合

実隆は本の貸借だけではなく、依頼によって書写を行ったり仲介を労したりしています。その事例の一部を紹介します。

事例①

若狭守護武田元信《たけだもとのぶ》の重臣粟屋親栄《あわやちかひで》は、主人の元信と同様に文芸に深い関心を持っていました。元信が従四位下叙爵のために上洛していた文亀元年（一五〇一）五月二十五日に、親栄は初めて実隆のもとを訪ねています。おそらくこの時に、親栄は実隆に『源氏物語』の講義を受けたいと懇望したのだと思います。しかし実隆は首を縦に振りませんでした。記録にはありませんが、親栄は実隆に引き続きアプローチをしたのでしょう。

六月十九日、親栄は実隆に贈り物（「唐布帷子」）をして、自身も『源氏物語』を持参してまで講釈を懇願します。とうとう実隆も「黙止し難く」、明日（二十日）から講釈を開始することを親栄に約束します。翌二十日、第一回の講釈は「桐壺《きりつぼ》」巻の半分までで、二十一日にはもう半分を読み終わっています。

閏六月七日に「若菜《わかな》」の半分、十四日には「末摘花《すえつむはな》」を半分ほど読み終えています。

翌十五日には強風が吹いて、三条西邸の所々が破損してしまいました。これがきっかけなのか、実隆と公条父子は「瘧《おこり》」に罹ってしまい、親栄が脈を診て服薬の指示を出しています。親栄には医術の心得があったようです。「瘧」とは熱病のことで、現代のマラリアのことをいいます。

「末摘花」は七月十八日に読了するのですが、その間の閏六月二十二日に、実隆は『源氏物語』所蔵本十帖を親栄に貸しています。おそらく親栄の懇望によるものでしょう。親栄には「瘧」を診てもらっているので断るわけにはいきません。『源氏』講釈を実隆に依頼したのに、親栄は写本をあまり持っていなかったようです。

七月初旬に実隆は回復します。二十一日に「紅葉賀《もみじのが》」を一丁分だけ読み進めますが、二十五日に親栄は実隆から借りた『源氏』十帖の書写を手伝ってほしいと依頼してきます。そこで実隆は二十六日に「玉鬘《たまかづら》」巻を姉小路済継に、二十八日に勧修寺政顕《まさあき》にどの巻か不明ですが書写を依頼しています。実隆自身も十月七日に「関屋《せきや》」を仕上げ、その前日の六日には「紅葉賀」を親栄と読了しています。

この講釈は長期間にわたって続き、途中親栄が若狭に帰国したことで中断されましたが、永正元年（一五〇四）七月二十五日に「夢浮橋《ゆめのうきはし》」を読了しています。

『源氏物語』は大長編の物語で、登場人物も多数います。現代ではストーリーを理解するために参考文献が必要ですが、この点は戦国時代も現代も変わりありません。文亀三年（一五〇三）十一月三日に、親栄は源氏物語系図を実隆に所望しています。系図は実隆が作成し、文亀四年（一五〇四）二月二十日に親栄に送っています。『源氏』に登場する人物の相関関係を整理するには系図が一番です。そのため、系図は現代でも読解には不可欠ですが、親栄も手元に置いて参考にしたことがうかがえます。

注釈書について、親栄は文亀元年（一五〇一）九月六日付けで『河海抄《かかいしょう》』を若狭に送っています。これは実隆本か、親栄がもともと所蔵していた本かは不明ですが、若狭には親栄以外にも『源氏』を読みたい武士がいたことがわかります。

親栄は永正元年（一五〇四）九月二十九日に若狭へ帰国します。初めて実隆邸を訪れた日から京都を離れるまで四年ほどあったのですが、源城政好氏によれば、親栄が三条西邸を訪れた日数は、『実隆公記』などの記述から確実視されるのが六十九日、確実ではないが推測される日を加えると百六日に及んだということです。しかも毎回訪問するたびに、親栄は土産を持参していました（源城政好『京都文化の伝播と地域社会』）。手ぶらではなかったのです。実隆は、親栄と会うのは気が進まなかったのかもしれませんが、来るたびに「手土産」を持ってくるので、家計のためにも会わざるを得なかったのでしょう。

守護ではない一家臣が毎回来るたびに土産を持参できるほど、当時の若狭は潤っていたのでしょうか。疲弊する京都とは対照的です。

事例②

大永六年（一五二六）七月十一日、壬生于恒《みぶゆきつね》が実隆のもとを訪れ、『六波羅縁起《ろくはらえんぎ》』という書物を書写してくれと、料紙持参で頼みに来ました。八月十日に実隆は書写を始め、二十四日に一巻を写し終えて早速校合しています。翌二十五日には于恒に渡しています。

この書物ですが、実隆は八月二十四日のみ「六波羅地蔵縁起」と記していますが、あとはすべて「六波羅縁起」となっています。国文学研究資料館で運営されている「日本古典籍総合目録データベース」(http://base1.nijl.ac.jp/~tkoten/) で「六波羅　縁起」と検索すると、『六波羅蜜寺《みつじ》縁起』と『六波羅密寺本尊略縁起』の二つがヒットしました。前者は平安時代後期の公家で算道家の三善為康《みよしためやす》が著したものです。

現在の六波羅蜜寺にも本尊ではありませんが地蔵菩薩像があり、『夢見地蔵縁起』という本も伝わっています。実隆は一度だけ「六波羅地蔵菩薩縁起」と記していますので、そちらの方の縁起である可能性もありますが、実隆転写の写本を発見しなければどうも判然としません、

依頼者の壬生于恒は、代々朝廷の公文書を保管する官務文庫を管理する壬生家の出身です。ただ『六波羅縁起』が官務文庫の蔵書なのか、于恒の個人的な蔵書なのかはよくわかりません。

事例③

大永七年（一五二七）十一月十九日、周桂《しゆうけい》が『詠歌大概《えいがたいがい》』を所望するので実隆が書写し、翌二十日には終わって校合もしています。周桂は連歌師で、『詠歌大概』は鎌倉時代の歌論書で藤原定家の著作です。

ところがこの書写と校合は周桂の依頼ではなく、仲介をしただけであったことがわかります。十一月二十七日の項では、肥前（佐賀県）の国衆志自岐縁定《しじきよりさだ》が周桂を伴って実隆を訪ね、お礼として百疋を支払っています。周桂は肥前国有馬（長崎県南島原市）の出身で、中国・九州地方の大名や国衆と連歌を通じて交流があったので、縁定の依頼で実隆への仲介役を引き受けたのでしょう。

百疋に気を良くしたのか、実隆は余った頁に「サービス」として「未来記五十首、雨中吟十七首」、一昨年の和歌御会一座、禁裏御屏風上下帖の歌各三十六首も書いています。

百疋とは現在の貨幣価値ですと約十万円ほどでしょうか。戦国時代の公家は困窮していましたので、実隆にとってはうれしい臨時収入なのでしょう。実隆はお礼の金額をあまり日記には書かないのですが、よほど嬉しかったのか今回は特例のようです。

『実隆公記』には書写・校合、奥書執筆依頼の記述がかなりありますが、それらは無料で行っていたのではなく、すべてお礼を目当てに実隆は引き受けていたのです。これらから得られる収入は、三条西家の家計を支えていました。

事例④

大永七年十二月十一日（一五二八年一月二日）に能登（石川県）から山伏《やまぶし》が来て、実隆は書写していた『源氏物語聞書《ききがき》』の「若菜」から「紅梅《こうばい》」の十帖、以前取り落とした「行幸《みゆき》」、「藤袴《ふじばかま》」、「槇」（「真木柱《まきばしら》」のことか）の三帖、計十三帖を渡しています。

山伏は能登守護畠山義総の使いの者でした。義総は室町幕府三管領の一家である畠山氏の分家にあたり、代々能登守護に任じられてきました。本家の畠山氏は応仁の乱で二派に分裂し、どちらも衰退していきますが、能登畠山氏は義総の代に絶頂を極めます。しかし息子の義続《よしつぐ》の代になると重臣の力が強くなり、没落することになります。

義総は実隆と親交が厚く、永正十七年（一五二〇）には実隆所蔵の『源氏』を三千疋（およそ三百万円）で買い取ったりしています。実隆も経済上の理由から手放さざるを得なかったのでしょう。また、守護に就任する前は京都に来て、実隆の『源氏』講義を聴講しています。

さて、『源氏物語聞書』とは『源氏物語』注釈書の一書です。義総は『源氏』の本文を三千疋で手に入れていましたが、本格的に読解するには注釈書が必要です。そこで良質な注釈である『聞書』を、義総は実隆に所望していたのです。

大永八年（一五二八）四月二十一日には、『聞書』の「東屋《あずまや》」から「夢浮橋」までの写本を、仲介役の山伏に実隆は渡しています。五月二十五日には、義総からお礼の書状が届き、二十七日と三十日にはお礼としてそれぞれ千疋が到着しています。つまり計二千疋になりますが、これは息子の公条に送っています。息子にも書写を手伝ってもらったのでしょうか。二十九日にはまた千疋が義総から送られてきましたが、これは実隆の手元に残しています。

これで終わりではなく、六月八日、義総は実隆自身の手になる注釈書（「源氏之抄」、「源氏抄物」などと『実隆公記』には記されている）が欲しいと言ってきます。能登の成身院宗歓という僧侶を通じて義総は何度も頼んできており、実隆も「やむを得ない」として八月六日に承知しています。

しばらく空いて享禄二年（一五二九）正月二日の記事には、実隆が「帚木《ははきぎ》」一巻の注釈書の執筆を開始したとありますが、その後は全く進まなかったらしく、四月三日には能登の成身院から催促の書状が届いています。義総がしびれを切らしたのでしょう。以降の記述は何もないので、結局「源氏抄」が完成したのかわかりませんが、義総の手元に届いていないことは確実のようです。宮川葉子氏は、「源氏抄」とはいえ『源氏』すべての注釈書ではなく「帚木」一巻のみの注釈であろうと指摘しています（宮川葉子『三条西実隆と古典学　改定新版』）。

しかし、これで諦めた義総ではありません。実隆に望みが薄いとみるや、享禄二年（一五二九）十一月一日に、連歌師の宗碩《そうせき》を仲介として実隆の子息の公条と公順、三条本家の公頼《きんより》に『源氏』の新写本を所望しています。公頼たちはこれに応じて、写本を作っては義総に送っています。

同じ頃、肥後（熊本県）の国衆鹿子木《かのこぎ》親員《ちかかず》が実隆秘蔵の『源氏』を所望してきたので、八月二十四日に連歌師宗牧《そうぼく》の肥後下向に託して送っています。もちろん、これも親員からの「お礼」が届いています。

実隆は自分用を手元に残しておくために、『源氏』の写本を作成してストックしていたようです。ところが今回、親員の頼みを断りきれずに売ってしまったので、やむを得ず義総に『源氏』の借用を依頼しています。義総は十月五日に送ってきて、十一月二日に実隆は宗碩を通じて子息の公条と公順に書写を依頼しています。

実はこの『源氏』は、享禄四年（一五三一）五月八日の後奈良《ごなら》天皇の叡覧《えいらん》に備えるため、実隆は手元に『源氏』を用意していたのです。

戦国時代になって公家が困窮してきたので、文化が京都から地方に伝播されていきますが、中央と地方それぞれに残された書物が相互に補完し合って、『源氏物語』の内容を今日に伝えていることがうかがえます。もちろん『源氏』の写本は三条西家だけではなく、いくつかの家に伝わっていますが、戦国時代には大なり小なりこの事例と似たようなことが起こっていたのでしょう。現在の我々が古典文学作品を読めるのは、こうした人びとによる書物の流れと、偶然に左右されることが大きいのです。

第五章　三条西実隆が行った書籍貸借・売却の仲介

実隆は書籍貸借の仲介も行っていました。『実隆公記』に記録された事例を何点か見ていきましょう。

事例①

後土御門《ごつちみかど》天皇から、『源氏物語』の「宇治《うじ》十帖」を「進上」するように実隆は命じられましたが所蔵していなかったのか、文明九年（一四七七）閏正月二十六日に、実隆は本家にあたる内大臣三条公敦《さんじょうきんあつ》から「下野入道本」を借り受け、それを天皇に進上しています。

この時、実隆は二十三歳、すでに父の公保《きんやす》は亡くなっており、実隆が三条西家の当主になっていましたが、自分の家にない本でも、三条西家当主が築いたネットワークを駆使して所蔵している家を見つけて、見事に天皇の期待に応えています。もっとも本家が所蔵していたのですから、今回は簡単だったでしょうが。

ちなみに「下野入道」とは、宇都宮頼綱《よりつな》ではないかとされています。頼綱は平安時代後期から鎌倉時代前期にかけての武士で、武将としても有名ですが当時から歌人としても著名でした。京都歌壇、鎌倉歌壇に匹敵する宇都宮歌壇を確立させた人物です。藤原定家と親交が厚かったことでも広く知られています。

事例②

実隆が延徳三年（一四九一）に書写した『殿上淵酔部類記《てんじょうのえんすいぶるいき》』という本の紙背文書に、興味深い内容が記されています。

後土御門天皇の女房が実隆に宛てた書状で、それには「この書物はある人が禁裏に売却したものですが、価値がよくわかりません。良い本でしょうか。検討して報告してください」と認めてありました。

次の事例で触れますが、困窮した公家の中には天皇に貴重な書籍を買い取ってもらおうと持ち込むケースがたびたびあったようです。その際は臣下に任せきりではなく、後土御門天皇自らが持ち込まれた書物を点検して、額を決めていたようです。ただ判断が付かない時には、信頼を寄せている実隆のもとへ内々に問い合わせがあったようです。これはメモ書きのようなので、実隆のもとには原物（書物）も送られてきたようです。

現代の図書館のレファレンスでは、古書の鑑定は行っていないのですが、実隆はこういった依頼も引き受けています。

事例③

中院通秀《なかのいんみちひで》が亡くなり、中院家も経済的に困窮してしまいました。幸い通秀は『園太暦《えんたいりゃく》』を所蔵していたので、中院家からは『園太略』を売却したいと、実隆は相談を受けました。しかし実隆には買い取るだけの資金はなく、禁裏と相談して買い取ってもらうことで話がまとまりました。

文亀三年（一五〇三）四月二十九日に天皇へ渡し、代金八百疋が支払われることになり、翌三十日に代金五百疋、五月三日に残りの三百疋が実隆に支払われています。おそらく実隆から中院家に代金が渡されたのでしょう。

『園太暦《えんたいりゃく》』は南北朝時代の公家洞院公賢《とういんきんかた》の日記です。南北朝という内乱時代の朝廷の様子がつぶさに記録されている一級の史料なのですが、当時もその認識は強かったようです。

洞院家は公賢のあと、徐々に没落していき、『園太暦』も散逸していってしまいましたが、特に洞院公数《きんかず》は奔放な人物だったようで、先祖伝来の什器《じゅうき》や古文書を売り払ってなんとか生計を立てていました。そして公数は最終的には出家してしまい、洞院家は絶家となります。その後、一時的に復活したこともありましたが、代を重ねることはできませんでした。

さて、公数の代には『園太暦』は何巻分かがすでに失われていたようですが、それでも一二五巻は残っていました。それを聞きつけた中院通秀は、公数から文明十五年（一四八三）三月に千余疋で買い取っています。ただし一二五巻をよく調べたところ、うち五巻は虫に食べられていました（中院通秀『十輪院内府記』）。

その中院家も経済的に困窮してしまい『園太暦』を今回手放すことになったのですが、公数から買った時は一二五巻あったものの、今回の天皇への売却時には一二三巻ですので、二巻なくなっています。その二巻はどこかにいってしまったのです。また代金も八百疋と、中院通秀が買い取った時よりも二百疋も少ない額ですが、それでも売らなければ中院家の生計が維持できなかったのでしょう。気になるのは、実隆が売却の斡旋をしたわけですから、手数料は入ったのか、ということですが、『実隆公記』には特に記されていませんので無償で行った可能性もあります。しかし戦国乱世の時代ですから、実隆は手数料を取ったと考えてもおかしくはないでしょう。

事例④

大永三年（一五二三）二月二十日、能登守護畠山義総《はたけやまよしふさ》の重臣温井俊宗《ぬくいとしむね》から、中国人陳祖田《ちんそでん》の仲介で、突然書状と絹一疋が実隆に贈られてきました。『源氏物語』の本文中に記されている和歌を抜き書きして欲しいという依頼でした。

十月九日、実隆は連歌師の猪苗代兼純《いなわしろけんじゅん》に、『源氏』から和歌を抜き書きするよう依頼しています。十一月四日に兼純による抜き書きは終わったようで、「自愛自愛」と実隆は記しています。現代語では「結構結構」という意味でしょう。

翌大永四年（一五二四）二月十日、実隆は兼純に『源氏』の和歌抜き書きを清書するよう依頼しています。清書は十八日に完成し、実隆のところに送られてきました。

三十日に実隆は、抜き書きされた歌に作者名を書き加える作業を行い、翌三月八日に終了しています。温井俊宗には『源氏物語和歌抄』として送りました。能登の連歌師寿慶《じゅけい》が仲介しています。

俊宗はそのお礼として三百疋を、すでに大永三年（一五二三）九月二十三日に実隆へ送っています。俊宗は代金を前払いで実隆に支払ったわけですが、実隆が実際に行動に移すのが十月に入ってからなので、前払いの効果はてきめんだったようです。つまり実隆はお金が送られてくるまでグズグズしていたのでしょう。

温井氏は、能登国輪島《わじま》（石川県輪島市）に勢力を張っている国衆で、足利氏の庶流桃井《もものい》氏の系譜に連なる名族です。ただ桃井の嫡流は、室町時代初期の観応《かんのう》の擾乱《じょうらん》で足利直義《ただよし》方に属したので、早くに没落していました。

俊宗の代になって温井氏は急激に勢力を拡大し、子の孝宗《たかむね》は畠山家中で家臣筆頭の地位にまで上り詰めます。のちに守護を差し置いて家臣団が能登を支配するようになるのですが、そこでも温井氏は中心でした。

俊宗は、温井氏が台頭する基礎を作った人物なのですが、主君である守護畠山義総は文武両道で、戦《いくさ》にも強く文化的な趣味も持っていました。義総自身が実隆と深い親交があったことは前述しましたが、俊宗も主君に倣って実隆に接近したのでしょう。主君に話を合わせるために『源氏物語和歌抄』

を所望したのかもしれません。

温井俊宗の思惑はどうであれ、結果として京都の公家だけが読んで楽しむことができた『源氏物語』は、地方にも波及していくことになるわけです。

第六章　三条西実隆が行ったレファレンス

▽書籍の調査相談

現代の図書館では「レファレンスサービス」といって、利用者から様々な調査の依頼を受け付けています。もちろん、相談内容は「なんでもよい」というわけではなく、一定のルールが存在するのですが、その事例をまとめた「レファレンス協同データベース」(https://crd.ndl.go.jp/reference/) からは、かなり専門的な質問も図書館は受け付けて回答していることがわかります。

また、日本史に関する質問は一番件数が多いので、アマチュアの歴史研究家の方こそ街の公共図書館を利用していただきたいものです。市町村立図書館よりも、都道府県立図書館のほうが専門的なレファレンスに対応できます。また大学生・大学院生の方は、所属する大学図書館のレファレンスを利用してみてください。公共図書館は図書館法で無料が義務づけられていますので、もちろん代金はいただいておりません。ちなみに欧米の公共図書館では、レファレンスサービスだけは有料としている図書館も結構あります。

さて、実隆が生きていた室町・戦国時代には当然「図書館」という施設はありませんし、レファレンスという概念すらもありませんでした。ただ、実隆は書物の調査相談をよく引き受けていましたので、それは現代の図書館のレファレンスサービスに似たような役割を果たしていたと私は考えています。何点か挙げてみましょう。

事例①

明応四年（一四九五）三月二十一日、晩になって連歌師の宗祇《そうぎ》が実隆を訪ねてきます。禁裏で開催される連歌会参加者の官位等が年々わからなくなっているので、どうしたらよいかという相談でした。実隆は『公卿補任《くぎょうぶにん》』を見て、作者の官位を書いて宗祇に渡しました。

連歌を詠む時には自分で下の名前のみ書きますが、官位は書かなかったようです。『公卿補任』は公卿（従三位以上の高官）の人名録のようなものですから、官位が不明な連歌作者を実隆は調べて宗祇に送ったのです。実隆はこの時期にちょうど『公卿補任』を書写していたので、それが役に立ったのです。

ただこの頃、実隆は取り込み中でした。相次いで不幸が襲っていたからです。二十日に五歳の次女が失神してしまい、実隆は加持祈禱を依頼しています。その後、公条と次女が相次いで疱瘡《ほうそう》に感染してしまいます。二十八日に病状は小康状態になりました。

事例②

明応五年（一四九六）九月十九日、連歌《れんが》嫌物《きらいもの》に不明な点があると、天皇から実隆のもとへ問い合わせの書状が届きました。実隆は、このことを来訪してきた宗祇に相談しています。

連歌では句の配列上、同類の言葉を付けることを避けるのですが、連歌嫌物とはどの言葉とどの言葉が同類で避けるべきかを決めたルールのことです。

翌二十日にも宗祇が訪ねてきて連歌嫌物の相談をしており、下書を宗祇の弟子の宗坡《そうは》に書かせています。

さらに翌二十一日、宗祇が一書にまとめて送ってきました。かなり長いもので五十二項目もあります。実隆はそれを天皇に進上しました。

これは天皇からの問い合わせに、実隆自身では回答できないので、友人であり専門家の宗祇に依頼したことになります。現代の図書館でも自館で回答できないレファレンスが寄せられると、さらに専門家に調査を依頼する「レフェラルサービス」というのがありますが、実隆はそれに近いことをしているのです。

事例③

永正元年（一五〇四）三月二十七日、本能寺《ほんのうじ》の住持より、かつて日誉《にちよ》が注を付けた『法華経大意《ほけきょうたいい》』に基づいて詠まれた和歌について、実隆に問い合わせがありました。間違いがあれば訂正して欲しいというのです。これは豊原統秋《とよはらのむねあき》の仲介です。統秋は戦国期を代表する楽人で笙《しょう》を得意としていました。また和歌も上手で、実隆に師事していました。

日誉というのは本能寺の僧で、すでに故人です。本能寺は応永二十二年（一四一五）創建の法華宗の寺院で、のちに織田信長が明智光秀に討たれたところです。

実隆は一応預かっていますが、間違いを訂正して本能寺に返却したかは記録に表れていません。

事例④

大永四年（一五二四）二月九日、禅僧の月舟寿桂《じゅけい》から『日本書紀』の内容に関して「不審」な点があると言ってきたので、実隆はそれに答えています。どこが不審なのかは『実隆公記』には何も記されていませんが、本の内容についての質問を実隆は受け付けていることがわかります。ただどう返答したのか、内容についてまではわかりません。

▽「図書館」としての三条西実隆

以上、三条西実隆の行動事例を『実隆公記』を中心としていくつか紹介してきました。その活動は、書籍の貸与・借用、書写・校合、貸借・売買、調査相談に分けることができます。

現代の図書館では書写・校合は行いませんが、あえていえばコピーサービスのようなものでしょうか。書籍貸借の仲介は、図書館間相互貸借やレフェラルサービスに近いものといえるかもしれません。またレフェラルサービスとは、図書館情報学では次のように説明されています（傍線引用者）。

図書館利用者が求める情報が自館に無い場合、それを所蔵する機関（官庁諸機関、専門機関、各種団体など）へ問い合わせたり、利用者をそれらの機関へ案内・紹介したりするサービス。場合によっては、求める情報に詳しい専門家を紹介することもある。

（今まど子・小山憲司編著『図書館情報学基礎資料　第2版』一二八～一二九頁）

実隆は書籍貸借の仲介をよく行っています。将軍から依頼されて天皇から本を借りたり、連歌嫌物について天皇から下問された際、自身ではわからなかったのか連歌師の宗祇に尋ねています。後者は現代のレフェラルサービスそのものではありませんが、類似した行動といえるのではないでしょうか。また、実隆は書籍に関する調査相談も引き受けています。本章では四点挙げましたが、これなどは現代の図書館で実施されているレファレンスサービスとかなり近い活動です。

書籍売買の仲介だけが、現代の図書館では全く行っていませんが、実隆は現代の図書館と類似した活動を個人で行っていたといえるでしょう。

拙著『図書館の日本史』でも指摘しましたが、こういった行動は当時の公家全般に広く見られました。三条西実隆や、本書では取り上げませんでしたが、山科言継《やましなときつぐ》といった公家が書籍に関与する機会が多くありました。彼らはまさに「歩く図書館」だったといえるでしょう。

さて、実隆は書籍とそれに関することが中心でしたが、広く情報全般を京都から地方、地方から京都へと伝達し、結びつける役割を担っていた人たちが存在しました。連歌師です。

次章からは、情報伝達者としての連歌師について見ていきたいと思います。

第七章　連歌師による情報伝達

▽連歌師という存在

三条西実隆を事例として、天皇、公家、武家、寺社などの蔵書が相互に貸し借りされていたこと、借りた本を写すことによって本を生産していたことを見てきました。実隆の活動はそればかりではなく、彼を介して書籍の貸借や売買、書籍にまつわる様々な情報も広めていたことがわかりました。

実隆の活動は極めて現代の図書館のようであると私は結論づけましたが、実は戦国時代にこのような役割を担っていたのは公家だけではありませんでした。僧侶や医者などが敵対する戦国大名、あるいは国衆層の領地を比較的自由に行き来しており、書籍はもちろんのこと、様々な情報が彼らを介して流通されていました。その中で最も「情報伝達者」として重視しなければいけないのが、連歌師だと私は考えています。

連歌師が情報伝達者であるとの指摘は、実は日本史学や国文学の領域では比較的早くからなされていました。国文学者で近世の連歌を研究されている綿抜豊昭氏は、戦国時代における「情報伝達者」としての連歌師の重要性を次のように説明しています。

現代の日本では、いわゆる地方は人口減少がはげしく進み、都市部にさまざまなものが集中しがちである。しかし、そうした地方にいても、先にのべたようにインターネットがあれば「知識情報」は検索でき収集できる。またモノもインターネットを使うことによって取り寄せることができる。

江戸時代以前の連歌師が活躍していた時代、知識情報は点在であった。京都とか寺社という空間にいる知識のある人、知識を記したモノがあるところに行かなければ、多くの知識情報を得ることはできなかったといえる。

限られた知識情報であれば、一点にいればよいが、今日いうところの「インテリジェンス」、すなわち単なる知識情報に評価や分析を加え、国の政策の遂行に役立つように活用する知的操作を加えた情報とするためには、一点にとどまっていては限界があり、現場を踏んだり、実況見分したりする機会を設けるための旅や放浪をするといった経験が必要であろう。経験に知識が供給されてインテリジェンスが生まれる。

（綿抜豊昭『戦国武将と連歌師』五七〜五八頁）

その「インテリジェンス」を戦国大名などに提供できる存在が連歌師だと、綿抜氏は指摘しています。中には連歌のみが上手で、年中あちこち旅をしていても政治・経済には大変疎く、大名にインテリジェンスをうまく提供できない連歌師もいたでしょうが、今日に名前が残っている連歌師の多くはそうした才能があったのでは、と私は感じています。本書で取り上げる宗長《そうちょう》、宗牧《そうぼく》、宗碩《そうせき》などは少なくともそうした才があったと思います。

戦国時代には連歌が大流行しました。天皇や公家、戦国大名やその家臣、豪商、僧侶、神官など、一定の教養がある人ならば数人で連歌会を興行したものです。その記録も今日に多く残っています。

読者の中には、明智光秀が本能寺の変を起こす直前に詠んだ「ときは今 あめが下しる 五月かな」をご存知の方も多いかと思います。これは愛宕《あたご》百韻《ひゃくいん》という光秀主催の連歌会で、自身が詠んだ発句《ほっく》です。光秀も連歌が大変好きな武将でした。

連歌会は京都だけではなくあちこちで開催されましたので、連歌師として高名になれば地方の戦国大名や国衆から招かれたのです。戦国の連歌師は、まさに旅に生きた人たちで、旅の途中で死ぬ者も少なくありませんでした。各地で見聞きした情報をパトロンになってくれる戦国大名や国衆、交友のある公家たちに伝えていたのです。そういったことから、情報伝達の役割を果たす者も出てきました。

ただ、その役割が過剰に喧伝されて、あたかも連歌師が隠密や忍者のように捉えられている向きも一部にあります。連歌師はあくまで連歌を詠む文化人です。隠密や忍者は武芸にも優れていたでしょうが、連歌師に武術の心得はなかったでしょう。ただ隠密や忍者が連歌師を装って諸国を旅したことはあったのかもしれませんが、そういう記録は全く残っていないので、なんともいえません。

第八章　宗長による情報伝達

▽宗長の生涯

では具体的に連歌師の行動をいくつか見ていきましょう。最初に取り上げるのは宗長です。宗長は文安五年（一四四八）に駿河国島田《しまだ》（静岡県島田市）で生まれ、父は鍛冶職人義助とされていますが、鶴崎裕雄氏によれば宗長自身は出自について特に語ってはおらず、この通説に信ぴょう性はないとのことです（鶴崎裕雄『戦国を往く連歌師宗長』）。

寛正六年（一四六五）、十八歳から駿河守護の今川義忠《いまがわよしただ》に仕え、出家したあとも文化担当の小姓のようなことをしており、合戦にもたびたび従軍したようです。文明八年（一四七六）に義忠は遠江（静岡県）へ侵攻し、尾張・遠江・越前守護の斯波義良《しばよしすけ》（のちの義寛）方の国衆と戦って勝利しますが、帰途に残党に襲われ、流れ矢に当たって討死してしまいます。

義忠の歿後、宗長は今川家を離れて上京します。一休宗純《いっきゅうそうじゅん》に参禅し、さらに連歌師の宗祇《そうぎ》について連歌を学びます。

宗長は宗祇のお伴として文明十年（一四七八）には越後（新潟県）に、同十二年（一四八〇）には周防（山口県）から筑紫地方（福岡県）にかけて旅をしています。当然、旅先では連歌会を行っており、宗祇一門として頭角を現すようになりました。

明応五年（一四九六）に宗長は三河（愛知県）に下り、そのまま駿河に移動して今川氏親《うじちか》に会います。義忠死後、今川家は家督争いの内乱状態にありましたが、首尾よく義忠の嫡男氏親がそれを制していました。氏親と宗長は、互いに信頼を寄せ合う関係になります。この間の宗長の行動は一定していません。京都、越後、上野国草津（群馬県草津町）、駿河とあちこちに行っています。

師匠の宗祇も越後や江戸など招かれるままに旅をしていましたが、ついに文亀二年（一五〇二）、箱根《はこね》（神奈川県箱根町）で息を引き取ります。享年八十二。応仁の乱後、在京していた有力守護たちは領地に帰っていて、宗祇は招かれるままに各地を訪れていました。箱根で歿したのも宗長がいる駿河を目指す途中でした。

歿後は名実共に宗長が歌壇の中心人物になりますが、永正四年（一五〇七）に京都を離れて、駿河に紫屋軒《さいおくけん》という庵を結び定住の地とします。氏親の招きもあったようです。

庵を駿河に結んだとはいえ、宗長はそこにじっとしてはいませんでした。氏親の依頼で各地に出向き、また遠隔地の大名や国衆たちに招かれて旅をすることもしばしばで、京都と駿河も頻繁に行き来していました。最期は一休宗純と同じ地で歿しようとしますが、氏親が病気のため、急遽駿河に戻ります。宗長は一休に憧れていたのです。

大永六年（一五二六）に氏親が歿すると、家督は嫡男の氏輝《うじてる》が継ぎました。氏輝は父の氏親とは違い、宗長を疎んじていたようです。最晩年は紫屋軒で寂しい日々を過ごしたようですが、それでも天下に名声は轟いていたので、まれに訪ねてくる人もいました。天文元年（一五三二）に八十五歳で歿しました。

宗長はまさに戦国時代を旅に生きた人物だったわけですが、その旅行の記録がたくさん残されています。記録とはいえ自作の和歌も多数収録されているので、文学作品として当時から受け入れられていました。その内容は、今日の研究によって史実であるとされています。

ではそれらの旅日記から、宗長の情報伝達者としての活動を見ていきましょう。

▽旅の目的

大永二年（一五二二）五月、宗長は駿河の紫屋軒を出発して上洛の途に就きます。今回の目的は二つありました。一つは伊勢神宮に参拝して管領細川高国《ほそかわたかくに》のために千句連歌を詠んで神前に奉納することと、二つめは越前守護朝倉孝景《あさくらたかかげ》のもとに行き、京都の大徳寺《だいとくじ》山門再建費用寄進の催促をすることです。

この二つの目的から、自発的に旅に出たのではなくそれなりの事情があったことがわかります。一つめは高国のため、二つめは親交を結んでいた大徳寺のためです。

▽伊勢神宮参拝と『伊勢千句』奉納

宗長は途中で国衆たちに出迎えられて、時には連歌会なども行いながら、東海道を上っていきます。しかし三河国本野ケ原《ほんのがはら》（愛知県豊川市）まで来たところ、これより先は合戦が勃発していて通行が危険なので、船で渥美湾《あつみ》、知多湾《ちた》を渡って尾張国刈谷《かりや》（愛知県刈谷市）の水野和泉守の館で一泊します。次いで知多半島西端の常滑《とこなめ》（愛知県常滑市）の水野紀三郎の宿所に泊まり、野間《のま》（愛知県知多郡美浜町）から船に乗って伊勢国大湊《おおみなと》（三重県伊勢市）に到着します。

合戦が起っているので、船で戦場を避けて宗長は行動しています。そういう情報は街道の宿場にもたらされていたのでしょう。

さて、宗長は大湊から山田（三重県伊勢市宇治山田町）に到着し、伊勢神宮に参拝します。七月下旬のことでした。

爰《ここ》より、伊勢大湊へわたり、山田につき侍《はべ》り。則《すなわち》参宮す。かねて立願《りゅうがん》の事ありて、当宮において千句。宗碩法師さそひくだし侍り。七月下旬下着。頓而《やがて》八月四日よりはじめ、毎日二百韻両吟。

五日にはてぬ。此《この》千句の事、今の管領高国、江州《ごうしゅう》より御入洛の刻、御法楽として立願申せし事なり。紫野大徳寺真珠庵の傍《かたわら》に有し時、御芳恩。且《かつ》は其《その》謝とも可レ申《もうすべき》にや。

（宗長「宗長手記　上」『宗長日記』一五頁）

京都から宗祇門下の宗碩を呼び寄せ、八月四日から五日間かけて千句を詠みました。毎日二人で二百句というのもすごいことです。この『伊勢千句』は伊勢神宮に奉納しています。

これは京都にいる管領細川高国からの依頼でした。高国は、足利将軍家と管領細川家の内紛によって一時近江（滋賀県）に逃亡していました。その際、政権奪回を祈願して、伊勢神宮に願を掛けたのです。それが見事に成就して京都に返り咲くことができたので、そのお礼に千句を伊勢神宮に奉納しようと思い立ち、宗長たちに頼んだのです。これを宗長が引き受けたのは、大徳寺真珠庵にいて宗祇のもとで連歌修行に励んでいた時代に、高国の世話になったからだと記されています。

▽連歌師は「中立」の存在

戦国時代は日本各地で合戦が日常的に起きていました。ですから旅とはいえ、江戸時代のように資金さえあれば誰でもできるというわけではありません。特に隣国同士で敵対関係にある場合、そこを通り抜けるだけでも命がけでした。その様子を「宗長手記」で見てみましょう。

無事に高国の依頼を果たした宗長は、二つめの目的を果たすため、越前一乗谷《いちじょうだに》（福井市）に向けて、八月十六日に山田を出立します。一乗谷は守護朝倉氏の本拠地です。越前に向けて、まずは伊勢亀山《かめやま》（三重県亀山市）を目指します。ところがまだ伊勢国を出ないうちに、ちょっとしたアクシデントが起こってしまいました。その様子を「宗長手記」の原文で確認してみましょう。

雲津川、阿野の津のあなた、当国牟楯《ほこたて》のさかひにて、里のかよひもたえたるやうなり。あなたは関民部大輔、今は隠遁何似斎《かじさい》、こなたはたけより宮原七郎兵衛尉盛孝、阿野の津の八幡までいひあはせ、自身平尾の一宿まで山田をたち、平尾の一宿のあした夜をこめて出。たつの刻より雨しきりにふりて、みわたりのふなわたり塩たかくみち、風にあひて雲津川又洪水。乗物・人おほくそへられ送りとどけらる。此津、十余年以来荒野となりて、四・五千間の家・堂塔あとのみ。浅茅・よもぎが杣、まことに鶏犬はみえず、鳴鴉だに稀なり。折節雨風だにおそろし。送りの人は皆かへり、むかへの人はきたりあはずして、途をうしなひ、方をたがへたゝずみ侍る程に、ある知人きゝつけて、此あたりのあしがるをたのみ、窪田といふところ、二里送りとゞけつ。其夜中に、関よりのむかへ、乗物以下具して尋ねきたりぬ。今日の無為《ぶい》こそ不思議におぼえ侍れ。此所の一宿、おり湯などして、その夜のね覚に

おもひたつ老こそうらみすゞか山ゆくするゑいかにならんとすらん

（宗長「宗長手記　上」『宗長日記』一六～一七頁）

宗長一行が「阿野津」まで辿り着きます。まだ伊勢国です。このあたりは南伊勢を抑えている伊勢国司《こくし》の北畠《きたばたけ》家と、北伊勢に勢力を張る関氏《せき》・長野《ながの》氏連合との境界地域で、いつ武力紛争に発展するかわからない危険地帯でした。一般の旅人だと通行は難しいでしょうが、連歌師の宗長は北畠家の家臣宮原盛孝《みやはらもりたか》の警護が付いて、阿野津の八幡で敵対する関何似斎《かじさい》（盛貞《もりさだ》）に引き渡される手はずになっていました。

ところが「たつの刻」（午前七時から九時）頃から風雨が強くなり——これはどうやら台風が襲来していたようです——、雲津川が洪水になってしまいます。阿野津は昔栄えた港でしたが、明応七年（一四九八）の大地震で大打撃を受け、以降は復興せず寂れた港となっていました。送ってきた宮原は引き渡すべき相手がいないのに、宗長をおいてさっさと帰ってしまいます。敵地との境ですから無用な軋轢を生むことを恐れたのと、台風も来ていたので早めに引き上げたのでしょう。宗長たちは途方に暮れてしまいます。

たまたまその付近に住んでいた宗長の知人がこれを聞きつけ、足軽を雇って窪田（三重県津市大里窪田町）まで八キロの道のりを送り届けてくれました。夜中になってからようやく関盛貞の一行が到着します。関は宗長のために乗物まで用意していました。

宗長は暴風雨の中、無事でいたことが不思議だと書いています。窪田ではお風呂に入ってくつろぎました。そこで詠んだ一句が最後に掲載されています。

「宗長手記」では合戦のことを「牟楯」という言葉で表しています。伊勢国は南北で二大勢力が対立していました。南伊勢は南朝の忠臣として名を馳せた北畠親房《ちかふさ》の子孫の北畠家が、代々朝廷から国司に任命されていました。

国司は奈良・平安時代、朝廷が全国政権だった頃に中央から派遣されて地方を支配していた役職で、公家が任命されていました。鎌倉幕府が成立しても、西国では依然として国司の力が大きかったといわれています。承久の乱で後鳥羽《ごとば》上皇が敗北すると名ばかりの存在になっていましたが、実は戦国時代になっても以下の三ヵ国の国司だけは朝廷から代々任命され、任国に土着して、戦国大名と変わらない存在になっていました（歴史学的にいえば北畠家は公家であり戦国大名とは全く違うのですが、まあやっていることは変わりません）。その一家が伊勢国司北畠家なのです。ちなみにほかの二家は飛驒（岐阜県）の姉小路家、土佐（高知県）の土佐一条《いちじょう》家です。姉小路家については第三編第二章で解説しました。大永二年（一五二二）当時の北畠家当主は晴具《はるとも》で、周辺地域に出兵して国衆と合戦を繰り広げていました。

北伊勢には鎌倉時代以来、土着していた関氏と長野氏がいます。当時は同盟を組んでおり、協力して北畠家と対立していました。

宗長はあくまで連歌師ですので、北畠家と関・長野両氏から見れば味方ではありません。味方でなければ、前近代では「敵」と見なされて双方から危害を加えられる可能性もありましたが、そこは宗長のネームバリューと連歌師という職業のおかげです。北畠家と関氏双方から家臣を派遣され、境界地で引き渡されるという段取りまで両家が組んでくれました。このような特別待遇を受けられる者はそういません。ということは、宗長は北畠家と関氏双方に顔が利くので両方から様々な情報を仕入れることができます。その情報を双方に流すこともできました。ですから連歌師は情報伝達者・情報仲介者としての役目を果たすことができたのです。

今回のケースは台風接近のためにうまく落ち合うことができず、宗長は非常に心細い思いをすることになったのですが、そこが宗長の誤算でした。

▽合戦による迂回

さて、宗長は関盛貞に警護されて亀山に到着します。ここから鈴鹿《すずか》峠を越えて越前に向かう予定でしたが、それは取りやめになります。

あのごとく、江州きのふより道ふたがるとなり。何似斎の館亀山、程三里ばかり山に入て、三町へだてゝ、新福寺と云律院の内、成就院旅宿。奇麗の掃除めをおどろかし侍り。十日あまり休息。(中略)

又、こゝにも牟楯。軍《いくさ》の用意ひまもなし。江州蒲生の城、守護より退治、日数になりて、爰かしこ牢人あつまり、後詰の合戦たび〱ときこゆ。道のやすからぬをあなひせられしかど、何ならぬかよひばかりはあり。乗物等のおくりはかりがたきにより、又山田に立帰《たちかへり》なんとすれば、雨風やまず。

（宗長「宗長手記　上」『宗長日記』一七頁）

「あのごとく」とは案の定という意味です。「江州」は近江（滋賀県）のことで、近江に行く道は昨日から通行ができなくなったと、宗長は概嘆しています。関盛貞は隠居してさらに出家しており、亀山城ではなく新福寺という寺院の住持をしていました。宗長はそこに逗留します。十日間いたようです。

なぜ通行ができなくなったかというと、近江国蒲生《がもう》郡に勢力を張っている蒲生氏の家督争いが起こっていたからです。蒲生氏は古くから近江南部に土着していましたが、室町時代には近江守護六角《ろっかく》氏の配下に一応属していました。しかし独立性は高かったようです。

蒲生本家は守護六角氏とは不即不離の関係を保っていましたが、蒲生貞秀《さだひで》は次男の高郷《たかさと》を守護六角高頼《たかより》の直臣として出仕させました。貞秀は家督を、高郷の兄秀行《ひでゆき》に譲りますが、一年後には歿してしまいます。高郷は家督を望みましたが、貞秀は秀行の嫡男秀紀《ひでのり》に継がせます。そして貞秀も間もなく歿します。不満に思っていた高郷は守護六角定頼《さだより》（高頼の子）の援護を受け、大永二年（一五二二）七月に挙兵し、秀紀の音羽《おとわ》城（滋賀県蒲生郡日野町）を囲みます。

「宗長手記」に記されている「牟楯」とは、この蒲生氏の家督争いのことです。秀紀がかなり劣勢に立たされていたことが、この文面からうかがえます。あちこちに牢人がいて、ものものしい雰囲気が漂います。「後詰」とあるので高郷方の軍勢でしょう。牢人を雇っていたのです。案内は頼めなさそうなので、宗長一行は山田へ戻ることにしました。

ちなみにこの家督争いですが、六角定頼の斡旋により、大永三年（一五二三）三月に秀紀と高郷は和睦します。ただ和睦とはいっても定頼は高郷の味方ですので、秀紀にはかなり厳しい条件が付けられていました。秀紀は音羽城退去を命じられて鎌掛城《かいがけ》（滋賀県蒲生郡日野町）に移り、音羽城は破却されてしまいます。家督は高郷の子定秀《さだひで》に移りました。

そして大永五年（一五二五）十月、高郷が秀紀を暗殺し、蒲生本家は滅亡します。蒲生氏は高郷系が本家となってしまいましたが、最終的にはこの「本家」も江戸時代初期に改易《かいえき》となって滅んでしまうのです。

▽京都での三条西実隆との交友

宗長は九月二日に山田へ戻り、十月には多気城《たげ》（三重県津市）を訪ねて連歌会を行っています。多気城は北畠家の居城でした。宗長は奈良から京都に向かいます。途中、山城国薪《たきぎ》（京都府京田辺市）の酬恩庵《しゅうおんあん》に立ち寄ります。ここは師である一休の終焉の地でした。

宗長は酬恩庵で大永三年（一五二三）を迎えます。しかしすぐに宗長は動かず、三月になって上洛します。京都滞在は一ヵ月ほどでしたが、その間、三条西実隆のもとを毎日のように訪れています。その様子は実隆の日記『実隆公記』に詳しく見られますが、書籍に関連する項目だけを抜き出すと次のようになります。

三月二十六日　実隆のもとに宗碩と一緒に訪問し、『源氏物語』「篝火《かがりび》」巻を読む。
閏三月五日　実隆を訪問し、持参した聖徳太子『十七条憲法』の銘と奥書を実隆に書いてもらう。
四月三日　実隆のもとを宗碩と共に訪問。『詠歌大概』の書写を実隆に求める。
四月六日　実隆宅にて「琵琶行《びわこう》」を読む。「琵琶行」とは唐の詩人白楽天《はくらくてん》の長編叙情詩で、唐の元和十一年（八一六）に成立したもの。
四月九日　実隆宅を訪問し永のいとまを請う。所望の『詠歌大概』を手に入れる。鮒などを贈る。永のいとまなので、二度と実隆とは会えないと思っていたのでしょうか。この時、実隆は宗碩に能登守護畠山義総宛ての書状を託しています。ここでも連歌師が書状の仲介役をしていたことがわかります。まさに情報の伝達者です。実隆と義総が、かなり親しい間柄であったことは前述しました。
四月十日　越前に向けて出立。

『詠歌大概』を宗長は実隆に写してもらいましたが、この写本は越前朝倉氏への土産物ではないかと、鶴崎裕雄氏は推測しています（鶴崎裕雄『戦国を往く連歌師宗長』）。

▽越前朝倉氏に大徳寺山門寄進を請求

ようやく二つめの旅の目的である越前に、宗長は到着します。朝倉氏に大徳寺山門造営の寄進を催促するためですが、これには次のような経緯がありました。

永正十六年（一五一九）、越前国一乗谷の深岳寺の祖心紹越《そしんじょうえつ》が、臨終の際に急遽宗長を招き、朝倉教景に大徳寺山門造営の寄進をするよう約束を取りつけさせます。間もなく祖心は亡くなりました。

その後、大徳寺の真珠庵より、山門造営は厳しいのでいったん中断するという書状が宗長に届きます。宗長は半ば諦めていましたが、しばらく経って山門造営話が再燃してきたので、朝倉氏に催促して欲しいと真珠庵から頼まれます。宗長は、朝倉氏にはこの話はなくなったと伝えてあるので、いまさら寄進しろとは話しにくいと伝えますが、真珠庵からは決まったことなので是非にと頼まれてしまいます。朝倉氏は教景が五万疋（五千万円）、一族の中で大徳寺にゆかりのある者が二万疋を約束してくれましたが、まだ京都には到着していないとのことでした。宗長もいろいろ売り払って三万疋を大徳寺に渡しています。

越前に到着した宗長は、四月下旬から八月下旬まで四ヵ月間滞在しています。どうやらこの交渉は、うまくいったようです。

▽宗長と朝倉教景の交流

越前で宗長と親交が厚かったのは当主ではなく、教景でした。

朝倉氏は、初め越前守護代という地位でしたが、応仁の乱の時に孝景（英林）が主君である斯波氏を追い出し、自らが守護となった戦国大名の走りです。教景は孝景（英林）の八男として生まれます。歴代当主の貞景《さだかげ》、孝景（宗淳《そうじゅん》）、義景《よしかげ》三代の参謀としてよく仕え、戦国大名朝倉氏のナンバーツーとして辣腕を振るいました。

宗長との関係は、宗祇の供として越前に下向して以来の長年の付き合いでした。宗長は越前には五回訪れていますが、いずれも教景が接待をしているようです。

教景は武将としてかなり優秀で、彼の歿後に朝倉氏は衰退していき、ついには織田信長に滅ぼされてしまうのですが、それはまだ先の話です。

さて、教景は武将らしく鷹に興味を示していました。「宗長手記」には次のような記述があります。

朝倉太郎左衛門教景宿所の庭に、鷹の巣を四とせ五とせかけさせて、去年初て巣だゝせ、大小二つ、誠に不思議の事なるべし。これにつきて、鷹の記建仁東堂一花《いっけ》、又詩歌などもとり〴〵侍し

に、

　また聞ずと帰るやまの嶺ならで巣だゝせ初《そむ》る庭の松が枝

（宗長「宗長手記　上」『宗長日記』三七頁）

京都の教景の宿所の庭に鷹が巣を作っていました。巣を作ってから四、五年目にあたる去年に、初めて鷹を巣立たせることができたとあります。「大小二つ」とあるので、どうやら二つ巣があったようです。鷹を幼鳥から育て、鷹狩りに使えるようになるまで訓練したわけですが、宗長はその成長記録（「鷹の記」とあるのがそれです）を付けることを、月舟寿桂《げっしゅうじゅけい》という禅僧に依頼しています。成長記録は『養鷹記《ようようき》』という書名を付けられ、江戸時代後期、塙保己一《はなわほきいち》によって『群書類従《ぐんしょるいじゅう》』に収録され、今日に伝わっています。『養鷹記』の奥書には宗長が教景のために、月舟に依頼したことが記されています。

『養鷹記』の作成は、宗長が自発的に月舟に依頼したのか、それとも教景の頼みなのかは判然としませんが、この宗長の行動も情報伝達者としての役割を果たしていると考えられます。

ちなみに教景は、庭で飼育する鷹に卵を産ませて孵化させるという、当時としてはたぐいまれな繁殖方法を確立しました。当時は鷹の巣からヒナを取って来て育てるか、若い鷹を捕まえてきて調教するかのどちらかの方法しかありませんでした。

もう一点、宗長と教景との交流の逸話を紹介します。「朝倉宗滴話記」という史料によると、次のようなエピソードが記されています。

一、人間として蓄なくては不《かなわざる》叶物にて候、雖《しかりといえども》然余に徳人のごとく蓄を本として、代物黄金過分に集置仁体は、本々より武者はせざる由申伝候、但伊豆之相雲ははりをも蔵に積べきほどの蓄仕候つる、雖然武者辺につかふ事は玉をも砕つべう見へたる仁に候由、宗長常に物語候事、

（萩原某「朝倉宗滴話記」『続々群書類従』第十、四頁）

教景は次のように言っています。「人間として蓄えがなければやっていけない。しかし金持ちのように銭や黄金を過分に集めている人物は、武士をやらないほうがよい。ただ伊豆の北条早雲《そううん》は針ですら蔵に積むほど蓄えていたが、合戦となると出し惜しみをせず、宝玉をも砕いて使っている、と宗長が常々話していた」。

宗長は諸国をめぐり、関東の戦国大名北条氏とも親交がありました。その初代である早雲の逸話も聞き及んでいたと考えられます。この逸話は別に北条氏の「極秘情報」ではありませんが、関東から遠く離れた越前では、有益な情報であったのでしょう。宗長が教景に様々な情報を伝えていることが、このことからもわかります。

さて、宗長は九月二日に近江守護六角氏の居城である観音寺城《かんのんじ》（滋賀県近江八幡市）を訪れて連歌会に臨み、九月十五日に上洛します。大徳寺山門は大永六年（一五二六）正月二十六日に立柱《りっちゅう》の運びと

なり、四月二十八日には宗長がこれを見に行っています。山門が完成したところをみると、朝倉一族は寄進を果たしたのでしょう。

二つの役目を果たした宗長は、無事駿河に戻りました。

▽情報伝達者としての宗長

「宗長手記」に記された宗長の旅の様子から、情報伝達者としての役割を見てきました。

宗長の交友関係は幅広く、公家、各地の戦国大名、国衆と密接な関係を築いていました。

宗長を介して、『詠歌大概』や『養鷹記』などの書籍が朝倉教景に届けられ、管領細川高国の依頼で『伊勢千句』を吟じてそれを伊勢神宮に奉納し、大徳寺真珠庵からの頼みで朝倉氏へ大徳寺山門造営のために寄進の督促まで行っています。

三条西実隆は書籍の貸借やその仲介、調査研究などを請け負っていましたが、宗長は書籍はもちろんのこと、それにとどまらない広範な情報を伝達していたことがうかがえました。

しかしながら宗長の活動は、「宗長手記」に記されたものだけではありません。ほかの史料からも、その行動の一端はうかがい知ることができます。もう少し詳しく見ていきましょう。

▽コネクション構築の仲介

大永六年（一五二六）二月、宗長は上洛の途に就きます。大徳寺山門が完成したので、それを見るためです。その様子は「宗長手記　下」に詳しく記されていますが、ここでは一点だけエピソードを紹介しましょう。

四月下旬、宗長は京都に入ります。その頃の京都は同月七日に後柏原《ごかしわばら》天皇が崩御され、皇太子知仁《ともひと》親王が践祚し後奈良《ごなら》天皇となりましたが、京都の街全体が喪に服していたのか静寂に包まれていました。

関山をこへ、粟田口にいたれども、人ひとりにもあわず。さしも此たうげは、かさをかたぶけ、かたをすり、馬輿さりあへざりし道ぞかし。京を見はたし侍れば、上下の家、むかしの十が一もなし。只民屋の耕作業の躰、大裏は五月の麦の中、あさましとも、申にもあまりあるべし。

（宗長「宗長手記　下」『宗長日記』八八頁）

宗長は逢坂関《おうさかのせき》のある山を越えて、粟田口《あわたぐち》から京都に入りますが、峠道では一人も出会いませんでした。峠から京都を見渡せば、家屋は昔の十分の一もなく、民家では耕作をしており、内裏は麦の中に見え「あさましとも、申にもあまりあるべし」状態でした。「あさましい」とは古語で「情けない。見苦しい。あきれるほどひどい」という意味です。

天皇の崩御で、京都が喪に服しているから静かなだけではありません。この頃は足利将軍家、管領細川家が二派に分裂して内紛を繰り返していました。将軍が京都を追われることもしょっちゅうでした。京都は疲弊して荒廃していたのです。

さて「宗長手記」には全く書かれていませんが、宗長は京都に到着したら、すぐに三条西実隆の邸を訪ねています。『実隆公記』には次のように記されています。

宗長上洛、百疋随身、今川金三両送之、不慮之芳志也、

（『実隆公記』巻六下、一八五頁）

これは四月二十七日のことで、翌日に宗長は大徳寺の山門を見学しています。真っ先に実隆に会っているところをみると、今回の旅の目的の一番は、実隆にお金を届けることではないかと思います。これを読むと、実隆は宗長から銭百疋、駿河守護今川氏親から黄金三両をもらっているからです。

翌二十八日に、実隆は周桂という商人を邸に呼んで、氏親から送られた黄金三両を換金しています。

昨日之金使周桂売、三両九貫五十文也、二朱其目軽云々、当時代一〔三カ〕貫百五十云々、然者四百減也、

（『実隆公記』巻六下、一八五頁）

黄金では支払いに使えないので、実隆は銭に換金しているのです。三両で九貫五十文でした。実隆はこの換金が不満だったらしく、四百文の損だと愚痴を書いています。

実隆は公家の中では中程度の身分ですが、内大臣という要職も務めています。そういった人物が、地方の戦国大名から黄金を贈られて翌日には換金し、その比率に不満を漏らしているなど、まさに戦国時代だと私は感じました。

それはさておき、ここで注目したいのは、宗長が金品を預かって京都の公家に渡していることです。おそらくお金だけではなく、宗長は諸国の大名や国衆の動向などをつぶさに見ていますので、駿河の状勢や道中の様子なども語ったと思います。こういった情報を実隆は知ることによって、三条西家のため、あるいは天皇家のために、次にどう動けばよいかを決める判断材料にしていたと考えられます。

▽荘園返還交渉

宗長は京都と地方、あるいは地方と地方を結ぶ活動をしていました。実はそればかりではなく、もっと重要なことも任されていました。

永正六年（一五〇九）七月、宗長は白河関《しらかわのせき》（福島県白河市）を見学しようと思い立ち、駿河を出立します。その紀行が『東路《あずまじ》のつと』です。これも関東地方の諸勢力の様子がうかがえ、文学だけではなく歴史研究にも活用できる格好の史料です。この中から一つ面白いエピソードを紹介しましょう。

建長寺天源庵は、横山獄《わうさんがく》開山大応国師遷化の旧跡なり。去《い》ぬる五年《いつとせ》ばかり先の年、回録す。庵領なども久しく知行せずしておよそなきがごとく也。紫野大徳寺衆中よりたびたび申さるると言へどもとかく事行かず。この折ふしに、堅真といふ人多年の知人にて、うちうちに申し伝ふることにて、江戸の館に六、七日に及べり。（中略）
即ち、かの天源庵領二ケ所返しつけらるべきよし厳重のことなり。顕方も一所あり。同じく返しつけ畢《をはる》。都鄙《とひ》今の折ふしには希有のことなるべし

（宗長「東路のつと」『中世日記紀行文学全評釈集成』第七巻、三〇三〜三〇四頁）

鎌倉五山第一位である建長寺《けんちょうじ》の塔頭《たっちゅう》天源庵は、かつて臨済宗発展の礎を築いた南浦紹明《なんぽじょうみん》が亡くなったお寺で名刹です。しかし五年前に火災に遭い、その混乱で天源庵が管理している荘園が、何者かに奪い取られてしまいました。京都の大徳寺の者たちは宗長に荘園を取り返してくれるよう頼みましたが、なかなかうまくいきませんでした。
そうした中、宗長は連歌会のために江戸城へ赴きます。当時の江戸城は、出家して建芳と名を変えて隠棲している上杉朝良《うえすぎともよし》の居城でした。朝良は扇谷《おうぎがやつ》上杉氏の前当主です。

この頃、関東管領《かんとうかんれい》は上杉氏の一派である山内《やまのうち》上杉氏が世襲しており、扇谷上杉氏はそれに準じた地位でした。もともと山内・扇谷両上杉氏と、主君の鎌倉公方足利氏とは代々仲が悪かったのですが、ついに足利成氏《しげうじ》が公方の時に全面戦争に発展します（享徳の乱）。最終的には成氏と、関東管領上杉氏の側についていた幕府との間で和睦が成立しました。

これで関東に平和が訪れたかというと、そうではありません。今度は山内上杉氏と扇谷上杉氏の間で内戦が勃発し、これも長期化します（長享の乱）。永正二年（一五〇五）三月、居城の河越《かわごえ》城（埼玉県川越市）を山内上杉氏の軍勢に包囲された上杉朝良は降伏し、長享の乱は終結します。和睦の条件として朝良は隠居し、養子の朝興《ともおき》に家督を譲ることとあったので、朝良は江戸城に隠棲したのです。束の間の平和が訪れたのですが、この数年後に関東地方の各勢力のミリタリーバランスが崩れ、再び戦乱が常態化することになります。

宗長が東国を旅したのは長享の乱終結直後ですので、「束の間の平和」の時期でした。宗長は江戸城で朝良らと連歌会を催し、一週間ばかり滞在します。そこで、堅真《けんしん》という長年の知人を介して朝良に荘園返還を申し入れたところ即座に応じてくれました。返還されたのは天源庵領二ヵ所、長尾《ながお》顕方《あきかた》領一ヵ所です。顕方は山内上杉氏の家臣で、当時は武蔵国鉢形《はちがた》城（埼玉県大里郡寄居町）の城主でした。

奪われた荘園が元の持ち主に返還されるのは、合戦で取り返すのならばいざ知らず、平和的に行われるのは戦国時代ではあり得ないことでした。宗長自身も、「今の折ふしには希有のことなるべし」と書いているのですから間違いありません。これはたまたまうまくいったことなのかもしれませんが、宗長に荘園返還交渉が大徳寺から依頼されたということは、彼にはそういった政治的手腕があると周囲が認めていたからでしょう。いくら上杉朝良の長年の知人を介して交渉を行ったとはいえ、宗長は駆け引きに長けていたから成功したと考えられます。

実は宗長が、荘園の返還交渉に携わったのは今回の事例だけではありません。永正七年（一五一〇）、三条西家が所有する畔蒜荘《あびるのしょう》（千葉県君津市・木更津市）という荘園が、上総（千葉県）の真里谷《まりや》武田氏によって奪われてしまい、収入が届かなくなって困っていると実隆が宗長に相談してきました。宗長は、武蔵国の国衆三田氏宗《みたうじむね》が真里谷武田氏と親しいという情報を仕入れ、氏宗を介して畔蒜荘返還を真里谷武田氏に頼みました。

真里谷武田氏は、室町時代に甲斐武田氏の内紛で逃れてきた武田信長《のぶなが》を祖とする上総武田氏の分家です。戦国時代前期に一時期房総半島でかなりの勢力を誇っていました。最盛期の当主は真里谷恕鑑《じょかん》ですので、おそらく三条西家の畔蒜荘も彼が奪ったのではないでしょうか。

畔蒜荘が三条西家に戻ったのかどうかは不明ですが、連歌師という職業ながら、交渉人のような仕事も引き受けていたのです。これも諸国を旅して各地の事情に精通し、あちこちにコネクションを持っている連歌師ならではだと思います。

▽武田・今川・斯波氏の合戦

宗長は交渉能力に長けていたので、かなり難しい仕事も依頼されます。合戦の和睦が最たるものでしょう。合戦の背景も含めて見ていきたいと思います。

舞台は甲斐（山梨県）です。甲斐守護職は南北朝時代から代々源氏の名門、甲斐武田氏が世襲していました。ところが応永二十三年（一四一六）に前関東管領上杉禅秀《ぜんしゅう》が、主君の鎌倉公方足利持氏《もちうじ》に反旗を翻します（上杉禅秀の乱）。反乱は持氏に味方した幕府によって一年後に鎮圧されますが、問題なのは禅秀方に、当時の甲斐守護武田信満《のぶみつ》が参陣していたことです。信満は持氏の討伐を受けて自害しました。

甲斐国は信満自刃以降、守護武田氏の権威が低下します。武田家内部でも分家の力が増して分裂状態になり、さらに本来守護を補佐する立場の守護代跡部《あとべ》氏が台頭してきます。また国衆小山田《おやまだ》氏、武田氏庶流の穴山《あなやま》氏なども自立し始め、守護の命令を聞かなくなりました。甲斐国は騒乱状態に突入します。

実は分裂していた武田家を統一し、さらに甲斐国の内乱を鎮めたのは武田信虎《のぶとら》です。信虎は戦国史好きの方ならばご存知かと思います。有名な武田信玄の父ですが、悪逆非道の武将というイメージが定着しています。しかし、戦国大名として信玄が活躍したのは父信虎が甲斐を統一したおかげなのです。それまでは何もかもバラバラだったのですから。

さて永正年間（一五〇四〜二一）、信虎はいまだ甲斐統一を成し得ておらず、その途上でした。永正十年（一五一三）、甲斐国河内領主の穴山信懸《のぶとお》が息子清五郎に暗殺されると、信風《のぶかぜ》が家督を継ぎます。どうやらこの時の穴山家中では信虎に付くか、それとも駿河守護今川氏親に付くかで意見が割れており、信懸暗殺は親今川派のクーデターと考えられているようです。事実、信風は今川に従属する姿勢を見せました。今川氏親と北条早雲（伊勢宗瑞《いせそうずい》）は、共に信虎打倒を画策していましたので、この一連の事件の背景には今川と北条の影がちらつきます。

二年余はそれでも大規模な戦闘は起こっていませんでしたが、永正十二年（一五一五）に突如、甲斐西部を領する大井信達《おおいのぶさと》が信虎に対して挙兵します。その理由は不明ですが、大井氏に隣接する穴山信風が今川に従ったことが原因だと考えられます。信虎と信達は交戦状態に入りました（大井合戦）。信虎勢は総力をもって大井氏の居城である富田城《とだ》（山梨県南アルプス市戸田）を攻めますが敗退し、多くの有力家臣を失います。

とはいえ大井氏側も、もう一度信虎が攻めてくれれば危うい状態でした。そこに駿河から今川軍が援軍にやって来ます。「宗長手記　上」に「甲斐国武田次郎牟楯《ほこたて》に付て、氏親合力《ごうりき》の事」（宗長「宗長手記　上」『宗長日記』一一頁）とあり、平山優氏はこの「武田次郎」とは大井信達の息子信業《のぶなり》であろうと指摘しています（平山優『武田信虎――覆される「悪逆無道」説』）。大井氏も元はといえば武田氏の庶流なので、宗長は「武田」と記したのでしょう。

援軍の今川軍は、当初信虎とは直接戦闘を行わず、甲駿国境を封鎖します。甲斐には塩をはじめとする物資が届かなくなりました。

翌永正十三年（一五一六）、ついに信虎軍と今川・大井連合軍との戦闘が開始されます。九月二十八日に万力《まんりき》（山梨県山梨市）で両軍は激突し、信虎は敗れます。勝った今川軍は寺社や村々に放火しました。しかし今川軍は信虎を追い詰めながらも、ついに討ち取ることはできませんでした。信虎は本拠地である川田館《かわだやかた》（山梨県甲府市）も放棄し、火を放ちます。

今川軍は勝山城《かつやま》（山梨県甲斐市）を築きます。たびたび両軍が衝突したようですが、戦線は膠着状態に陥りました。しびれを切らしたのか、今川軍は年末に駿河国駿東郡《すんとう》から新手の軍勢を攻めこませ、甲斐国都留郡《つる》で激戦となります。

都留郡に侵攻した今川軍は、吉田城《よしだ》（山梨県富士吉田市）に籠城します。どうやらここにきて信虎方が有利になりつつあったようです。両軍はにらみ合ったまま年を越し、永正十四年（一五一七）となりました。

実はここにきて、新たな事態が起こります。永正十三年（一五一六）暮れから遠江（静岡県）では、尾張守護の斯波義達《よしたつ》が侵攻し、今川軍と交戦状態に入っていました。遠江は氏親が室町幕府から守護に任じられていましたが、その前は斯波氏が守護だったのです（もっとも、さらにその前は今川氏が守護だったのですが……）。奪還しようと斯波氏はやっきになっていました。平山優氏によれば、義達のこの軍事行動は信虎と連携しているのでは、とのことです（平山優『武田信虎——覆される「悪逆無道」説』）。

さらに甲斐国内の反信虎派の国衆も、今川を見捨てつつありました。勝山城は孤立状態になってしまいます。宗長はその様子を「宇津山記」に「甲斐国勝山いふ城にこの国（駿河―引用者註）より勢をこめられし。いひあはせらるゝ国人心がはりして。人のかよひ絶はてつ」（宗長「宇津山記」『群書類従』第二十七輯、四〇〇頁）と描写しています。

▽武田・今川氏和睦の周旋

永正十四年（一五一七）正月二十二日、ついに今川氏親は甲斐攻略を諦めて和睦を模索します。その使者として白羽の矢が立ったのが宗長でした。その心境を、宗長は「宇津山記」で次のように記しています。

正月廿二日。匠作より久知音の国人につきてまかりくだり。無為の事をも申かよはすべきよしあれば。貴命そむきがたくて。則廿三日。こふをたちて。廿八日知人の館にいたりて。一折の連歌興行。

世は春とおもふや霞峯の雪

（宗長「宇津山記」『群書類従』第二十七輯、四〇〇頁）

「匠作」とは氏親のことです。和睦の交渉などは失敗したら命を落とすこともあるのですから、宗長は当然気が進みません。しかし「貴命そむきがたく〳〵、しぶしぶ引き受けます。翌日には駿府を出立、二十八日には知人の館に到着します。知人とは不明ですが、平山優氏は大井信達ではないかと推測しています（平山優『武田信虎――覆される「悪逆無道」説』）。そこで宗長は連歌会を開催しました。

さて宗長は信虎と早速交渉に入ります。「宇津山記」を読んでみましょう。

五十日にをよび。敵味方にさま〳〵老心をつくし。まことにいつはりうちまぜて。三月二日。二千余人。一人の恙もなくしりぞき。帰路に身延と云法花堂に一宿。寺の上人所望に。

雪こほり山やあらそふ春の水

春来て雪氷我さきにとうちとけ。ながれ出たる山水のさまにや。下の心はこのたびの一和の心にもや。

（宗長「宇津山記」『群書類従』第二十七輯、四〇〇～四〇一頁）

和睦が締結されるまで、交渉が五十日もかかったとあります。宗長は信虎ともおそらく会ったのでしょうが、武田・今川両陣営に本当のことだけではなく、偽りも混ぜて粘り強く交渉したことがうかがえます。そして三月二日、ついに一人の犠牲者も出さずに、今川軍が甲斐国内で孤立していた勝山城から撤兵することができました。その数二千人あまりです。

宗長は洋々と引き上げますが、その帰路に身延山久遠寺《みのぶさんくおんじ》（山梨県南巨摩郡身延町）に立ち寄って一泊します。久遠寺の僧が所望したので和歌を一首詠みました。春が到来して雪や氷が我先にと溶け出して水になっているさまと、和睦が成立して勝山城の今川軍将兵二千人が、我先にと城を退去するさまとを掛けているのです。「一和」とは和睦のことです。

武田と今川の講和が成立したので、おそらく大井信達も降伏したと推測されます。大井合戦は信虎の逆転勝利で終結しました。ちなみに信達の娘が信虎のもとに嫁ぎます。のちの大井夫人で、武田信玄の母として有名です。ちなみに都留郡の小山田氏は、宗長の仲介とは全く別に今川氏と和睦しています。

連歌師が情報伝達者として戦国時代に活躍していたとはいえ、さすがに和睦の交渉まで行って成功させたのは宗長しかいないでしょう。綿抜豊昭氏は宗長のこの活動を次のように評しています。

情報を受け取り、相手に伝え、また相手より返事を受け取り、伝えるのには、書状の運搬にとどまらず、口伝えのやりとりもあり、そうしたことをする連歌師の中には、高いコミュニケーション能力を有するようになった者もいた。宗長はそうした者の一人としてあげられよう。その能力が特にいかされたのが、武田信虎と交渉したときであったといえようか。

（綿抜豊昭『戦国武将と連歌師』六三頁）

こうした交渉事は、文字化された情報（書状）の運搬の派生であると、綿抜氏は指摘しています。そうすると荘園返還や和睦も情報伝達者の仕事といえるでしょう。

ほかの連歌師の事例も、もう少し見てみましょう。まずは宗長と同じ宗祇門下の宗碩です。

第九章　宗碩による情報伝達

▽宗碩とは

宗碩は文明六年（一四七四）に尾張（愛知県）で生まれました。十代の頃に京都へ上り、宗祇に弟子入りします。宗祇が亡くなってからは、京都を中心に連歌師として活躍しました。宗長と同様に三条西実隆とも親しく、実隆の染筆《せんぴつ》、書写本などを地方の武士によく取り次いでいます。また荘園の年貢取り立ての使者にもなっています。

宗碩は生涯に何度も大旅行をしました。美濃（岐阜県）、摂津（大阪府・兵庫県）、和泉（大阪府）、伊勢などの近国をはじめ、種子島まで行った九州旅行や能登旅行もしています。能登では守護畠山義総の『源氏物語』伝授を成功させるべく、実隆との間の仲介役を引き受けました。

宗碩は関白・太政大臣の近衛稙家《このえたねいえ》や、管領細川高国の使者としても働いており、まさに連歌師だけではなく情報伝達者としても存分な働きをしました。

中国地方への旅に出て三年目の天文二年（一五三三）、長門（山口県）で客死しています。長門・周防など複数の国の守護を務めた大内政弘《おおうちまさひろ》・義興《よしおき》父子とも親しく、訪ねていた最中のことでした。享年六十。

では、いくつか宗碩の情報伝達の事例を見てみましょう。

▽写本制作の仲介

まずは書籍に関する仲介事例を一点取り上げてみます。

明応八年（一四九九）三月二十日、宗碩は美濃守護代斎藤《さいとう》氏の一族と思われる斎藤弾正基孝を三条西実隆に紹介し、『源氏物語』の新しい写本を制作することを依頼しています。同日、やはり基孝の『古今和歌集』写本に奥書を認めて欲しいという依頼を、宗碩の師である宗祇も実隆に伝えています。これを見ると、基孝はもともと宗祇の知り合いだったのでしょう。

宗祇、宗碩といった連歌師が仲介して、地方の守護代レベルの武将の依頼を、京都の公家である実隆に伝えています。連歌師が書籍を地方に広める役目を果たしているのです。このケースでは書籍貸借ではありませんが、当然貸借の仲介も行っていたと思われます。

宗長は様々な形で京都と地方の人びとを結んでいましたが、宗碩も負けてはいません。書籍以外の情報伝達のケースを見ていきましょう。

▽書状の伝達

『伊勢千句』のところで述べましたが、宗長は管領細川高国の依頼で宗碩と共に連歌を千句詠み、伊勢神宮に奉納します。宗長は伊勢千句のためにわざわざ京都から宗碩を呼び寄せるのですが、その際、宗碩が著した紀行が「佐野のわたり」です。

宗碩が京都を出立したのは、大永二年（一五二二）七月二十一日のことでした。たまたま上洛していた尾張の織田信定《のぶさだ》も、途中まで同道しています。信定は織田信長の祖父です。

宗碩は奈良から伊勢に進みます。

明くれば伊勢の国へ立ちぬ。今日の道までは筒井より送りの人々率て行くに、鞍おきたる馬どもあまた行きむかへるに、供なる者に案内して、宮原七郎兵衛尉の迎へのよし言へり。かく言ふはすがの野などいふ辺りなり。

（宗碩「佐野のわたり」『中世日記紀行文学全評釈集成』第七巻、一五四頁）

これまで大和国（奈良県）の古刹を訪れていましたが、いよいよ伊勢国へ旅立ちます。大和国内は筒井《つつい》氏の配下の者が一行を警護してくれました。

大和国は古くから興福寺《こうふくじ》の力が強く、守護は不設置でしたが、室町時代に入って正長二年（一四二九）に勃発した興福寺衆徒同士の合戦（大和永享の乱）以降、興福寺の権威が衰退し、筒井氏は越智《おち》氏、古市《ふるいち》氏、豊田《とよだ》氏らほかの国衆と合戦を繰り広げていました。和睦をしてもすぐ破られるということが、半ば常態化していたのです。宗碩一行が大和を通過した頃は、束の間の平穏の時期でした。

宗碩一行は、大和国すが野（奈良県宇陀郡御杖村菅野）で、筒井氏から伊勢国司北畠家の家臣宮原盛孝に護衛がバトンタッチされます。

宗長の時も同様でしたが、連歌師の旅では各地の諸勢力の護衛を付けることができたのです。この事例からもそれがわかります。

> これ（すが野―引用者註）より送りの輿・馬など返しつつ、夜になりて多芸《たげ》へ行きつきぬ。かれへは管領の御文あれば、つけ侍りぬ。
> 又のあした、北畠の少将家に参る。御対面あり。
> （宗碩「佐野のわたり」―『中世日記紀行文学全評釈集成』第七巻、一五四～一五五頁）

すが野から送りの輿や馬などを返して、夜になって北畠家の本拠地である多気城に着きました。宮原には管領細川高国から預かってきた書状を渡しています。そして翌日に、北畠晴具と宗碩は対面しています。

高国からの晴具宛て書状は今日伝わっていませんが、書状というのは、実は肝心なことは書いていないのです。核心に触れることは、使者が口上で直接相手に伝えました。前日に書状を渡し、翌日に晴具に宗碩が会っているのは、何か重要な高国の言伝を口頭で伝えたのでしょう。

▽人物の紹介

宗碩は地方の大名や国衆と、京都の公家の仲を取り持つことも行っています。

大永四年（一五二四）三月、近江守護六角定頼の家臣種村貞和《たねむらさだかず》の依頼で、連歌興行を行うことになりました。これは貞和の本貫地《ほんがんち》である伊庭《いば》（滋賀県東近江市）から名前を取り、「伊庭千句」と今日呼ばれています。実は宗碩、宗長、三条西実隆らは、その直前に管領細川高国が主宰する「管領一日千句」に出席したばかりでした。

「伊庭千句」開催のいきさつは『実隆公記』に見られます。二月二十六日に宗長と宗碩が実隆のもとを訪ね、一杯飲みながら昨日の「管領一日千句」の話をしていました。慰労会のような酒席だったのでしょう。実隆が記すには、近頃近江の種村貞和という者が千句を行いたいと、宗長と宗碩を介して言ってきているとあります。実隆はこの時点では全く気乗りがしておらず、種村のことを「田村」

と誤記していますし、「思案之半也」と書いています。承諾はこの時点ではしていません。

しかし、それで諦める宗長と宗碩ではありません。何度も宗長と宗碩が実隆邸を訪れています（ほかにも用事があったので、貞和の件だけで訪問したとはいえませんが）。そして三月十三日の記事に「連哥閑談」とありますので、ついに実隆は承知したようです。

そうすると連歌師の行動はかなり迅速です。十五日の夜には宗碩に伴われて貞和が実隆邸にあいさつに訪れます。当然、貞和は手ぶらではなく、「五百疋の折紙これを進上す」とあるように五百疋の目録を持参したのです。これはお近づきのしるしという意味のものです。

十七日、宗碩の庵で連歌会が興行されます。三人で千句詠むのですから大変です。初日は百五十韻、十八日は二百五十韻、十九日に二百韻、二十日に二百韻、二十一日に二百韻で、夜に入ってから千句達成して終了となりました。初日は、実隆は気乗りがしなかったのか、百五十韻しか詠めなかったとこぼしています。でも無事に五日間で終わりました。

翌二十二日、夕暮れ時に貞和が宗碩に伴われて実隆邸を訪問しています。千疋と、柳酒三荷、菱喰《ひしくい》一、鮭一、昆布などをお礼として持参してきました。また貞和は、依頼する際に、承知すれば五百疋渡すと実隆に約束していたので、五百疋も持参してきました。つまり銭は合計千五百疋が実隆のものとなったのです。柳酒は、当時京都を代表する名酒、菱喰は鴨《かも》の仲間の鳥、それと鮭と昆布です。実隆は「過当事也」とたいそう喜びました。思っていたよりもお礼が良かったのです。

ここに、京都にとどまっていた当時の公家の悲哀が如実に表れています。前内大臣が、地方の守護の一家臣の贈り物に欣喜雀躍しているのです。連歌興行は実隆にとっては趣味ではなく、現金収入が得られる実入りの良い仕事でした。渋っていたというのも、ひょっとしたら値段を釣り上げていたのかもしれないと、私は邪推してしまいます。

さて、この「伊庭千句」はすべて記録されており、本に仕立てられます。二十七日に宗碩がやって来て、千句の奥書を実隆は認《したた》めています。

実隆、宗長、宗碩という当時一流の文化人が詠んだ千句の本は、地方の一武将に過ぎない貞和にとって大変栄誉なことだったのでしょう。『伊庭千句』として、今日も本は残っています。

今回は宗長も関与していますが、貞和を実隆に引き合わせているのは宗碩なので、貞和は宗碩の知り合いなのでしょう。知らない者同士を結びつけて連歌興行を行い、その記録を本として残し、依頼者である貞和に渡す。この一連の行動は、人と人を結びつける役割を宗碩が担っていたといってよい事例です。

第十章　宗牧による情報伝達

▽宗牧について

宗牧《そうぼく》は宗長と宗碩に連歌を学びました。越前一乗谷の出身と伝わっていますので、ひょっとしたら朝倉氏の縁者かもしれません。

最初の頃は師である宗長に同道して伊勢に行き、また宗碩のお供で九州各地を旅して種子島まで足を延ばしていますが、永正十七年（一五二〇）以降は主に京都に在住していました。連歌会などには頻繁に参加し、関白・太政大臣の近衛尚通《ひさみち》・稙家父子、三条西実隆らと交流を持っていました。このメンバーは宗長、宗碩も親しかったので、門下である宗牧も自然と親しくなったのでしょう。

師匠たちほどではありませんが、宗牧も旅は続けていました。駿河、中国、九州などへ赴いています。

宗長と宗碩の歿後は歌壇のトップに立ち、連歌宗匠となりました。足利将軍家や管領細川家主催の連歌会にも招かれています。

晩年は東国を旅し、白河関見学が目的でしたが果たせず、天文十四年（一五四五）に下野国佐野（栃木県佐野市）で客死しました。

▼女房奉書の伝達

宗牧も師である宗長や宗碩と同様に、あるいはそれ以上に情報伝達者としての役割を果たしました。宗長は、自分と親しい交友関係にある大名や公家に限定して情報を伝えています。例えば厄介になっている駿河の今川氏や、能登の畠山氏などです。しかし宗牧の交友関係は広く、相模（神奈川県）、伊豆（静岡県）の戦国大名北条氏康《うじやす》や、尾張の織田信秀《のぶひで》などかなり広い人的コネクションを持っていました。信秀は信長の父です。

ここでは、宗牧最後の旅となった天文十三〜十四年（一五四四〜四五）の東国旅行から、二つの事例を紹介します。

まずは「東国紀行」の該当箇所を読んでみましょう。

其年（天文十二年―引用者註）織田弾正（信秀―引用者註）禁裏御修理の儀依レ被二仰下一。平手中務丞（政秀―引用者註）まかりのぼり。御料物進納。其後叡感の趣をおほせくだされたくは覚しめしながら。所々出陣など聞しめしをよばれ。旁とかくをこたられしを。態勅使をなど下さるべき事は国の造作なれば。我等下国に女房奉書などことづてらるべきよし広橋殿より仰聞せられたり。便路とは申ながらはゞかりおほくて。しんさくの趣再三申あげたれども。しゐて仰なれば御請を申たり。

（宗牧「東国紀行」『群書類従　訂正三版』第十八輯、八一二～八一三頁）

尾張の織田信秀は重臣の平手政秀《ひらてまさひで》を上洛させ、天文十二年（一五四三）二月に御所の修理代として四千貫（約四億円）を献上しました。後奈良天皇はいたく感心されましたが、勅使を尾張に派遣するのは大げさになってしまうので、女房奉書《にょうぼうほうしょ》を東国に下る宗牧に持たせることにした、とあります。公家で織田家と昵懇であった広橋兼秀《ひろはしかねひで》から依頼された宗牧は何度も断りましたが、「しゐて仰なれば」しぶしぶ引き受けます。

女房奉書とは天皇の意向を受けて、近侍する女房が認めた書状のことです。非公式な文書ですが、天皇の意向を内々に伝える手段として頻繁に使用されました。

翌日霜台（織田信秀―引用者註）に見参。朝食已然女房奉書古今集など拝領。今度不慮の存命もこのためにとてぞ有ける。家の面目不レ可レ過レ之など。

（宗牧「東国紀行」『群書類従　訂正三版』第十八輯、八一三頁）

宗牧は朝食の前に信秀と会見し、女房奉書だけでなく『古今和歌集』も渡しています。後奈良天皇からの下賜品でしょうか。

信秀は「今度不慮の存命もこのため」であったか、と言っています。天文十三年（一五四四）に信秀は美濃（岐阜県）に侵攻しましたが、逆に美濃守護代斎藤利政《としまさ》（のちの道三《どうさん》）から返り討ちに遭い、織田家重臣が何人も討ち取られる大敗北を喫してしまいました（加納口の戦い）。「今回思いがけず生き残ったのは、この栄誉に浴するためであったのか。織田家の誉れである」というような意味のことを、信秀は言って恐縮したのです。

ここで信秀の地位について説明しておきましょう。この頃の尾張守護は斯波義統《よしむね》でしたが、かつての斯波氏の勢いは見る影もありませんでした。

前述した大井合戦に、義統の父である義達《よしたつ》が介入したまでは良かったのですが、宗長の活躍で今川と武田が和睦してしまい、今川が総力を挙げて斯波を潰しにかかってきたのです。義達は捕虜になり出家、家督を嫡男の義統に譲りました。この事件によって尾張国内では守護斯波氏の権威が著しく低下したのです。

とはいえ、守護代の織田氏が台頭したのかといえば、必ずしもそうとはいいきれません。織田氏も二家に分裂しており、尾張を上四郡・下四郡に分割して治めるという事態になっていたからです。

織田信秀は、その下四郡守護代織田大和守家に仕える、清須三奉行の一家に過ぎません。しかし、父信定の頃から経済力と武力を高めることに成功し、信秀の代では他の二奉行家はおろか守護代、守護斯波氏までをも圧倒し、事実上尾張で一番の勢力を誇るまでになりました。下剋上の典型的な武将であったわけです。守護代より格下の信秀ですので、多額の金銭を献上して朝廷に恩を売り、名前を広めたかったのでしょう。

次に宗牧は三河（愛知県）に行き、松平広忠《まつだいらひろただ》にも女房奉書を届けています。広忠は徳川家康の実父です。

このように、宗牧は非公式とはいえ天皇の意向を書いた書状を伝達することもあったのです。一連歌師の仕事としては、重すぎるものでしょう。事実、宗牧は何度も断っています。それでも懇願されたというのは、各地の大名にコネを持っていて、比較的安全に旅行することができる連歌師は朝廷からも頼りにされていたのです。

第十一章　情報伝達者としての連歌師

▽連歌師に対する警戒

宗長、宗碩、宗牧と、京都と地方を結びつける情報伝達者としての役割を見てきました。連歌師が単なる連歌を詠んでいるだけの存在ではないことが、おわかりいただけたと思います。

プロの間者《かんじゃ》ではありませんが、それに近いことを連歌師が行っていたことは、戦国武将ならばみな知っていることでした。ですから、味方の連歌師はかなり便利に使えたと思うのですが、敵になると警戒の対象になります。

天正十七年（一五八九）と比定される、六月一日付けの八戸《はちのへ》二郎宛て南慶儀《みなみもりよし》書状と、六月六日付け八戸宛て南慶儀書状を見てみましょう。

南慶儀は三戸《さんのへ》南部氏の庶流で、当時は南部氏の重臣となっていました。系譜に表れる「南盛義」と同一人物と目されています。南部氏は陸奥北部に大勢力を誇った戦国大名で、天正十七年（一五八九）段階では三戸（青森県三戸市）が本拠地でした。

さて一日付けの書状に、次のような文言が確認されます。小井田幸哉氏の読み下し文を引用します。

此方へ宗加入来に就き、大泉坊罷り越されき、一会を致し候に我々心底をあらはし候、雑談申さるべく候事恥入り候

（小井田幸哉『八戸根城と南部家文書』三七一頁）

宗加という人物は伝未詳ですが、「宗」という字が付いていることから、宗祇一門に連なる連歌師と考えられます。当時、慶儀は浅水《あさみず》城主でした。また八戸二郎とは八戸直栄《なおよし》と比定されています。八戸氏は南部氏の庶流で、八戸（青森県八戸市）が本拠地でした。大泉坊は八戸在住の修験者です。

これを読むと、大泉坊が宗加という連歌師と一緒に浅水城の慶儀を訪ねてきたことがわかります。慶儀は以前から大泉坊と親交があったのでしょう。本来は当たり障りのない雑談をすべきところ、つい余計なことまで宗加の前でしゃべってしまった。迂闊さに恥じ入るばかり、という意味に取れます。そのことを八戸城の八戸直栄に「ご注意を」と、わざわざ書状で知らせているのです。

六月六日付けの書状にも、この宗加の名前は出てきます。小井田氏の読み下し文を次に示します。

宗加此方に逗留申され候て、万々雑談共承り候ひき、罷り帰られ候はば、雑談すくなく申されべく候か、大泉坊へも言伝申し候

（小井田幸哉『八戸根城と南部家文書』三七四頁）

慶儀は、宗加が八戸に帰ったら雑談はあまりしないようにしましょう、同道の大泉坊にも言伝しておきますと、直栄宛ての書状に認めています。

この二通の書状から、慶儀が連歌師宗加をかなり警戒していることがうかがえます。連歌師には何も話すな！というわけです。うっかり話すと、自らを滅ぼすことにもなりかねないからです。

▽「情報伝達者」としての連歌師

以上、連歌師の活動を見てきました。本書で取り上げたのは、高名な連歌師のいくつかの事例に過ぎませんが、戦国時代にどのようなことを行っていたのか、読者の皆さんにはよく理解できたと思います。

まず連歌師も、公家の三条西実隆のように書籍の貸借や書写・校合の仲介、調査相談などを引き受けていました。ただ実隆と違う点は、連歌師自らが書写・校合を依頼されることは少なかったという

ことです。連歌師よりも能筆であり、身分の高い公家のほうに需要がありました。連歌師は地方の戦国大名や国衆の依頼を受け、京都在住の能筆の公家に書写・校合の依頼をすることが多かったと思われます。

書籍に関係がなくとも、連歌師は種々の情報を伝達していました。人物の紹介、書状の伝達、金銭の伝達、寺院寄進の交渉、荘園返還交渉、合戦の和睦交渉まで行っています。

連歌師は連歌を教授し、連歌会興行を行うために地方に下向する機会が多く、諸国の事情に精通していました。その土地の事情にも詳しい者を多く知っていたのです。敵対する勢力の領国でも通行できる特権を持っていたようで、国境まで双方の勢力に護衛されて送られています。それゆえ、交渉事も頼まれることがよくあったのでしょう。

今日の図書館は、無料で本を貸してくれる場所という機能だけではなく、その地域の様々な情報を提供しています。例えば行政情報、医療情報、ビジネス情報、法務情報、果てはグルメマップや観光案内まで行っています。また地域住民同士の交流、出会いを目的として各種イベントも毎週末のように開催していますし、婚活イベントを行っている公立図書館も出てきました。図書館は「本」ではなく、「情報」を扱う場所でもあるのです。

戦国時代には、公的な施設はほとんど存在していませんでした。ただ連歌師のような立場の人物が、情報を各地に運び、書物と人、人と人とを仲介する役割を果たしていたのです。それが拡大されて、停戦調停の交渉まで行うのはすごいですが、連歌師の活動は現代の図書館サービスと類似している点も指摘できると、私は思います。

おわりに

庶民の「図書館」は戦国時代にあったのか

戦国時代の各種「図書館」について見てきました。いかがだったでしょうか？

今日のきちんと制度化された図書館とは違い、かなりバラエティーに富んでいたことがおわかりいただけたかと思います。

さて、実は本書で触れなかった点が一つあります。戦国時代には、庶民を対象にした「図書館」のようなものはなかったのか？　ということです。

戦国時代は江戸時代と比較すると圧倒的に史料が少なく、しかも公家や武士に偏っている傾向があり、また戦国時代の民衆の識字率は相当低かったと推測されています。庶民が気軽に本を楽しむことができるようになったのは、江戸時代も半ばを過ぎてからのことです。

とはいえ、民衆対象の教育機関が全くなかったわけではありません。室町時代からは十四、五歳になると「寺入り」と称して、出家ではなく教育のために寺院に入る慣習ができました。子どもたちはそこで読み・書きを学んだのです。寺入りは、民衆とはいえ地侍や有力農民の子弟のためのものだったようですが、室町・戦国時代には教育が徐々に民衆まで広がっていったのです。

江戸時代の寺子屋の教科書は「往来物《おうらいもの》」といわれ、今日でも夥しい量が残されています。幕末ぐらいに出版されたものならば、古書店でも数百円から数千円ぐらいで手に入ります。この往来物が普及し始めたのが室町時代以降です。寺院の学校でも往来物が教科書として使われました。

呉座勇一氏によると、永享二年（一四三〇）十月の奥書がある『出法師落書《いでほうしらくしょ》』には、丹波国（京都府など）の山村にある寺院の僧侶が、多くの少年に対して『童子教《どうじきょう》』や『和漢朗詠集《わかんろうえいしゅう》』を教えたという記述が見られるそうです。また十六世紀、奈良興福寺《こうふくじ》の塔頭《たっちゅう》である深窓庵に、商人の子どもが入る事例が見られると、呉座氏は指摘しています（呉座勇一『日本中世史への招待』）。

もともと寺院は僧侶のための教育機関でしたが、武士の子弟も受け入れるようになり、室町時代に入ると民衆の子どもたちの一部も、「入学」が許可されたことがわかります。

寺院は古代から仏教書などの経典を集め、図書館のような役割を果たしている経蔵《きょうぞう》を附設していると拙著で指摘しました（新藤透『図書館の日本史』）。経蔵は「図書館」と親和性が高い機能を有していたのです。したがって室町・戦国時代には、子どもを受け入れている中小の寺院では蔵書が蓄積され、庶民のための「図書館」のような機能を果たしていた可能性は大いにあります。しかし「図書館」というためには、ある程度の蔵書量が確認されなければなりませんし、貸借などが最低でも確認されなければならないでしょう。この点は今後の課題です。

戦国時代の「図書館」

戦国時代と聞いて現代人の我々が想起するのは、武士たちは毎日合戦に明け暮れ、京都も地方も荒廃した荒んだ時代、もしくは天下を目指して各地に群雄が割拠し、実力次第では農民でものし上がれ、旧来の秩序が崩壊した下剋上の時代、とイメージする方が多いと思います。

本書では「図書館」や書籍、あるいは情報をキーワードにして戦国時代を見てきましたので、だいぶ印象が変わったのではないでしょうか。日本中で戦《いくさ》が起こっていても、天皇、公家、武士たちは書籍を求め、情報を求め、各地の人たちと繋がることを欲していたのです。

ドラマなどで戦国大名が「天下を獲る」などと宣言していますが、あれは嘘です。各地の大名たちは隣国を侵略して自領を拡大することには一生懸命でしたが、足利将軍家になり替わろうと考えていた者はいません。例外は織田信長だけです。

戦国大名はその土地を支配する正統性を主張するために、室町幕府や朝廷に接近して守護職や官位を得ようと必死でした。奥州の伊達氏が、陸奥国全体を支配する幕府の役職である奥州探題を代々希望していたのも、小田原の北条氏が関東諸国の守護の上位に置かれる関東管領を名乗ったのも、すべて領国を支配する正統性を形ばかりとなった室町幕府の役職に求めていたからです。そのためには、将軍の側近や公家の口添えが必要でしたので、彼らと親しくなるために古典文学作品の写本を欲し、連歌の実力を磨きました。中には私設図書館である文庫を形成する大名も登場してきました。

しかし、私は必要に迫られて読書をしていたばかりではない、と考えています。戦国武士たちも『平家物語』や『源氏物語』、『古今和歌集』などを読んで楽しみ、連歌を作ることで気晴らしをしていたと思います。人間はイヤイヤやっていることには、あれほどの情熱を注げないものです。

また、足利学校は戦国時代最大の高等教育機関として、儒学だけではなく実学である易学、医学も教授していました。足利学校の蔵書数は決して多くありませんでしたが、かなり質は高く、今日の大学図書館のような機能を有していたと思います。そこで学んだ学生たちは、軍配師として戦国大名に「就職」する者も多くいましたし、医師として生計を立てる者もいました。

戦国時代に対して、日本中が分断されてバラバラなイメージを抱いていた方も多いと思いますが、そんなことはありません。連歌師のように、書物だけに限らない種々の情報を伝え、各地の人びとを結びつける役割を担っている者も結構いたのです。

戦国時代は書籍と情報のネットワークが、天皇、公家から武士にまで広がりました。江戸時代には町人や農民にまで広がります。時代が新しくなるにつれて、書籍は身分を超えて順調に読者を広げていきました。翻って現代では、読書離れが進んでいますから、歴史的に考えれば「新しい時代」に突入しているのかもしれません。

「明日の命の保証がない」戦国の人びとも本を読んでいたので、平和な時代に生きる我々も見習って読書にいそしむのも、一興でしょう。

参考文献

【全体に関わる文献】

新藤透『図書館と江戸時代の人びと』（柏書房、二〇一七年）

新藤透『図書館の日本史』（ライブラリーぶっくす、勉誠出版、二〇一九年）

【第一編】

青木昭博「直江兼続の遺品」（花ヶ前盛明編『直江兼続のすべて』新人物往来社、一九九三年）

泉井久之助・長沢信寿・三谷昇二・角南一郎共訳『新異国叢書5　デ・サンデ天正遣欧使節記』（雄松堂書店、一九六九年）

一条兼良「樵談治要」（塙保己一編『群書類従　訂正三版』第二十七輯、続群書類従完成会、一九四三年）

一条兼良「筆のすさび」（伊地知鉄男編『連歌論集』上巻、岩波文庫、一九五三年）

岩﨑俊彦『大内氏壁書を読む――掟書による中世社会の探究』（大内文化探訪会、一九九七年）

岩猿敏生『日本図書館史概説』（日外アソシエーツ、二〇〇七年）

岩本篤志「「米澤蔵書」からみた藩校蔵書の形成」（『汲古』第五二号、二〇〇七年十二月）

岩本篤志「『文鑑』と『軍法』――直江兼続と漢籍」（矢田俊文編『直江兼続』高志書院、二〇〇九年）

印刷博物館編『武士と印刷＝Printing and the samurai』（凸版印刷 印刷博物館、二〇一六年）

海老沢有道「西洋図書館旧記」（『私立大学図書館協会会報』第二四号、一九五九年）

海老沢有道「日本最古の洋書目録」（『ゑぴすとら』№.五六、一九七六年十月。のち海老沢有道著、海老沢ゼミナール編『ゑぴすとら』キリスト教史学会、一九九四年に収録）

大石学「江戸の達成――幕末期の「教育力」」（『史跡足利学校研究紀要「学校」』第一五号、二〇一七年二月）

大内田貞郎「きりしたん版について」（印刷史研究会編『本と活字の歴史事典』柏書房、二〇〇〇年）
太田晶二郎「『白氏五妃曲』について」（太田晶二郎『太田晶二郎著作集』第一冊、吉川弘文館、一九九一年）
大森金五郎「応仁の大乱と一条家の蔵書」（大森金五郎『日本中世史論考』四海書房、一九二八年）
小川五郎「大内版と大内文庫」（小川五郎『防長文化史雑考――小川五郎先生遺文選集　復刻版』マツノ書店、一九九三年）
小川剛生『武士はなぜ歌を詠むか――鎌倉将軍から戦国大名まで』（角川選書、二〇〇八年）
小川徹・奥泉和久・小黒浩司『公共図書館・サービス運動の歴史1――そのルーツから戦後にかけて』（ＪＬＡ図書館実践シリーズ4、日本図書館協会、二〇〇六年）
押川信久「十六世紀の日朝通交における大蔵経求請交渉の推移」（『福岡大学人文論叢』第四五巻第三号、二〇一三年十二月）
小野則秋『日本の蔵書印』（臨川書店、一九五四年）
小野則秋『日本図書館史　補正版』（玄文社、一九七三年）
小野則秋『日本文庫史研究　改訂新版』上巻（臨川書店、一九七九年）
小和田哲男『戦国大名と読書』（柏書房、二〇一四年）
河添房江「室町期の唐物と権力者たち」（『東京学芸大学紀要 人文社会科学系Ⅰ』第六四号、二〇一三年一月）
川瀬一馬『古活字版之研究　増補版』（日本古書籍商協会、一九六七年）
川瀬一馬『入門講話　日本出版文化史』（エディター叢書33、日本エディタースクール出版部、一九八三年）
川瀬一馬『日本における書籍蒐蔵の歴史』（ぺりかん社、一九九九年）
木宮泰彦『日本古印刷文化史　三版』（冨山房、一九七五年）
木村徳衛『直江兼続伝　再版』（木村益子、一九六九年）
呉座勇一『応仁の乱――戦国時代を生んだ大乱』（中公新書、二〇一六年）
塩谷世弘「小早川隆景卿伝」（村田峯次郎編『長周叢書第八冊　毛利隆元卿伝　吉川元春卿伝　小早川隆景卿伝』稲垣

常三郎、一八九一年）
新藤透「戦国末期に於ける日本人の西洋図書館との接触――天正遣欧使節と神学校を中心に」（『十六世紀史論叢』第一三号、二〇二〇年三月）
鈴木健一『林羅山年譜稿』（ぺりかん社、一九九九年）
鈴木健一『林羅山――書を読みて未だ倦まず』（ミネルヴァ日本評伝選、ミネルヴァ書房、二〇一二年）
諏訪勝則「関白秀次の文芸政策」（諏訪勝則『戦国織豊期の政治と文芸』葵印刷工業、一九九六年）
増補「史料大成」刊行会『増補　史料大成　康富記』三（臨川書店、一九六五年）
田口卯吉『日本開化小史』（講談社学術文庫、一九八一年）
竹内理三編『増補　続史料大成　第二十二巻　蔭涼軒日録二』（臨川書店、一九七八年）
高橋隆三編『実隆公記』全十三巻十九冊・書名索引（続群書類従完成会、一九三一～二〇〇〇年）
土井忠生・森田武・長南実編訳『邦訳 日葡辞書』（岩波書店、一九八〇年）
東京大学史料編纂所編『大日本史料第十一編別巻之一　天正遣欧使節関係史料一』（東京大学出版会、一九五九年）
東京大学史料編纂所編『大日本古記録　後法成寺関白記一・二』（岩波書店、二〇〇一・二〇〇四年）
東京大学史料編纂所編『大日本古記録　碧山日録』全二冊（岩波書店、二〇一三～二〇一七年）
中澤肇「文化人としての兼続」（花ヶ前盛明編『直江兼続のすべて』新人物往来社、一九九三年）
西島太郎「戦国大名論」（渡邊大門編『真実の戦国時代』柏書房、二〇一五年）
日本歴史地理学会編『戦国時代史論　増訂再版』（三省堂書店、一九一〇年）
塙保己一編『続群書類従補遺三　お湯殿の上の日記一』（続群書類従完成会、一九五三年）
浜田青陵『天正遣欧使節記』（岩波書店、一九三一年）
林羅山「排邪蘇」（京都史蹟会編『羅山先生文集』第二冊、平安考古学会、一九一八年）
福尾猛市郎『大内義隆　新装版』（人物叢書、吉川弘文館、一九八九年）
藤井崇『室町期大名権力論』（同成社中世史選書、同成社、二〇一三年）

堀田璋左右・川上多助編『日本偉人言行資料　先哲叢談後編　一』（国史研究会、一九一六年）
前田雅之研究代表『室町〜江戸初期における書物移動と大名文庫の蔵書形成に関する総合的研究』（平成二十六年度〜平成二十九年度科学研究費補助金、基盤研究（B））研究成果報告書、二〇一八年）
松田毅一・川崎桃太訳『フロイス 日本史5 五畿内篇Ⅲ』（中央公論社、一九七八年）
松田毅一『天正遣欧使節』（朝文社、一九九一年）
三浦周行「戦国時代の国民議会」（三浦周行『日本史の研究』第一輯上、岩波書店、一九八一年）
村川堅固・尾崎義訳『新異国叢書6 セーリス日本渡航記・ヴィルマン日本滞在記』（雄松堂出版、一九七〇年）
村越貴代美「『山国詩集注』を読むために」（『慶應義塾大学日吉紀要：言語・文化・コミュニケーション』第四八号、二〇一六年）
本居宣長「玉勝間」（本居豊穎校訂『増補　本居宣長全集』第八巻、吉川弘文館、一九二六年）
森田恭二『足利義政の研究』（日本史研究叢刊3、和泉書院、一九九三年）
山口県文書館編『防長風土注進案』第十三巻山口宰判下（山口県立山口図書館、一九六一年）
結城陸郎『金沢文庫と足利学校』（日本歴史新書、至文堂、一九六六年）
米沢上杉文化振興財団編『図説直江兼続――人と時代』（米沢上杉文化振興財団、二〇一〇年）
米原正義『戦国武士と文芸の研究』（桜楓社、一九七六年）
米原正義『正徳二年板本　陰徳太平記二』（東洋書院、一九八一年）
頼山陽著、池辺義象訳『邦文日本外史　五十一版』中巻（大洋社出版部、一九三八年）
和田秀作「大内氏の文書管理について――「殿中文庫」を中心に」（『山口県文書館研究紀要』第三七号、二〇一〇年）
和島芳男『日本宋学史の研究　増補版』（吉川弘文館、一九八八年）
渡邊三省『直江兼続とその時代』（野島出版、一九八〇年）
渡邊三省『正伝 直江兼続――別篇関ヶ原戦縦横』（恒文社、一九九九年）
渡邊大門『戦国時代の表と裏』（東京堂出版、二〇一八年）

「年譜」（京都史蹟会編『羅山先生詩集』第四冊、平安考古学会、一九二一年）
「大内氏掟書」（佐藤進一・池内義資・百瀬今朝雄編『中世法制史料集』第三巻、岩波書店、一九六五年）
『古典資料七　応永記・明徳紀』（すみや書房、一九七〇年）
『圖書寮叢刊　晴富宿禰記』（宮内庁書陵部、一九七一年）
『古文真宝後集抄』（市立米沢図書館所蔵）
http://www.library.yonezawa.yamagata.jp/dg/AA139.html　2019/3/13閲覧
『応永記』（肥前島原松平文庫本、国文学研究資料館所蔵、一四コマ）
http://base1.nijl.ac.jp/iview/Frame.jsp?DB_ID=G0003917KTM&C_CODE=0358-29604&IMG_SIZE=&PROC_TYPE=null&SHOMEI=%E3%80%90%E5%BF%9C%E6%B0%B8%E8%A8%98%E3%80%91&REQUEST_MARK=null&OWNER=null&BID=null&IMG_NO=1　2018/11/23閲覧
『李花集』（宮内庁書陵部所蔵）
http://base1.nijl.ac.jp/iview/Frame.jsp?DB_ID=G0003917KTM&C_CODE=0020-04006&IMG_SIZE=&PROC_TYPE=null&SHOMEI=%E3%80%90%E6%9D%8E%E8%8A%B1%E9%9B%86%E3%80%91&REQUEST_MARK=null&OWNER=null&BID=null&IMG_NO=1　2018/12/24閲覧
『日新菩薩記』（相徳哲写、明治二十年三月転写、国立国会図書館所蔵）
http://dl.ndl.go.jp/info:ndljp/pid/11031186　2019/1/5閲覧

【第二編】

足利市役所編『足利市史』下巻（永倉活版所、一九二九年）
アルーペ神父・井上郁二訳『聖フランシスコ・デ・サビエル書翰抄』下巻（岩波文庫、一九四九年）
磯貝正義・服部治則校注『改訂　甲陽軍鑑』上（新人物往来社、一九六五年）
市橋一郎「『足利学校記録』から見た中後期の近世足利学校の図書館機能」（『史跡足利学校「研究紀要」学校』第

一五号、二〇一七年二月）
大石学「江戸の達成――幕末期の「教育力」」（『史跡足利学校研究紀要「学校」』第一五号、二〇一七年二月）
大森金五郎「足利学校及び金沢文庫について」（大森金五郎『日本中世史論考』四海書房、一九二八年）
岡田正之「豊臣秀次の事に就きて」（『史学雑誌』第四編第三八号、一八九三年一月）
小野則秋『日本の蔵書印』（臨川書店、一九五四年）
小和田哲男『豊臣秀次――「殺生関白」の悲劇』（ＰＨＰ新書、二〇〇二年）
金谷治訳注『新訂 孫子』（岩波文庫、二〇〇〇年）
加美宏「『太平記』の書写と校合――『十輪院内府記』」（加美宏『太平記享受史論考』桜楓社、一九八五年）
川上廣樹『正続 足利学校事蹟考』（足利学校遺蹟図書館後援会、一九七六年）
川瀬一馬『入門講話 日本出版文化史』（エディター叢書33、日本エディタースクール出版部、一九八三年）
川瀬一馬『日本における書籍蒐蔵の歴史』（ぺりかん社、一九九九年）
川瀬一馬『増補新訂 足利学校の研究 新装版』（吉川弘文館、二〇一五年）
倉澤昭壽編著『足利学校記録』第一編（倉澤昭壽、二〇〇三年）
倉澤昭壽「閑室元佶小伝――戦乱の世を駆け抜けた一人の禅僧」（史跡足利学校事務所・足利市立美術館編『[展覧会図録] 足利学校：日本最古の学校 学びの心とその流れ 再版』足利市教育委員会、二〇一三年）
黒板勝美編『新訂増補 国史大系 徳川実紀』第一篇（吉川弘文館、一九二九年）
黒板勝美編『新訂増補 国史大系 徳川実紀』第八篇（吉川弘文館、一九三三年）
黒板勝美編『新訂増補 国史大系 徳川実紀』第九篇（吉川弘文館、一九三四年）
黒田基樹「関東管領上杉氏の研究」「上杉清方の基礎的研究」（黒田基樹編著『シリーズ・中世関東武士の研究第一一巻 関東管領上杉氏』戎光祥出版、二〇一三年）
児玉幸多編『訳注日本史料 御当家紀年録』（集英社、一九九八年）
史跡足利学校事務所・足利市立美術館編『[展覧会図録] 足利学校：日本最古の学校 学びの心とその流れ 再版』

（足利市教育委員会、二〇一三年）
清水照治「長沢仁右衛門と私設図書館潺湲舎」（『桐生史苑』第四〇号、二〇〇一年三月）
菅原正子『占いと中世人――政治・学問・合戦』（講談社現代新書、二〇一一年）
菅原正子「上杉憲実の実像と室町軍記――『鎌倉大草紙』『永享記』をめぐって」（黒田基樹編著『シリーズ・中世関東武士の研究第一一巻　関東管領上杉氏』戎光祥出版、二〇一三年）
菅原正子『日本中世の学問と教育』（同成社中世史選書、同成社、二〇一四年）
宗長著、伊東伸江評釈「東路のつと」（高橋良雄・石川一・勢田勝敦・岸田依子・伊東伸江『中世日記紀行文学全評釈集成　第七巻　廻国雑記・九州下向記・九州の道の記・佐野のわたり・紹巴富士見道記・楠南譜九州下向記・東路のつと・武蔵野紀行・宗長日記』勉誠出版、二〇〇四年）
諏訪勝則「関白秀次の文芸政策」（諏訪勝則『戦国織豊期の政治と文芸』葵印刷工業、一九九六年）
田辺久子『上杉憲実』（人物叢書、吉川弘文館、一九九九年）
橋本政宣・金子拓・渡邊江美子・遠藤珠紀校訂『史料纂集古記録編　兼見卿記』第三（八木書店、二〇一四年）
藤田恒春『豊臣秀次の研究』（文献出版、二〇〇三年）
藤田恒春『豊臣秀次』（人物叢書、吉川弘文館、二〇一五年）
藤田恒春「豊臣秀次の居所と活動」（藤井讓治編『織豊期主要人物居所集成　第二版』思文閣出版、二〇一七年）
前澤輝政『足利学校――その起源と変遷』（毎日新聞社、二〇〇三年）
松田毅一・川崎桃太訳『フロイス 日本史1 豊臣秀吉篇Ⅰ』（中央公論社、一九七七年）
宮本義己「曲直瀬一渓道三と足利義輝」（『日本歴史』第三五〇号、一九七七年七月）
柳田貞夫「徳川家康の寄進状と足利学校領朱印地の位置について」（柳田貞夫『足利地方史研究――中世後期と近世初頭における足利学校の歴史的検討へのアプローチ』第二号、柳田貞夫、二〇〇七年）
八代国治「足利庄の文化と皇室御領」（八代国治『国史叢説』吉川弘文館、一九二五年）
結城陸郎『足利学校の教育史的研究』（第一法規出版、一九八七年）

渡邊世祐『豊太閤の私的生活』（日本文化名著選、創元社、一九三九年）
『学校来由記』（足利学校遺蹟図書館所蔵）

【第三編】

小川剛生『中世の書物と学問』（日本史リブレット、山川出版社、二〇〇九年）
小川剛生『武士はなぜ歌を詠むか――鎌倉将軍から戦国大名まで』（角川選書、二〇一六年）
奥田勲「宗碩」（国史大辞典編集委員会編『国史大辞典』第八巻、吉川弘文館、一九八七年）
奥田勲「谷宗牧」（国史大辞典編集委員会編『国史大辞典』第九巻、吉川弘文館、一九八八年）
奥野高廣・片山勝校訂『史料纂集　十輪院内府記』（続群書類従完成会、一九七二年）
川瀬一馬『日本書誌学辞典』（雄松堂書店、一九八二年）
川添昭二『中世文芸の地方史』（平凡社選書、一九八二年）
源城正好『京都文化の伝播と地域社会』（思文閣史学叢書、思文閣出版、二〇〇六年）
小井田幸哉『八戸根城と南部家文書』（国書刊行会、一九八九年）
今まど子・小山憲司編著『図書館情報学基礎資料　第２版』（樹村房、二〇一九年）
島津忠夫校注『宗長日記』（岩波文庫、一九七五年）
島津忠夫「宗長」（国史大辞典編集委員会編『国史大辞典』第八巻、吉川弘文館、一九八七年）
島津忠夫『連歌師宗祇』（岩波書店、一九九一年）
末柄豊『戦国時代の天皇』（日本史リブレット、山川出版社、二〇一八年）
宗碩著、勢田勝敦評釈「佐野のわたり」（高橋良雄・石川一・勢田勝敦・岸田依子・伊東伸江『中世日記紀行文学全評釈集成　第七巻　廻国雑記・九州下向記・九州の道の記・佐野のわたり・紹巴富士見道記・楠南譜九州下向記・東路のつと・武蔵野紀行・宗長日記』勉誠出版、二〇〇四年）
宗長「宇津山記」（塙保己一編『群書類従　訂正三版』第二十七輯、続群書類従完成会、一九六〇年）

宗長著、伊東伸江評釈「東路のつと」（高橋良雄・石川一・勢田勝敦・岸田依子・伊東伸江『中世日記紀行文学全評釈集成　第七巻　廻国雑記・九州下向記・九州の道の記・佐野のわたり・紹巴富士見道記・楠南譜九州下向記・東路のつと・武蔵野紀行・宗長日記』勉誠出版、二〇〇四年）
宗長著、岸田依子評釈「宗長日記」（高橋良雄・石川一・勢田勝敦・岸田依子・伊東伸江『中世日記紀行文学全評釈集成第七巻　廻国雑記・九州下向記・九州の道の記・佐野のわたり・紹巴富士見道記・楠南譜九州下向記・東路のつと・武蔵野紀行・宗長日記』勉誠出版、二〇〇四年）
宗牧「東国紀行」（塙保己一編『群書類従　訂正三版』第十八輯、続群書類従完成会、一九五九年）
高橋隆三編『実隆公記』全十三巻十九冊・書名索引（続群書類従完成会、一九三一〜二〇〇〇年）
辻善之助編『多聞院日記』第一巻（三教書院、一九三五年）
鶴崎裕雄『戦国を往く連歌師宗長』（角川叢書、二〇〇〇年）
長澤規矩也編著『図書学辞典』（汲古書院、一九七九年）
芳賀幸四郎『三条西実隆　新装版』（人物叢書、吉川弘文館、一九八七年）
萩原某「朝倉宗滴話記」（国書刊行会編『続々群書類従』第十、続群書類従完成会、一九六九年）
原勝郎『東山時代に於ける一縉紳の生活』（講談社学術文庫、一九七八年）
平山優『武田信虎――覆される「悪逆無道」説』（中世武士選書42、戎光祥出版、二〇一九年）
福井久蔵『連歌の史的研究　全』（有精堂、一九六九年）
前田雅之研究代表『室町〜江戸初期における書物移動と大名文庫の蔵書形成に関する総合的研究　平成二六年度〜平成二九年度科学研究費補助金（基盤研究（B））研究成果報告書』（二〇一八年）
宮川葉子『三条西実隆と古典学　改定新版』（風間書房、一九九九年）
三宅久雄「六波羅蜜寺地蔵菩薩像と運慶建立の地蔵十輪院」（『美術史論集』第一〇号、神戸大学美術史研究会、二〇一〇年二月）
米原正義『戦国武士と文芸の研究』（桜楓社、一九七六年）

渡邊大門『逃げる公家、媚びる公家——戦国時代の貧しい貴族たち』（柏書房、二〇一一年）
綿抜豊昭『連歌とは何か』（講談社選書メチエ、二〇〇六年）
綿抜豊昭『戦国武将と連歌師——乱世のインテリジェンス』（平凡社新書、二〇一四年）
「養鷹記」（塙保己一編『群書類従　訂正三版』第十九輯、続群書類従完成会、一九五九年）

あとがき

筆者はこれまでに江戸時代の図書館史を概観した『図書館と江戸時代の人びと』（柏書房、二〇一七年）、日本図書館史の通史である『図書館の日本史』（勉誠出版、二〇一九年）を上梓しました。

これは通史を書いてわかったことなのですが、日本中に書籍が浸透したのは室町・戦国時代ではないかということです。戦国時代は世の中が乱れた時代でしたが、それまで京都で独占していた文化が一挙に地方に波及し、そこで独自に進化した画期的な時代でした。

史料の数は江戸時代に比べると圧倒的に少ないのですが、古代よりはかなり増えてきています。公家や僧侶が毎日つけていた日記や、連歌師が残した紀行も比較的多く残されています。そこに記されていた書籍貸借や贈答、各種情報の伝達を見ると、当時の書籍の流れ、人びとの交友関係、そこから見えてくる情報ネットワークが浮かび上がってきます。

本書は一般向けの書籍ということもあり、情報ネットワークまで筆を進めませんでしたが、今後は書籍を核とした情報ネットワークを解明する必要があるでしょう。国文学や日本史学の領域ではこういった視点での研究が行われているようですが、図書館情報学としても図書館史の視点から改めて見直す必要があるのではないでしょうか。

さて、本書を構想したのは二〇一六年から一七年頃のことです。まだ平成だった頃で、山形県米沢市の短大に勤務していました。そこから仙台の私立大学に一年勤務したあと、二〇一九年に十一年ぶりに生まれ故郷の関東に戻ってくることができました。運良く國學院大學の教員公募試験に通ったのです。

東北在住時、週末はローカル線に乗って東北各地の古書店を訪ね歩きました。自分が意外と鉄道が好きなのだと気づいたのもこの頃です。筆者は日本近代図書館史にも興味があるのですが、その参考になりそうな史料を何冊も買うことができたのは大きな収穫でした。

閑話休題。

関東に戻ってきてからは共著の原稿をまとめたり、復刻版の解説論文を執筆したり、また新しい大学での授業を準備したりと慌ただしい生活が始まってしまい、本書の執筆は遅々として進みませんでした。毎日数ページずつ執筆する時間をなんとか確保し、牛の歩みで書き進めました。

ただ筆者は、日本史学では近世史を専攻していましたので、漢文だらけの公家の日記を読みこなすのには結構苦労しました。近世では候文《そうろうぶん》といって漢文ではないのです。それに対して、戦国時代の公家の日記などは漢文ですから、返り点を一つ打ち間違えたら全く意味が違ってしまうので、何度も見直しをしなければなりませんでした。それでも心配なので、今回も友人の日本中世史専攻の岩田康志君の援助を受けました。御礼申し上げます。もちろん、最終的な史料読解の責任は著者にあることは言うまでもありません。

また、史跡足利学校の史料調査では、研究員の市橋一郎氏にお世話になりました。本書執筆に際して参考になりました。御礼申し上げます。

そして、今回の新型コロナウイルスに起因する騒動です。勤務校も前期はリモート授業になってしまい、自宅で授業用に動画を作成してオンデマンドで受講生向けに流す毎日となりました。キャンパスも立ち入り禁止となってしまいました。幸い本文の執筆自体は三月末に終了していたので、大学の研究室にある参考資料を閲覧できなくなるという最悪の事態は免れました。「あとがき」を書いている最中も、まだ完全にウイルスは終息していません。一日も早く日常生活が戻ってくることを願っています。

こうしてできあがってみると、まだまだ加筆したい箇所や取り上げたい事例はあります。例えば、戦国時代に武士は書籍に関することを日記に記録していましたが、本書では言及できませんでした。島津家の家臣であった上井覚兼《うわいかくけん》が記録した日記や、徳川家康家臣の松平家忠《いえただ》がつけていた日記にそのような記述はあったのでしょうか。近世に入ると武士の日記も数多く発見されているのですが、戦国時代の武士の日記は非常に数が少なく、それも末期のものしかないようです。「戦国武士の読書事情と交友関係」はまた別の機会（あればの話ですが……）に譲りたいと思います。

最後になりましたが、本書の刊行にあたって東京堂出版編集部の小代渉さんにお世話になりました。小代さんは二〇一七年に刊行した『図書館と江戸時代の人びと』以来、二冊目の筆者の担当となります。御礼申し上げます。

また、本書は数多くの先行研究をたよりにまとめました。一般書という性格ゆえ、学術論文のように詳細に註を付すことはせず、主要な参考文献は巻末に掲げさせていただきました。各文献の著者の方々には本書の性格をご理解いただき、ご寛恕を賜れれば幸いです。

令和二年六月末日

新藤　透

【著者略歴】
新藤 透（しんどう・とおる）
1978年埼玉県生まれ。筑波大学大学院図書館情報メディア研究科博士後期課程修了。
博士（学術）。
現在、國學院大學文学部教授、（株）歴史と文化の研究所客員研究員。
図書館情報学、歴史学（日本近世史）専攻。
主要著書
『図書館の日本史』（勉誠出版、2019年）
『図書館と江戸時代の人びと』（柏書房、2017年）
『北海道戦国史と松前氏』（洋泉社歴史新書、2016年）
『松前景広『新羅之記録』の史料的研究』（思文閣出版、2009年）

戦国《せんごく》の図書館《としょかん》

2020年９月10日　初版発行
2021年８月20日　再版発行

著　者　　新藤　透
発行者　　大橋信夫
発行所　　株式会社 東京堂出版
〒101-0051　東京都千代田区神田神保町1-17
電話　03-3233-3741
http://www.tokyodoshuppan.com/

装　丁　　臼井新太郎
組　版　　有限会社 一企画
印刷・製本　　中央精版印刷株式会社

ISBN978-4-490-21037-8 C1021

東京堂出版の本

［価格税別］

戦国時代の表と裏

渡邊大門［著］

●四六判並製／３０４頁／２０００円

乱世の天皇——観応の擾乱から応仁の乱まで

秦野裕介［著］

●四六判上製／３２０頁／２５００円

災害アーカイブ——資料の救出から地域への還元まで

白井哲哉［著］

●Ａ５判並製／２３２頁／３２００円

東京堂出版の本

[価格税別]

戦国の風景――暮らしと合戦

西ヶ谷恭弘［著］

●四六判上製／320頁／2400円

戦国北条氏五代の盛衰

下山治久［著］

●A5判上製／200頁／3400円

続 日曜日の歴史学

山本博文［著］

●四六判並製／292頁／1600円